뉴욕언니와 모두의 재즈화성학

기초편

양선희

Berklee College Of Music 졸업
New York University 대학원 졸업
써니 <The Healing> 재즈 정규앨범 발매
주크박스 가요 정규앨범 발매
써니 <MIRACLE> 가스펠 정규앨범 발매

미디어

2017 엠엠재즈 spotlight 부분 선정 인터뷰
2017 엠큐데이 핫뮤지션 선정 인터뷰

교육

이화여자대학교 대학원 출강
백석예술대학교 출강
서울기독대학교 출강
한림연예예술고등학교 출강
WM 엔터테인먼트 출강

머리말

음악이론을 어렵게만 생각하여 배우기를 꺼려하며 일찍부터 포기하는 학생들을 많이 보았습니다. 그래서 저는 어떻게 하면 여러분께 더 친숙하게 다가갈까 많은 고민을 하며 이 교재를 집필하였습니다.

화성학은 몇 가지 기본 원리를 이해하고, 어떻게 응용하는지만 알게 되면 자유롭게 연주하고 창작할 수 있는 자신을 발견하게 될 것입니다.

이 책은 실용음악을 전공하고자 하는 분들을 위해 혼자서도 화성학 학습이 가능하도록 기초부터 단계별로 쉽고 자세하게 설명해놓았습니다. 어렵고 복잡한 용어들은 최대한 줄이고 꼭 필요한 개념만을 설명하는 데 초점을 맞추었습니다.

또한 각 단원이 끝날 때마다 연습문제 파트를 통해 이해가 부족했던 부분은 다시 한번 복습하고 넘어가는 시간을 만들었습니다. 이러한 학습 형태는 이론에 대한 개념을 확실히 잡는 데 큰 도움이 될 것입니다.

화성학적 지식들을 그냥 단순히 이해하는데 머무르지 말고 여러분의 음악 발전에 도움이 될 수 있도록 작곡, 편곡 그리고 연주 등에 직접 연결시켜 적용해 보시길 적극 추천합니다. 여러분이 하고자 하는 음악에 대입해보지 않는다면 이론은 그저 이론으로만 머무르기 때문입니다. 여러분이 연습을 통해 더욱 성장하고 음악적인 즐거움도 얻는 것이 저의 소망입니다.

저자는 여러분이 최대한 효과적으로 공부할 수 있도록 자세한 설명과 함께 모든 예시에 12키(key)를 제시하였습니다. 또한 이 책에는 중간고사와 기말고사 파트가 포함되어 있어 예술고등학교 및 음악대학에서 체계적인 교육자료로 활용할 수 있습니다. 각 시험은 제시된 시간을 준수하여 풀이한 후 반드시 정답을 확인하고 복습하는 시간을 가지시길 권장합니다.

제 경험을 토대로 좋은 교재가 될 수 있도록 실용음악과 학생들과 현직 강사들과도 많은 소통을 하며 학습 내용에 부족함이 없도록 열심히 집필하였습니다. 모쪼록 이책이 실용음악을 공부하는 여러분의 음악 여정에 작은 길잡이가 되기를 진심으로 희망합니다.

끝으로 이 책을 출간할 수 있도록 끝까지 저를 이끌어주신 하나님께 영광 돌리며 항상 곁을 지켜주는 사랑하는 가족들에게 감사드립니다.

저자 양선희 Sunny

contents

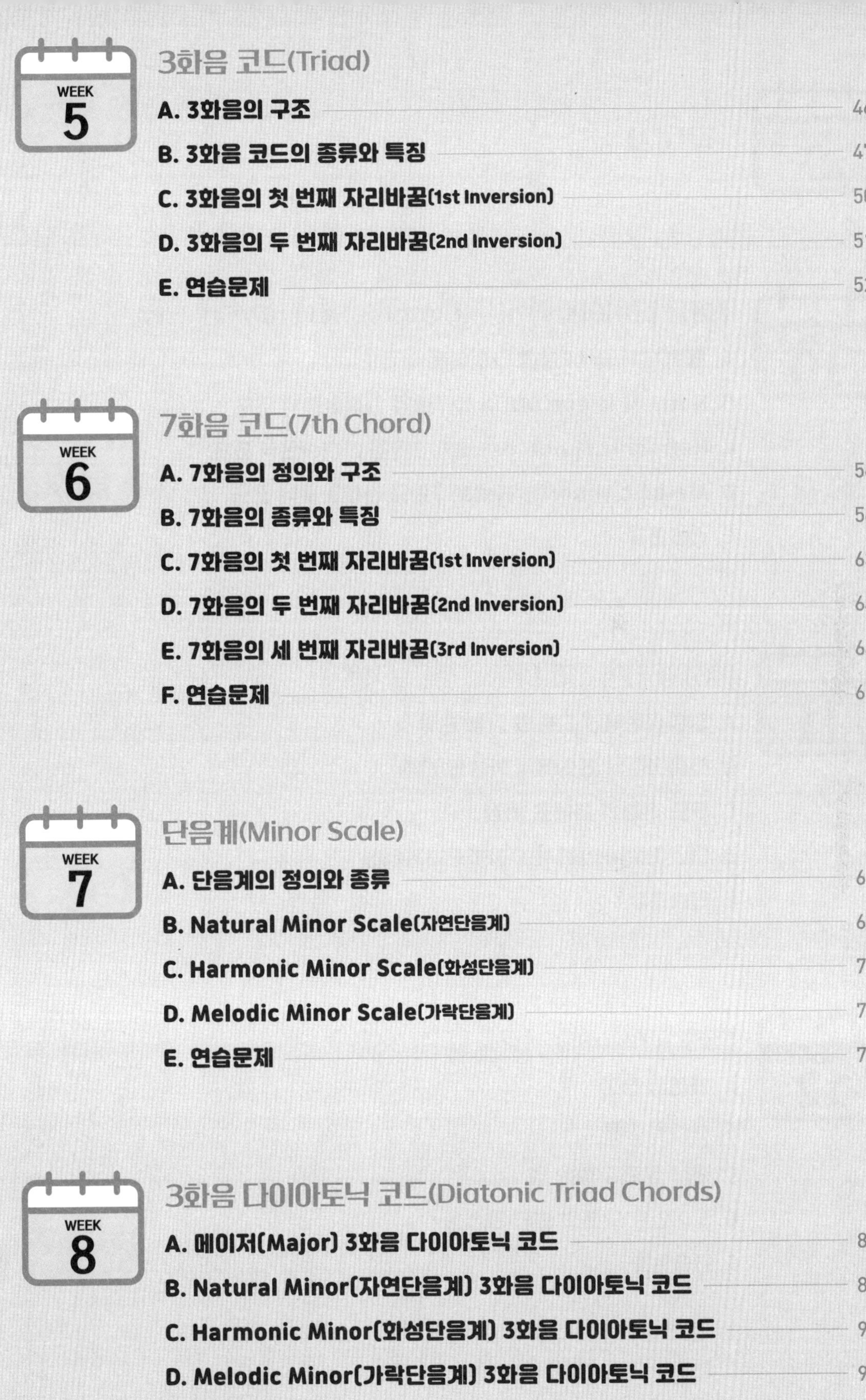
WEEK 5

3화음 코드(Triad)

WEEK 6

7화음 코드(7th Chord)

WEEK 7

단음계(Minor Scale)

WEEK 8

3화음 다이아토닉 코드(Diatonic Triad Chords)

WEEK 13

모드(Modes)

WEEK 14

그 밖의 기능성 음계들(Other Functional Scales)

WEEK 15

종지(Cadence)

WEEK 16

기초이론 Warm Up 1

A. 반음과 온음

반음과 온음은 모든 스케일들을 배울 때 음정 관계를 이해하는 가장 기본이 되는 요소입니다. 그러한 이유로, 대충 느낌으로 아는 것이 아니라 반드시 정확하게 공부해야 합니다.
반음이란? 음과 음 사이의 가장 가까운 거리를 말합니다. 다른 건반이 끼어있지 않은 두 건반 간의 사이입니다. 그렇다면 바로 옆에 붙어있는 음들이 반음 관계가 되겠지요?

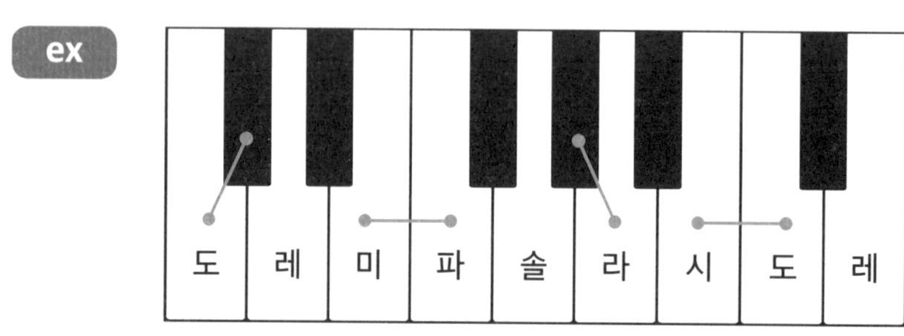

위의 그림과 같이 반음은, 검은 건반이든 흰건반이든 건반과의 바로 옆 거리를 뜻합니다.

▸ 미~파, 시~도: 흰건반 두 개 사이에 검은 건반이 없으므로 흰건반끼리 반음이 됩니다.
▸ 도~도#: 흰건반 바로 위에 검은 건반이 있지요? 가장 가까운 거리이므로 반음이 됩니다.
▸ 솔#~라: 검은 건반 바로 밑에 흰건반이 있으므로 이 또한 반음 사이가 됩니다.

온음이란? 반음의 두 배가 되는 음 사이의 거리를 말합니다. 두 개의 건반 사이에 누르지 않은 건반이 하나 존재하게 됩니다. 흰건반과 흰건반 사이에 검은 건반 한 개가 있으며, 검은 건반과 검은 건반 사이에는 흰건반 한 개가 있습니다.

ex

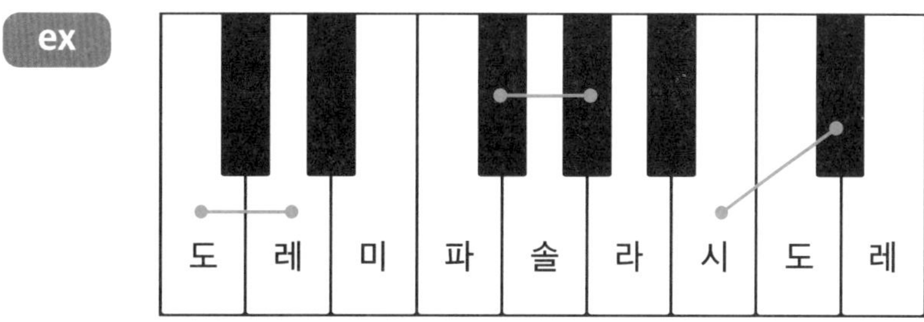

위의 그림과 같이 온음은, 건반과 건반 사이에 다른 건반이 존재합니다.

▸ 도~레: 흰건반과 흰건반 사이에 검은 건반이 한 개 있으므로 온음이 됩니다.
▸ 파#~솔#: 검은 건반과 검은 건반 사이에 흰건반이 있으므로 온음이 됩니다.
▸ 시~도#: 흰건반과 검은 건반 사이에 흰건반이 존재하므로 온음 사이가 됩니다.

B. 조(Key)와 조표(Key Signature)

1. 조(Key)

화성이나 멜로디가 하나의 음 또는 화음을 중심으로 일정한 음악 관계를 가지고 있을 때 우리는 조성이 있는 음악이라고 합니다. 그 중심이 되는 음을 으뜸음이라고 하며 으뜸음과 음계와의 관계를 조(Key)라고 부릅니다.

2. 조표(Key Signature)

우리가 곡을 만들거나 부를 때 악곡의 조성을 나타내는 표입니다. 예를 들어 우리가 노래방에 갔을 때 곡의 키가 너무 낮거나 높아서 키를 조절하는 경우가 있지요? 이때 으뜸음 즉 시작음이 달라져 조성이 바뀌게 되는 것입니다. 이것을 흔히 Key를 바꿔서 부른다고 말합니다. 조표는 총 12개의 Key로 표시할 수 있으며 음악의 규칙에 따라 붙는 순서가 정해져 있습니다.

• 조표 붙는 순서

1. 샵(♯) 붙는 순서

샵 붙는 순서는 파-도-솔-레-라-미-시 입니다.

(F)→(C)→(G)→(D)→(A)→(E)→(B)

2. 플랫(♭) 붙는 순서

플랫 붙는 순서는 시-미-라-레-솔-도-파 입니다.

(B)→(E)→(A)→(D)→(G)→(C)→(F)

C. 장조(Major Key)의 으뜸음 찾기

조표의 종류와 개수에 따라 악보의 으뜸음이 변합니다. 악보의 조표를 보고 으뜸음 '도'를 찾는 법을 알아보도록 하겠습니다. 조표가 아무것도 붙지 않는 것은 C Major Key 라고 하고 으뜸음은 '도'입니다.

• ♯조표의 으뜸음 찾는 방법

♯(샵) Major Key는 마지막 달린 조표의 음에서 반음 올린 음이 으뜸음이 됩니다.

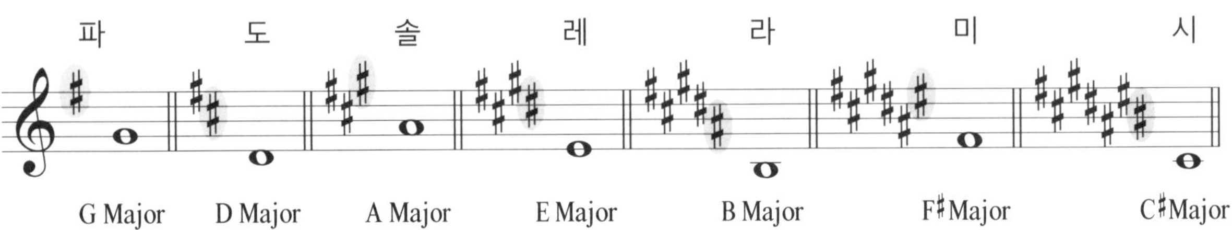

앞의 그림에서 첫 번째 마디를 보면, 파(F)에 ♯이 붙어있습니다.
F♯의 반음 올린 음, 즉 G(솔)이 으뜸음이 됩니다.
우리는 이 조표를 G Major 키라 부릅니다.

두 번째 마디를 보면 파(F)와 도(C)에 ♯이 붙어있습니다.
C♯의 반음 올린 D(레)가 으뜸음이 됩니다.
이 조표를 D Major 키라 부릅니다.

세 번째 마디를 보면 파(F), 도(C), 솔(G)에 ♯이 붙어있습니다.
G♯의 반음 올린 A(라)가 으뜸음이 됩니다.
이 조표를 A Major 키라 부릅니다.

네 번째 마디를 보면 파(F), 도(C), 솔(G), 레(D)에 ♯이 붙어있습니다.
레♯의 반음 올린 E(미)가 으뜸음이 됩니다.
이 조표를 E Major 키라 부릅니다.

다섯 번째 마디를 보면 파(F), 도(C), 솔(G), 레(D), 라(A)에 ♯이 붙어있습니다.
라♯의 반음 올린 시(B)가 으뜸음이 됩니다.
이 조표를 B Major 키라 부릅니다.

여섯 번째 마디를 보면 파(F), 도(C), 솔(G), 레(D), 라(A), 미(E)에 ♯이 붙어있습니다.
미♯의 반음 올린 파#(F#)이 으뜸음이 됩니다.
이 조표를 F♯ Major 키라 부릅니다.

일곱 번째 마디를 보면 파(F), 도(C), 솔(G), 레(D), 라(A), 미(E), 시(B)에 ♯이 붙어있습니다. 시♯의 반음 올린 도♯(C♯)이 으뜸음이 됩니다.
이 조표를 C♯ Major 키라 부릅니다.

여기서 잠깐!!

많은 학생들이 헷갈려하는 "이명동음조"에 관해 잠시 이야기하려 합니다. 먼저 "이명동음"의 뜻은 C♯과 D♭처럼 소리는 같지만 다른 이름을 갖는 것을 말합니다. "이명동음조"는 조표와 으뜸음은 다르지만, 같은 소리를 내기 때문에 "이명동음조"라고 합니다. F♯ Major key와 C♯ Major key는 주로 아래 그림처럼 G♭ Major key와 D♭ Major key로 표기합니다. 보기에도 알아보기 쉽지요?

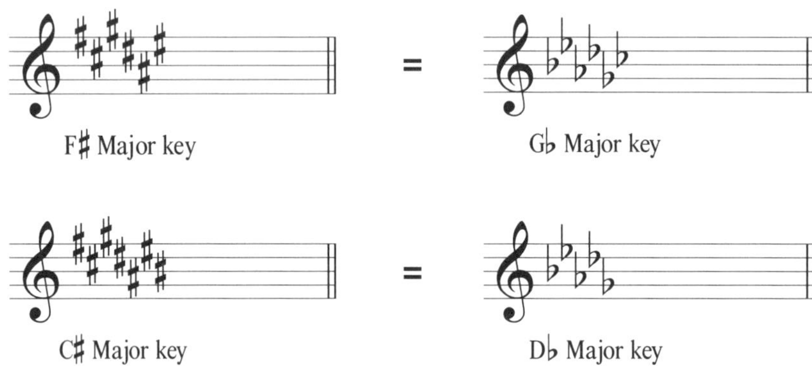

•♭(플랫) 조표의 으뜸음 찾는 방법

♭(플랫) Major key는 마지막에 붙은 조표의 음에서 완전4도 아래음이 으뜸음이 됩니다.

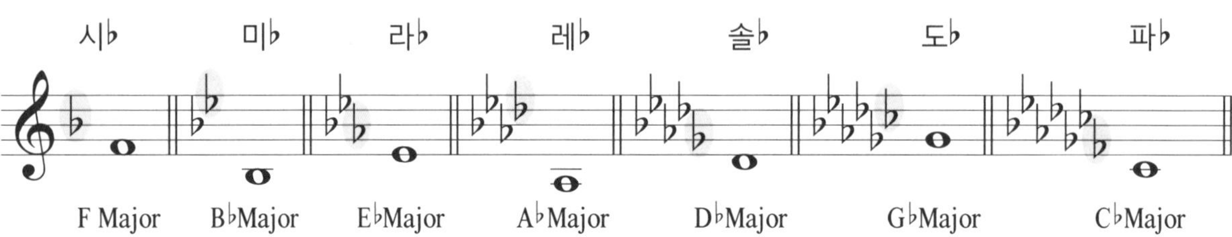

• 음 하나를 1도라고 생각하고 그 자리부터 계산합니다.

앞의 그림에서 첫 번째 마디를 보면, 시(B)에 ♭이 1개 붙어있습니다.
시♭부터 완전4도 아래로 내려가면(시♭–라–솔–파) 즉 파(F)가 으뜸음이 됩니다.
이 조표를 F Major 키라 부릅니다.

– 두 번째 마디를 보면 시(B)와 미(E)에 ♭이 2개 붙어있습니다.
마지막에 붙은 미♭부터 완전4도 아래로 내려가서 B♭이 으뜸음이 됩니다. 이 조표를 B♭ Major 키라 부릅니다.

– 세 번째 마디를 보면 마지막에 붙은 라♭부터 완전4도 아래로 내려가서 E♭이 으뜸음이 됩니다. 이 조표를 E♭ Major 키라 부릅니다.

– 네 번째 마디를 보면 마지막에 붙은 레♭부터 완전4도 아래로 내려가서 A♭이 으뜸음이 됩니다. 이 조표를 A♭ Major 키라 부릅니다.

– 다섯 번째 마디를 보면 마지막에 붙은 솔♭부터 완전4도 아래로 내려가서 D♭이 으뜸음이 됩니다. 이 조표를 D♭ Major 키라 부릅니다.

– 여섯 번째 마디를 보면 마지막에 붙은 도♭부터 완전4도 아래로 내려가서 G♭이 으뜸음이 됩니다. 이 조표를 G♭ Major 키라 부릅니다.

– 일곱 번째 그림을 보면 마지막에 붙은 파♭부터 완전4도 아래로 내려가서 C♭이 으뜸음이 됩니다. 이 조표를 C♭ Major 키라 부릅니다.
C♭키는 B키로 생각하는 것이 훨씬 쉽습니다.

C♭키는 악보상으로는 존재하지만, 잘 사용하지 않는 편입니다.
아래와 같이 B key로 표기하면 보기에도 편합니다.

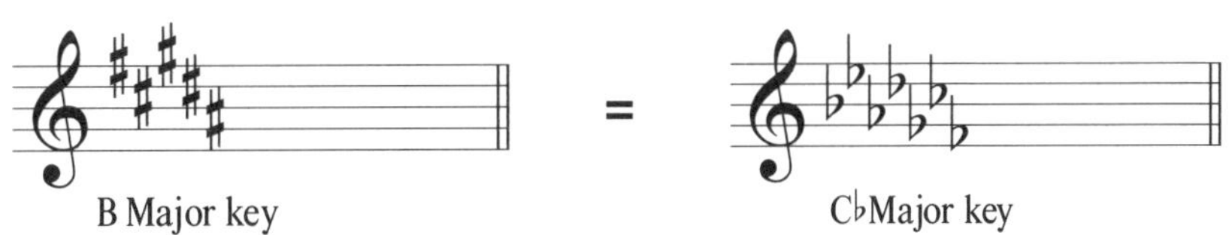

아래 그림은 기준음에서 완전5도 하행 진행하는 5도권 진행표입니다. 'C'에서 시작해 오른쪽에 표시된 ♭(플랫) 순서를 따라 외워주시기 바랍니다. 표를 통하여 우리는 12개의 장조(Major key)와 단조(Minor key)를 한눈에 볼 수 있습니다. 5도권 진행은 음악을 하는 데 있어 무척 중요하니 꼭 암기해 주세요!

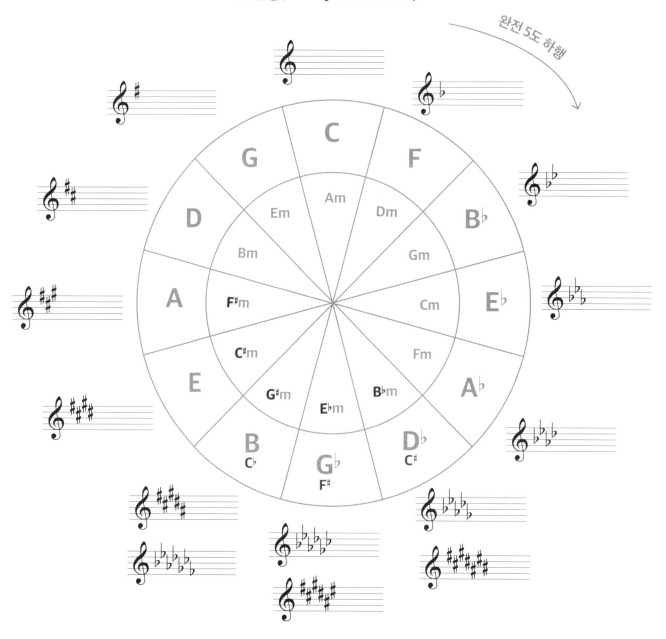

완전 5도 하행

C
Am
F
Dm
B♭
Gm
E♭
Cm
A♭
Fm
D♭
C♯
B♭m
G♭
F♯
E♭m
B
C♭
G♯m
E
C♯m
A
F♯m
D
Bm
G
Em

D. 음이름과 계이름

1) 음이름(pitch name)은 음의 절대적인 높이에 따라 붙여진 음의 이름으로 절대 변하지 않습니다. 한음이 가지고 있는 고유의 이름입니다. 음자리표별로 기억해 주세요.

높은음자리표

낮은음자리표

2) 계이름(syllable names)은 조성에 따라 해당 조의 기준음인 으뜸음이 계이름의 "도"가 됩니다. 절대적이 아니라 상대적이라고 볼 수 있습니다.

ex) D 메이저 키

조성이 바뀌면 같은 음이름이라도 새로운 조성에서의 역할이 달라지기 때문에 계이름도 달라지게 됩니다. 위 예시에서 "D" 음을 기준으로 일정한 간격으로 음을 나열하면 D–E–F♯–G–A–B–C♯–D입니다. 그러나 계이름은 기준음인 "D"가 "도"가 가 되기 때문에 "D"로 시작하여 "도–레–미–파–솔–라–시"가 됩니다.

ex) F 메이저 키

위 예시는 F 메이저 스케일입니다. F음이 C 메이저 키에서는 4번째음이어서 “파”라고 계이름을 붙였지만 F 메이저 키에서는 “F”가 으뜸음이기 때문에 “도”라고 읽어야 합니다. 이렇게 계이름은 어떤 조성을 가지느냐에 따라 이름이 바뀝니다. 또한 계이름으로 노래를 부르는 것을 “이동도법”이라고도 합니다. 앞으로 음악공부를 하면서 계명창을 부를 일이 많을 테니 이 단원을 확실히 이해하고 넘어가 주세요.

E. 연습문제

1. 다음 음을 보고 두 음의 관계가 온음인지 반음인지 적어보세요.

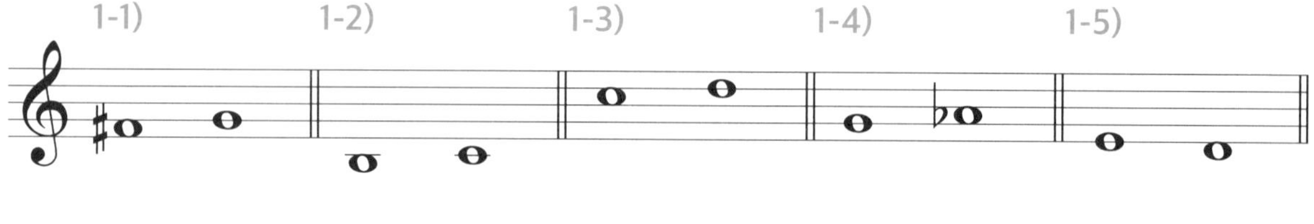

2. 다음 악보에 알맞은 계이름을 써보세요.

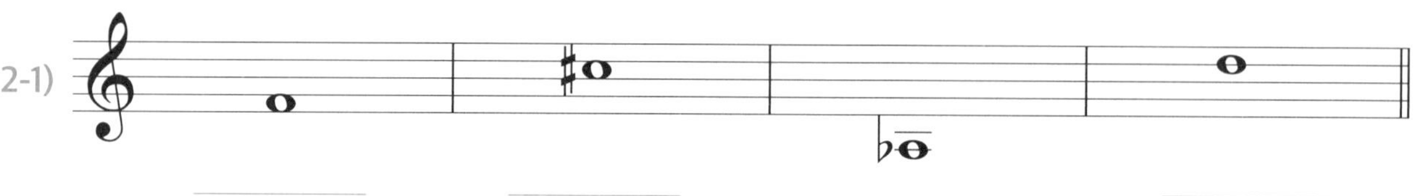

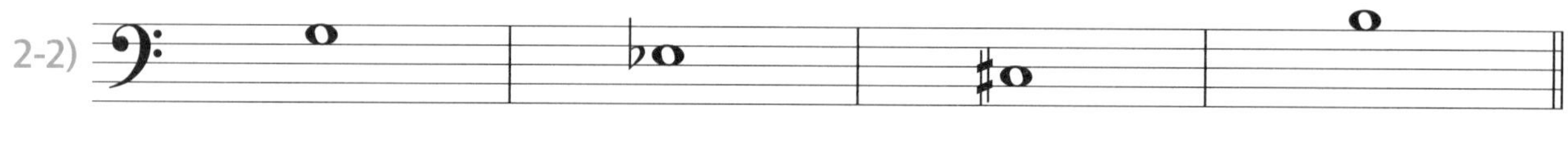

3. 다음 악보의 음을 보고 이명동음을 그려 넣어보세요.

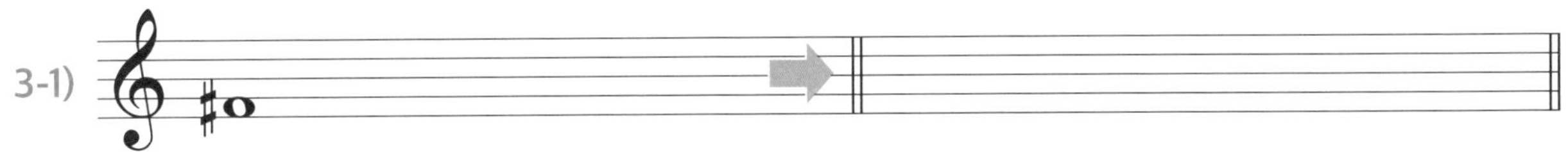

3-1)

3-2)

3-3)

3-4)

3-5)

3-6)

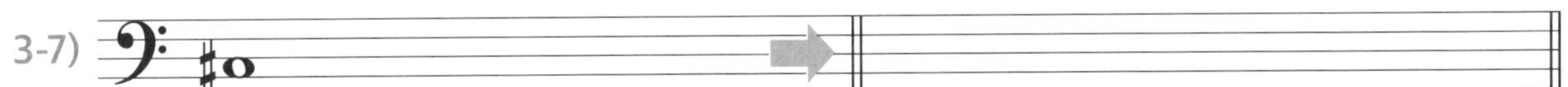

3-7)

4. 다음 조표를 보고 알맞은 장조의 이름을 써보세요.

4-1) 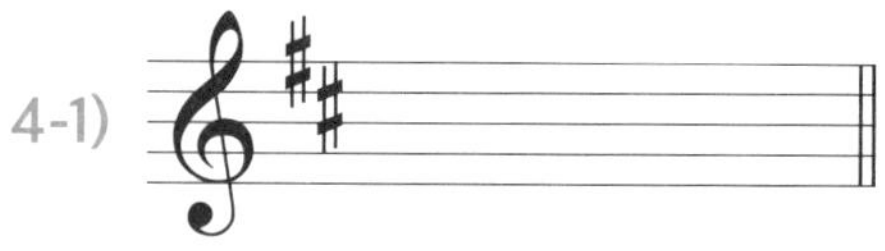

4-2) 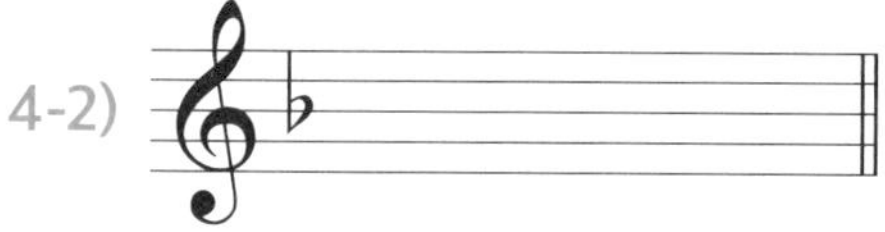

4-3) 

4-4) 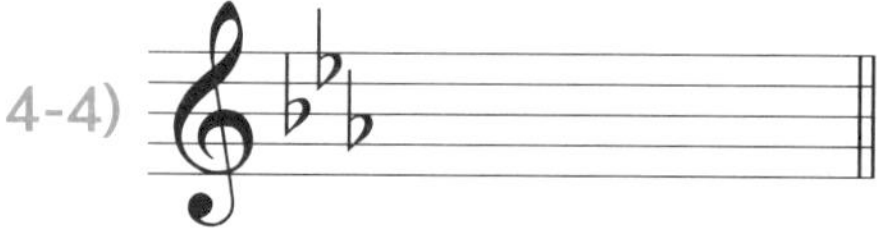

4-5) 

4-6) 

5. 다음 음이 으뜸음이 되는 장조의 조표를 그려보세요.

5-1) 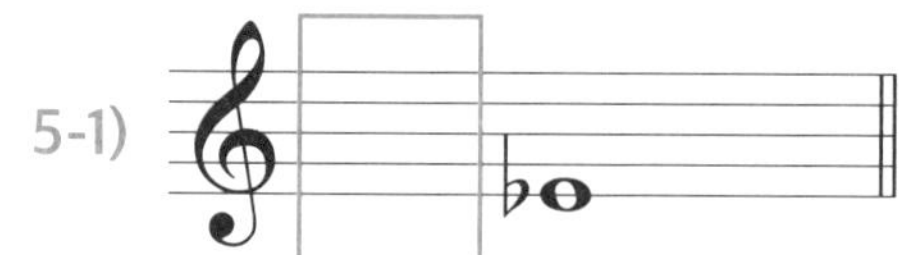

5-2) 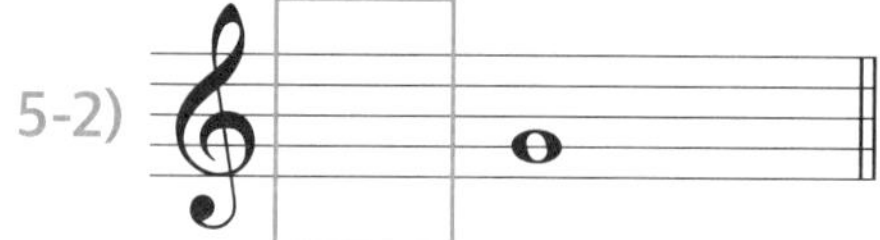

5-3) 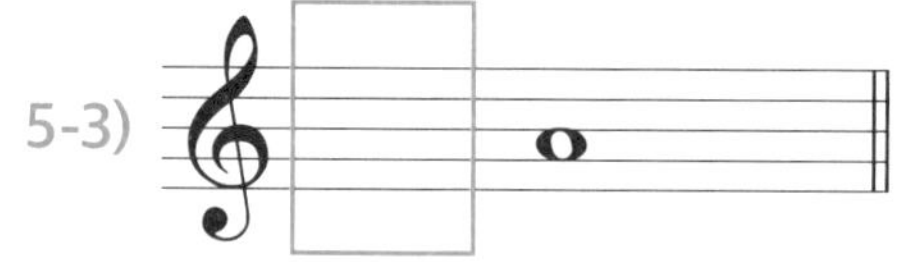

5-4) 

6. 다음 음이 으뜸음이 되는 단조의 조표를 그려보세요.

6-1) 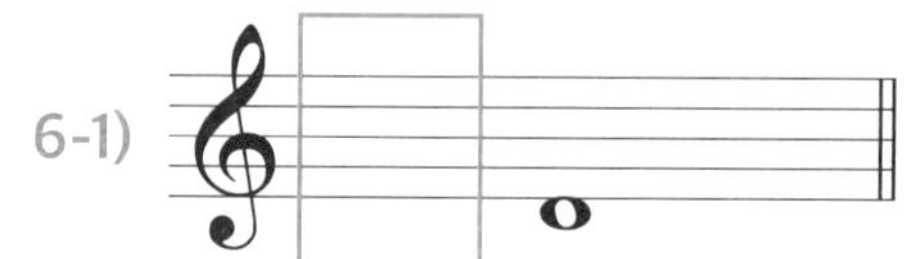

6-2) 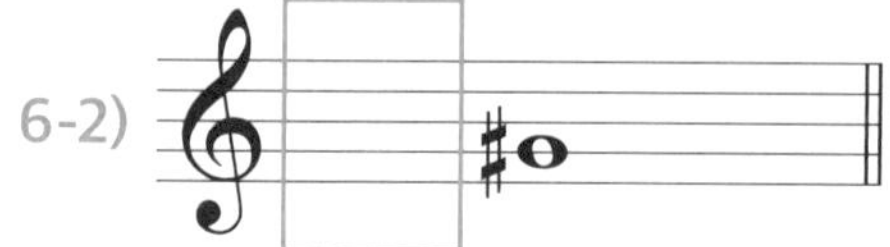

6-3) 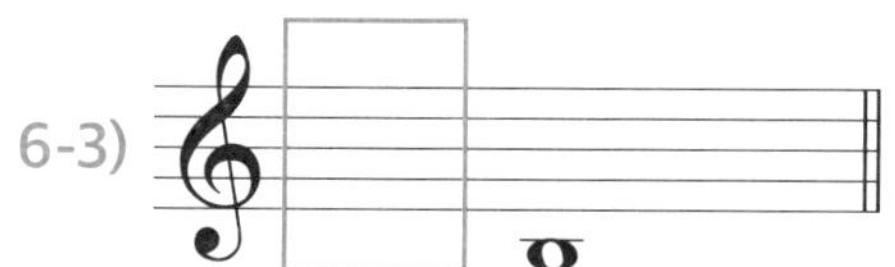

6-4) 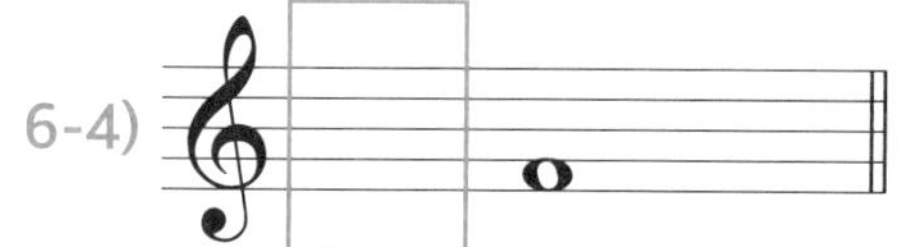

A. 나란한조(Relative Keys)

각 조표에는 장조(Major Key)와 단조(minor key) 2가지 조성이 존재합니다.
같은 조표를 사용하며 으뜸음이 다른 장조와 단조를 나란한조라고 부릅니다.
조표를 보고 먼저 Major Key를 찾은 다음, 그 으뜸음에서 단3도 내려가면 그 조표의 minor key를 찾을 수 있습니다.

EX 1) 주어진 조성을 보고 나란한조의 조표와 으뜸음을 구해보세요.

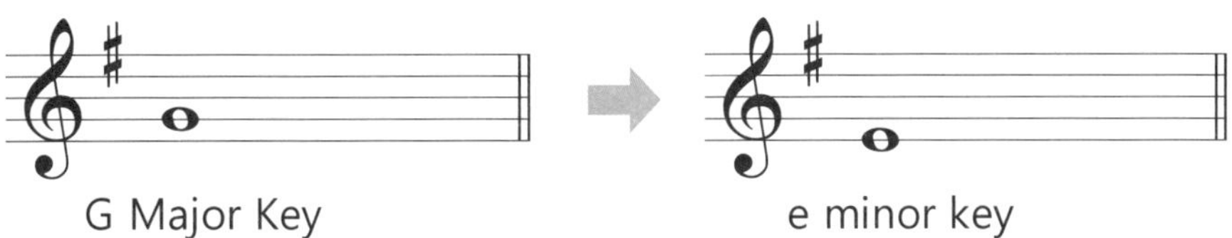

♯이 한 개 있으므로 G Major Key입니다. 으뜸음 G에서 단3도 내려가면 E가 되므로 e minor key가 나란한조가 됩니다.

EX 2)

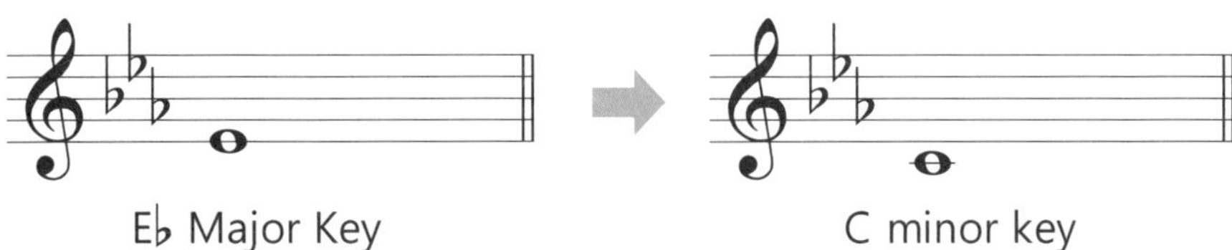

♭이 3개 있으므로 E♭ Major Key입니다. 으뜸음 E♭에서 단 3도 내려가면 C가 되므로 c minor key가 나란한조가 됩니다.

B. 변화표(임시표)

임시표란 음악 악곡의 중간에서 음의 높이를 일시적으로 변화시키는 기호입니다. 본래의 음을 임시로 반음 올리거나 반음을 내려 변화시킵니다. 기호는 음표의 앞에 기보합니다. 임시표의 종류는 올림표인 ♯(샵), 내림표인 ♭(플랫), 겹내림표인 𝄫(더블플랫), 겹올림표인 𝄪(더블샵) 그리고 제자리표인 ♮(내추럴) 이렇게 총 5가지의 종류가 있습니다.
임시표는 같은 마디 안에 있을 때만 효력이 있습니다. 단 붙임줄로 연결되면 다음 마디로 넘어가도 붙임줄에 연결된 음에 한해서는 임시표의 효력이 유지됩니다.

1. ♯(샵, 올림표) - 원음을 반음 올릴 때 사용합니다.

2. ♭(플랫, 내림표) - 원음을 반음 내릴 때 사용합니다.

3. 𝄪(더블샵, 겹올림표) - 더블샵은 𝄪로 표시하며, 원음에서 반음이 두 번 올라간 온음으로 올라갑니다.

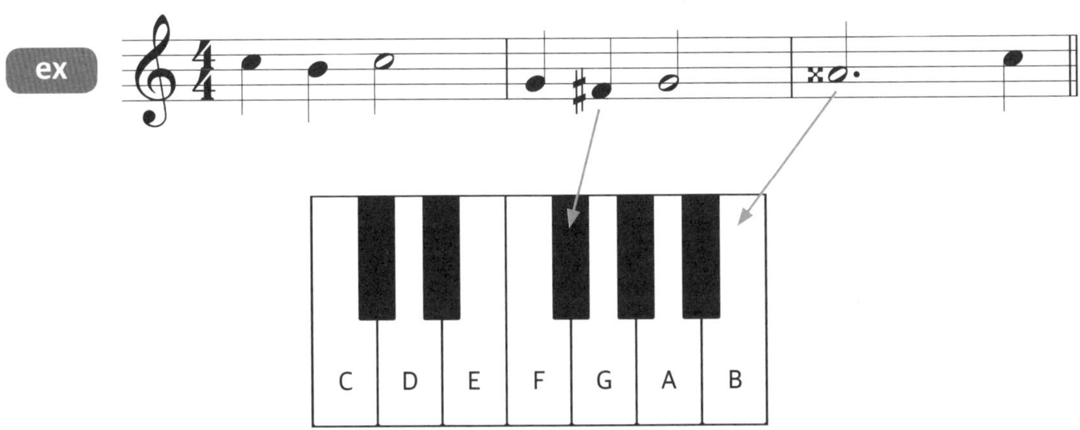

4. ♭♭(더블플랫, 겹내림표) - 더블플랫은 ♭♭로 표시하며, 원음에서 반음이 두 번 내려간 온음으로 내려갑니다.

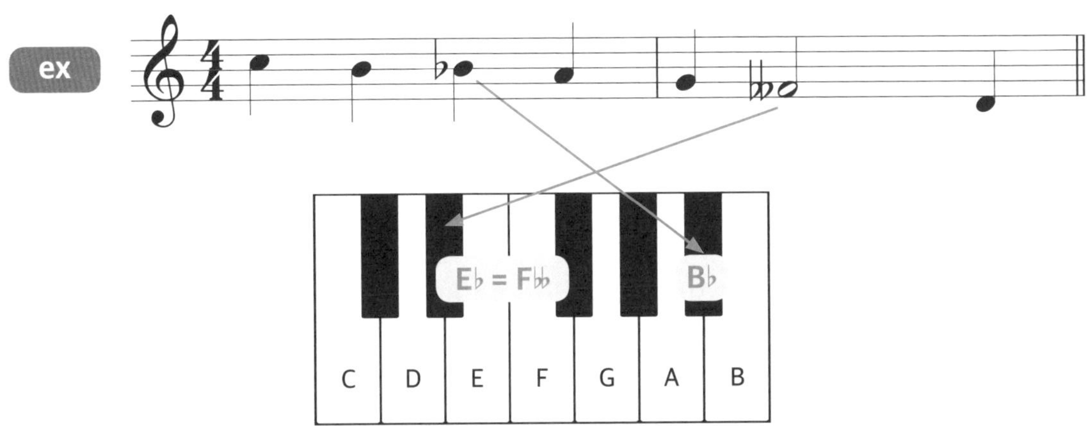

5. ♮(내추럴, 제자리표) -내추럴은 임시표의 효력을 취소하고 원래 음으로 돌아오는 것을 말합니다.

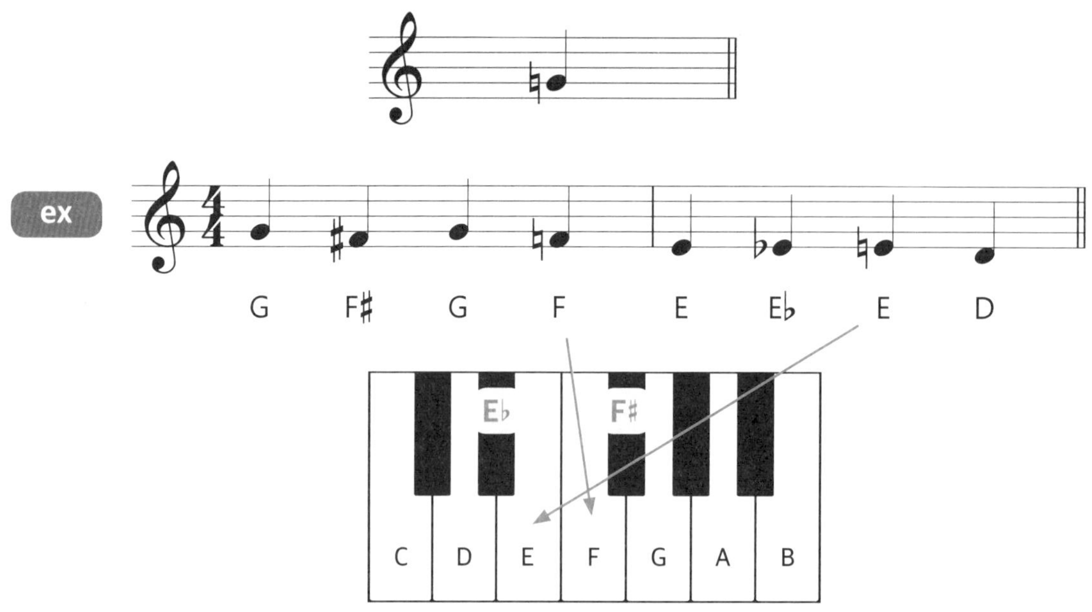

• 임시표가 붙임줄로 연결된 경우

붙임줄로 연결되면 다음 마디로 넘어가도 붙임줄에 연결된 음에 한해서는 임시표의 효력이 유지됩니다.

• 음높이가 같은 경우와, 같은 음이지만 옥타브일 경우

음의 높이가 같은 경우는 임시표의 효력이 발생하지만, 같은 음일지라도 옥타브가 다른 경우는 임시표의 효력이 없습니다. 주의해 주세요!

C. 조옮김(Transposition)

조옮김이란 곡 전체를 낮은 음정으로 혹은 높은 음정으로 옮겨 음역대를 바꿔주는 것을 말합니다. 각 음들의 상대적인 음정 관계를 바꾸지 않고 그대로 다른 높이로 움직여 줍니다. 즉 다른 조성으로 옮겨진다고 볼 수 있습니다.

1. 조옮김의 필요성

원곡의 음역대가 보컬의 음역대와 맞지 않을 때 그 곡 전체를 보컬에 맞춰 조옮김 해줘야 합니다. 또한 악기도 마찬가지로 원곡에서 연주해야 하는 음역대가 악기의 음역에 맞지 않을 때 그 악기에 맞도록 조옮김 해줘야 합니다.

2. 조옮김의 방법

A. 원곡의 조성을 알고 바꾸고자 하는 조와의 음정 관계를 파악합니다.

B. 조성에 맞는 조표를 적용하고, 그 안에 있는 각 음들을 옮겨줍니다.

단 모든 음 사이의 음정 관계는 원곡과 동일하게 유지되어야 합니다.

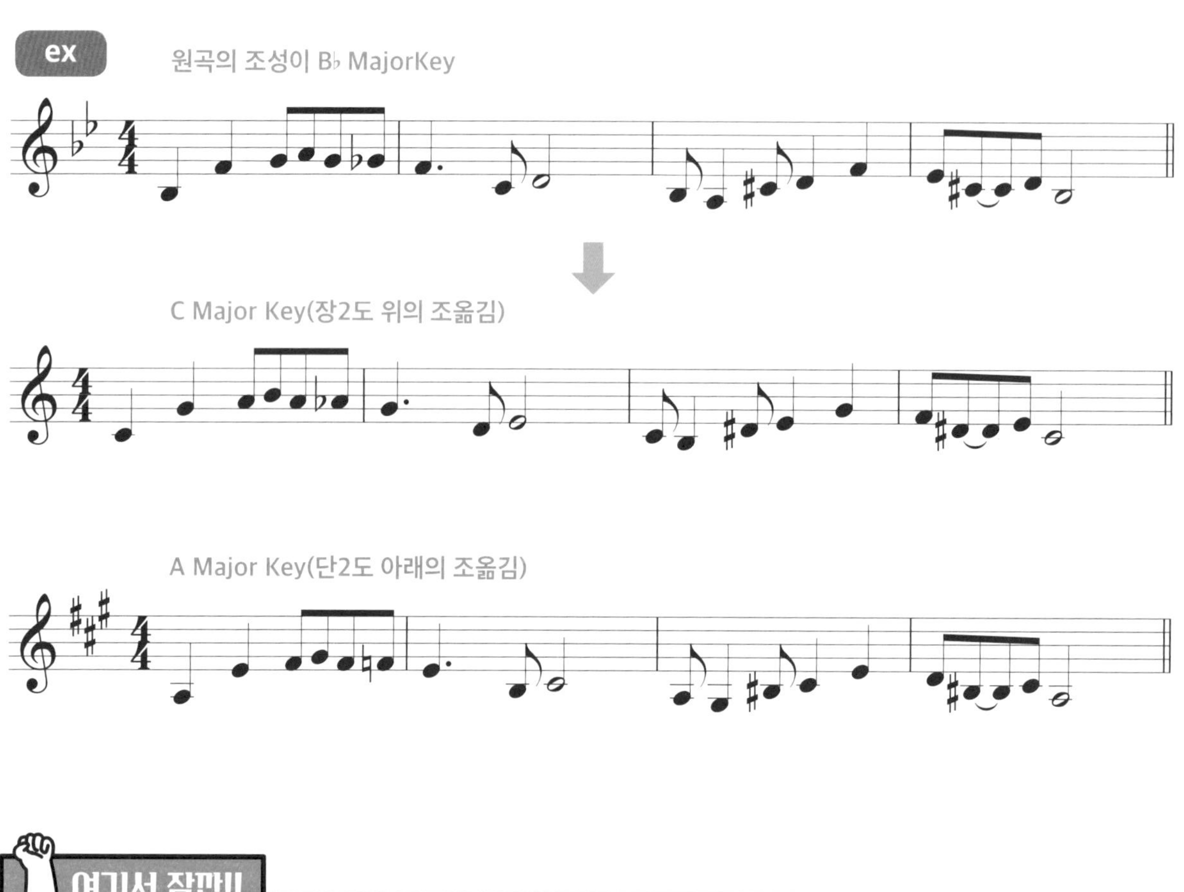

여기서 잠깐!!

조옮김을 하는 과정에서 임시표의 변화가 생기는 경우가 많으니 주의해야 합니다.

D. 연습문제

1. 다음 주어진 조표를 보고 으뜸음을 그려보세요.

A) Major Key

A-1)

A-2)

A-3)

A-4)

B) Minor Key

B-1)
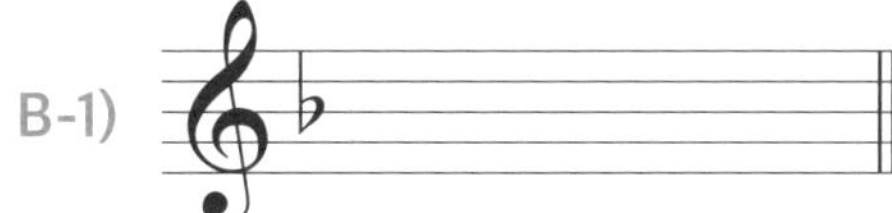

B-2)

B-3)
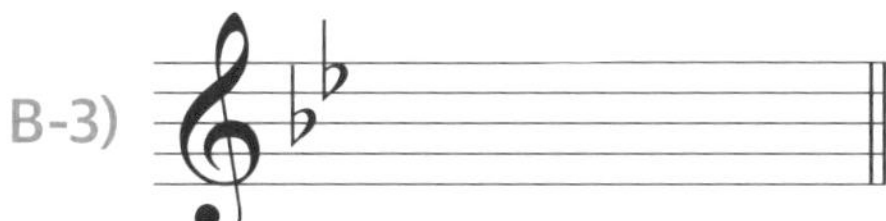

B-4)
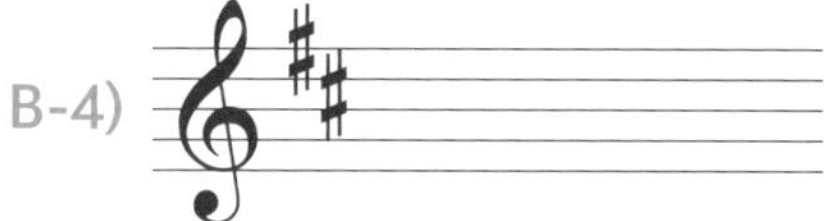

2. 다음 주어진 장조의 조표를 보고, 나란한조의 조표와 으뜸음 그리고 이름을 적어보세요.

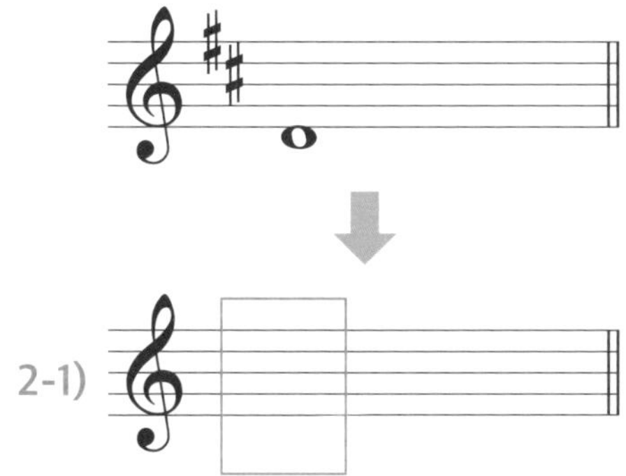

2-1)

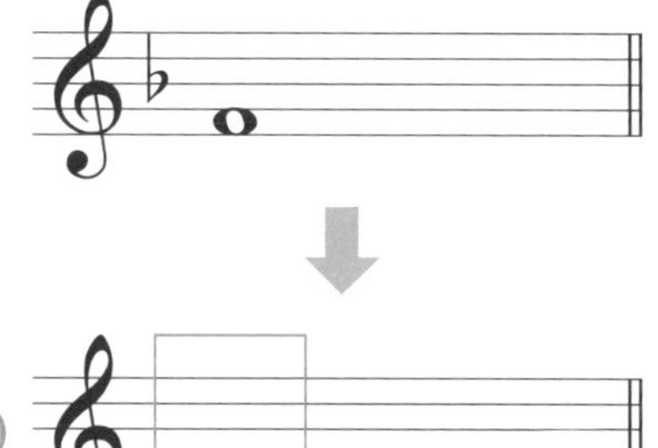

2-2)

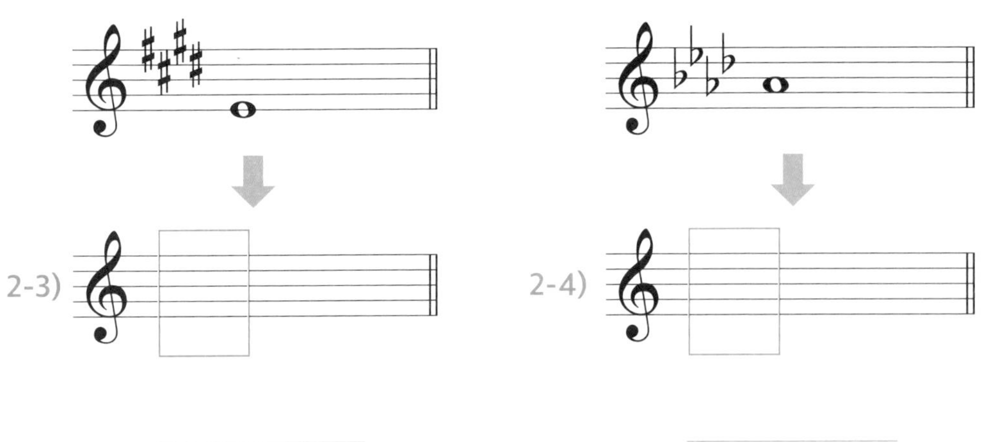

3. 다음 장조의 이름을 보고 나란한조의 이름과 조표를 적어보세요.

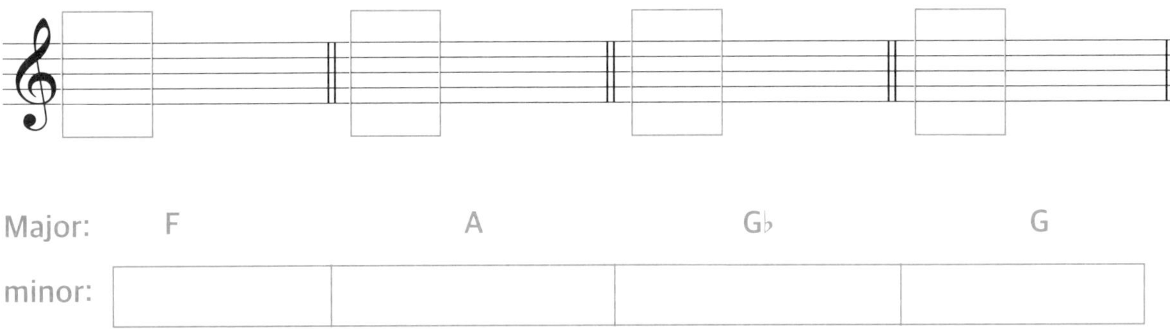

4. 다음 단조의 이름을 보고 나란한조의 이름과 조표를 적어보세요.

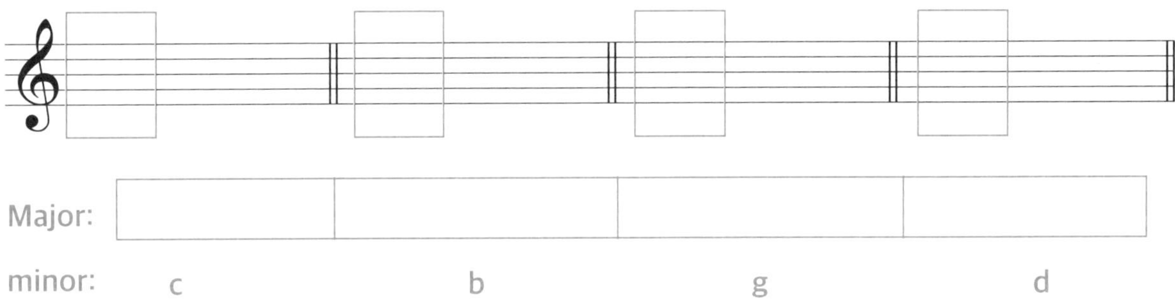

5. 다음 주어진 변화표를 보고 그 이름과 알맞은 설명을 골라보세요.

① 원음을 반음 내릴 때 사용합니다.
② 반음이 두 번 올라간 온음으로 올라갑니다.
③ 원음을 반음 올릴 때 사용합니다.
④ 임시표의 효력을 취소하고 원래 음으로 돌아오는 것을 말합니다.

6. 반음을 두 번 올려 연주하라는 뜻을 가진 기호의 이름과 모양을 적어보세요.

7. 다음 주어진 멜로디를 제시된 보기로 조옮김 하세요.

7-1) 장3도 내려서 조옮김

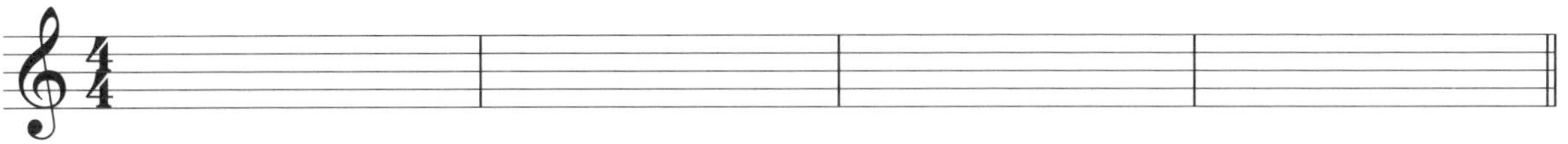

7-2) 완전4도 올려서 조옮김

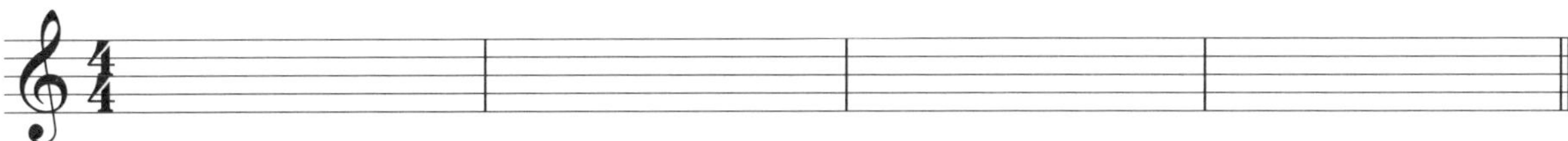

WEEK 3

음정(Interval)

A. 음정의 뜻

음정이란 두 음 사이의 거리를 말하며, 도수라는 단어로 표기합니다.

위의 그림과 같이 음정들은 1도에서 8도로 이루어져 있으며, 같은 줄이나 칸의 두 음은 1도로 세고, 1옥타브는 8도로 셉니다. 이들 음에 임시표가 붙더라도 도수는 바뀌지 않습니다. 음정의 종류는 5가지가 있는데 거리의 증가와 감소에 따라 음정의 종류가 변화하기 때문에, 정확한 음정을 구분하기 위해서는 완전음정과 장음정을 기준으로 반음의 개수를 파악하여 음정을 계산해야 합니다.

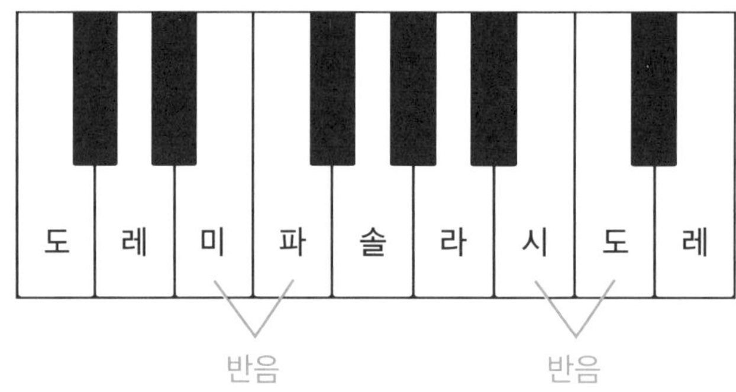

음정의 도수를 구할 때 반음 구간을 확인해야 합니다. 반음 구간은 "미–파", "시–도"입니다. 구하려는 음정 안에 반음이 있는지 없는지, 또 몇 개가 있는지에 따라 음정의 성격이 달라지기 때문입니다.

옆의 그림은 반음의 개수를 나타낸 표입니다.
반드시 암기하여 음정을 찾는 데 도움이 되기 바랍니다.

반음의 개수				
0개	완전1도	장2도	장3도	
1개	완전4도	완전5도	장6도	장7도
2개	완전8도			

B. 음정의 종류

음정을 구성하는 두 음이 동시에 울릴 때 가장 잘 협화하는 음정이라고 하여 완전음정이라고 부르며 1, 4, 5, 8도가 있습니다. 특히 완전1도와 8도는 절대협화음정이라고 부릅니다. 반음의 개수에 따라 완전음정에서 증음정이나 겹증음정으로 늘어나고, 또는 감음정이나 겹감음정으로 줄어듭니다. 완전음정 다음으로 잘 협화하는 음정을 불완전 협화음정이라고 부르는데 3도와 6도가 있습니다. 그 밖의 모든 음정은 불협화음정이고 장2도, 단2도, 장7도, 단7도가 있습니다. 또한 모든 증, 감음정들도 불협화음정입니다. 불협화음정은 동시에 울리면 탁한 울림이 되지만 음악의 긴장감과 변화를 표현하여 협화음정의 아름다움을 한층 더 살리기도 합니다. 반음의 개수에 따라 장음정에서 증음정이나 겹증음정으로 늘어나고 또는 단음정에서 감음정이나 겹감음정으로 줄어듭니다. 아래의 표를 잘 살펴보며 암기해 주시기 바랍니다.

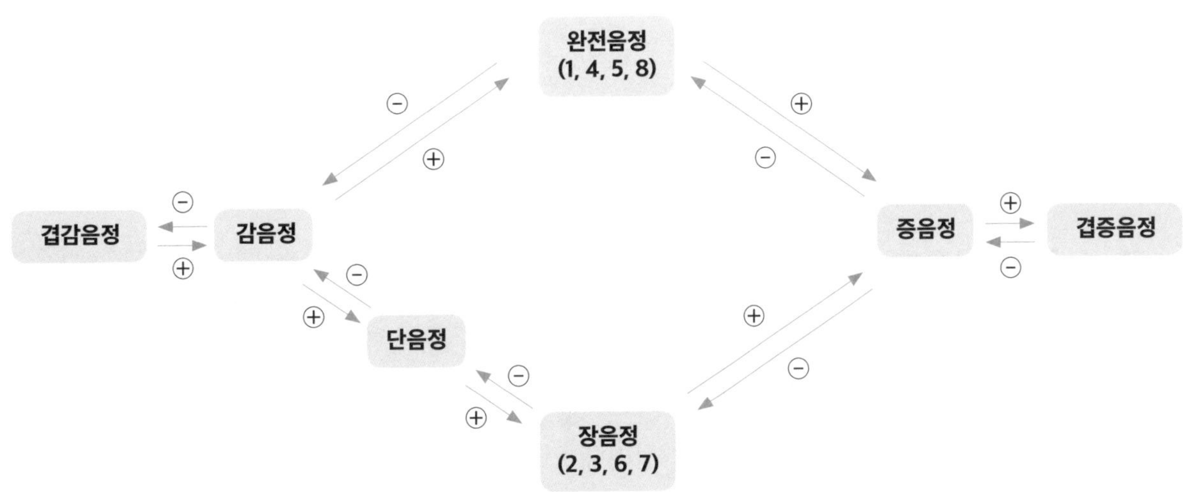

C. 음정의 계산법

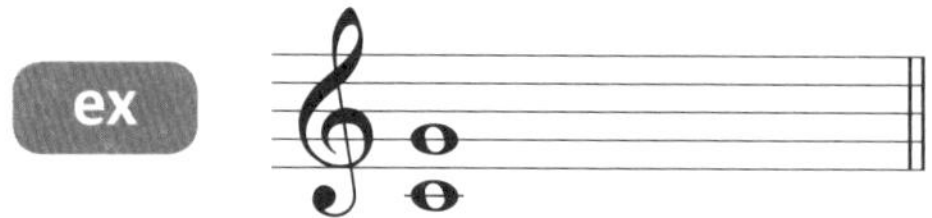

1. 먼저 두 음 사이의 도수를 구합니다.
2. 위의 예시는 "도-솔"까지 5도입니다.

3. 그리고 두 음 사이의 반음의 개수가 몇 개인지 확인합니다.
4. "반음의 개수" 표에서 봤듯이 음정이 5도면 반음이 1개 있어야 합니다.

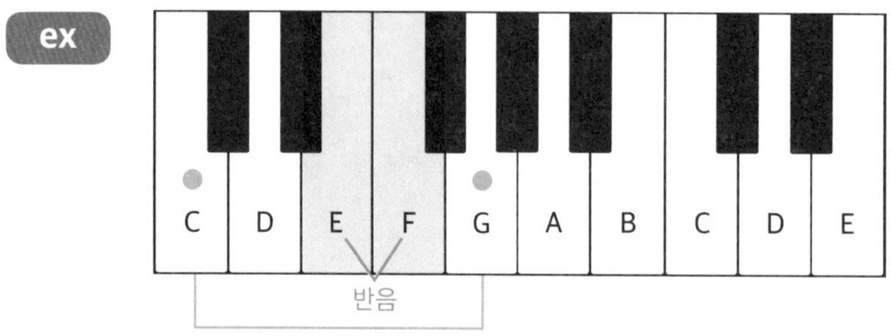

5. 위의 건반 그림을 보면, 도-솔 사이에는 반음이 "미-파"가 있으므로 반음구간이 1개 존재합니다.
6. 그렇기 때문에 도-솔은 완전5도입니다.

C-1. 반음 개수에 따른 음정 계산법

많은 학생들이 기존 음정에서 반음이 줄거나 늘어나면 음정 계산을 어떻게 해야 하는지 어려워합니다. 뉴욕 언니가 쉽고 정확하게 설명해드릴 테니 이제 음정 문제는 절대 헷갈려 하지 말아요~! 옆의 두 예시로 쉽게 정리해 드리겠습니다.

여기서 잠깐!!

기존 음정에서 반음의 개수가 늘어나면 음의 간격은 줄어들고, 반음의 개수가 줄어들면 음의 간격이 늘어납니다! 밑의 두 가지 예시를 들어 설명해드리겠습니다.

EX 1) 

장3도

1. 두 음 사이의 도수는 3도입니다.
2. 3도일 경우 반음의 개수는 0개입니다.
3. "도-미" 사이에는 반음 구간이 없습니다.
4. 3도 간격에는 반음이 0개입니다

"도-미" 사이는 반음 구간이 0개이므로 장 3도가 맞습니다.

EX 2) 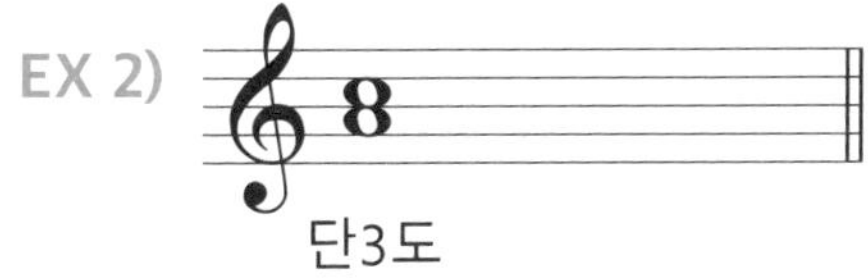

단3도

1. 두 음 사이의 도수는 3도입니다.
2. 3도일 경우 반음의 개수는 0개입니다.
3. 하지만 "라-도" 사이에는 반음 구간이 1개 있습니다.
4. 3도는 반음이 0개 이어야 하는데, 반음의 개수가 1개 늘어났으므로 음정의 간격은 줄어듭니다.
5. 따라서 장3도가 아닌 단3도가 됩니다.

C-2. 임시표에 따른 음정 계산법

기존 음정에 임시표가 붙으면 음정에 변화가 생깁니다. ♯이나 ♭이 어느 위치에 붙느냐에 따라 음의 간격이 늘어날 수도 있고 줄어들 수도 있습니다.

A) 음정의 간격이 늘어날 때

두 음 중에 위쪽의 음에 ♯이 붙으면 간격이 늘어납니다. 아래쪽 음에 ♭이 붙으면 간격이 늘어납니다.

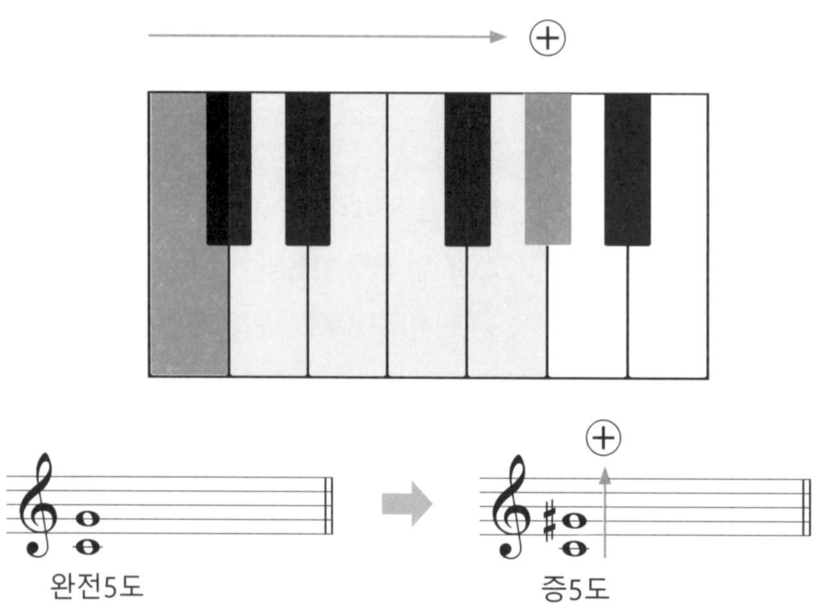

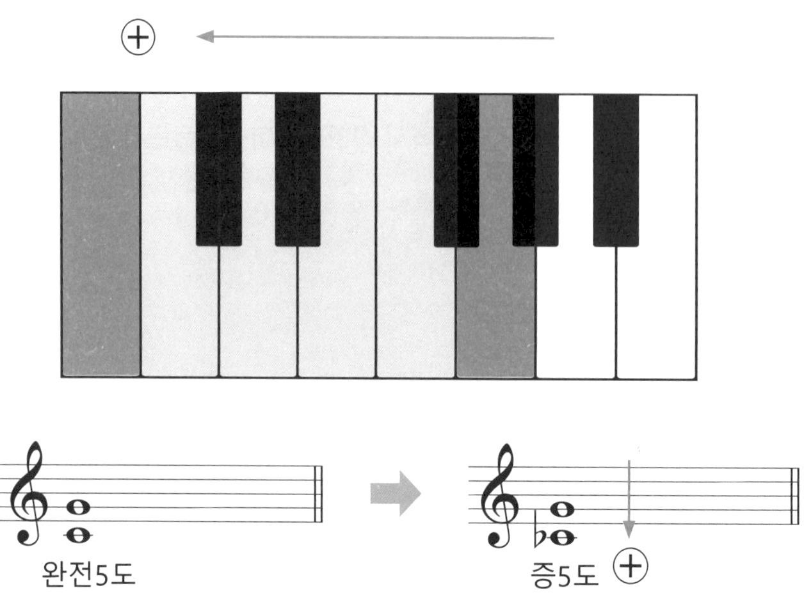

B) 음정의 간격이 줄어들 때

두 음 중에 위쪽의 음에 ♭이 붙으면 간격이 줄어듭니다. 아래쪽 음에 ♯이 붙으면 간격이 줄어듭니다.

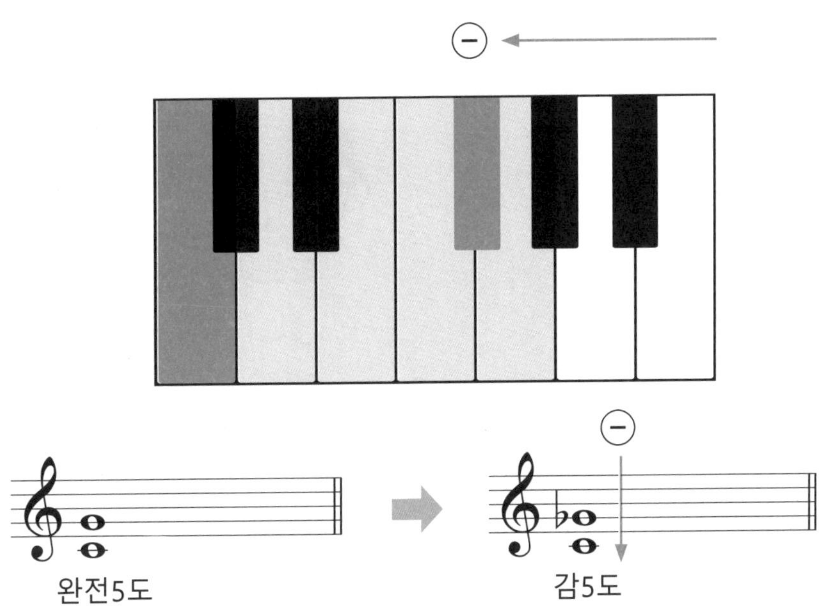

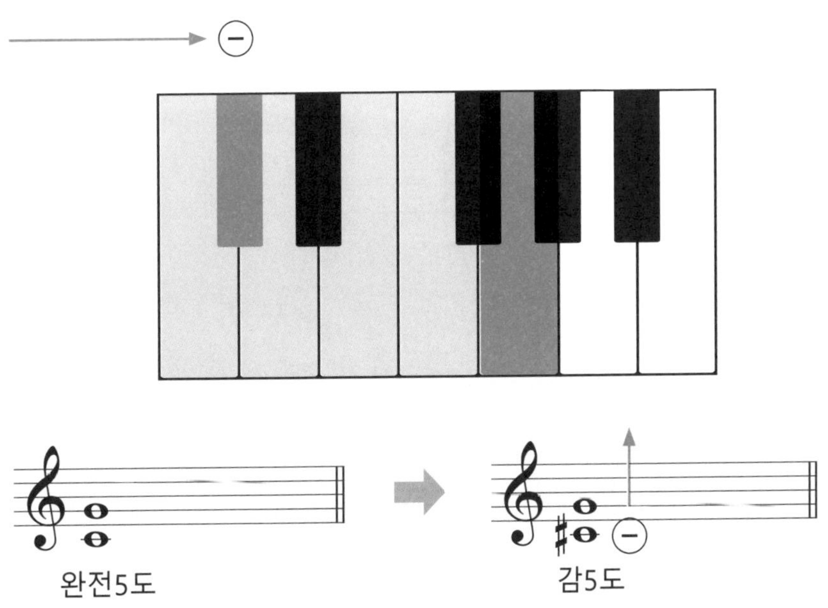

여기서 잠깐!!

같은 임시표가 위와 아래로 붙을 경우, 음정 간격이 같이 움직이기 때문에 임시표 두 개를 다 제거한 후 계산하면 훨씬 쉽습니다.

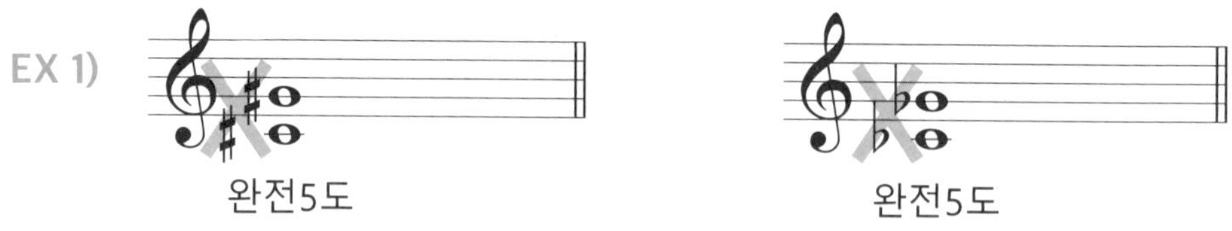

D. 옥타브 이상의 음정(겹음정)

한 옥타브 내의 음정은 홑음정이라고 부르며, 한 옥타브를 넘어 도수의 차이가 9도 이상이 될 경우 겹음정이라고 부릅니다.

겹음정 구하는 법

아래쪽 음을 한 옥타브 올린 후에 음정 계산하기

1) 아래의 "도"음을 한 옥타브 올립니다.

2) "도-솔"은 완전5도입니다.

3) 5에 7을 더해줍니다.(+7을 해주시는 거 꼭 암기해 주세요)

4) 음정의 종류는 "완전"이 되고, 5+7은 12이기 때문에 완전12도가 됩니다.

E. 연습문제

1. 다음 주어진 음정의 이름을 적어보세요.

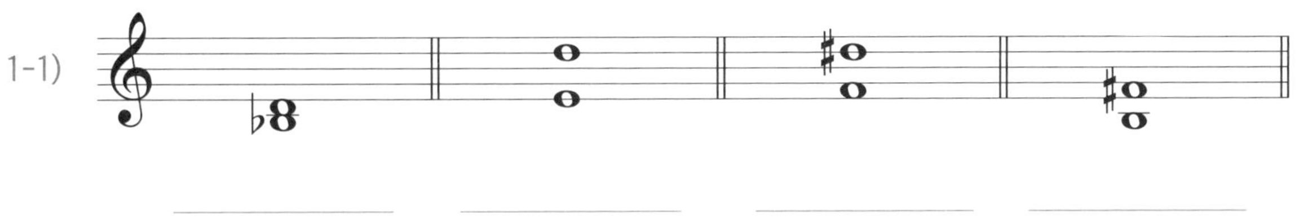

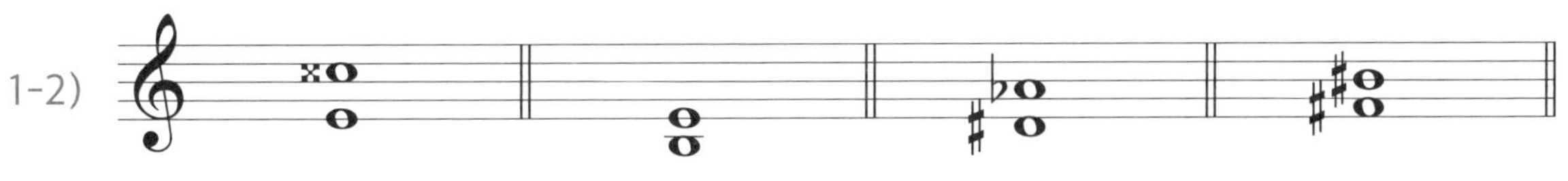

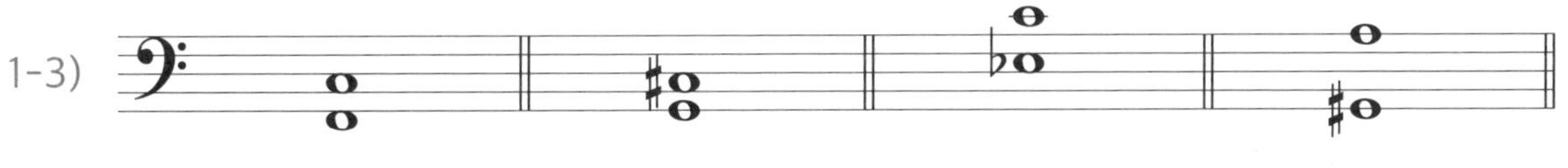

2. 다음 보기에 제시된 음정이 되도록 음을 그려 넣어보세요.

3. 다음 주어진 겹음정의 이름을 적어보세요.

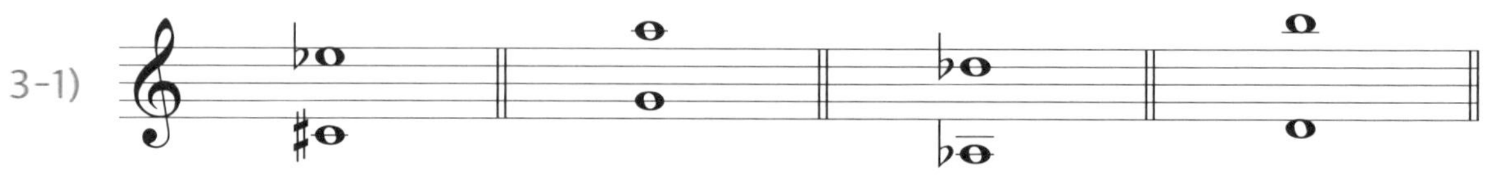

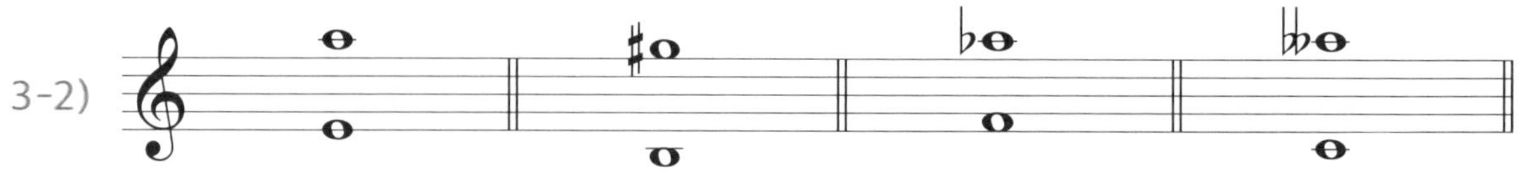

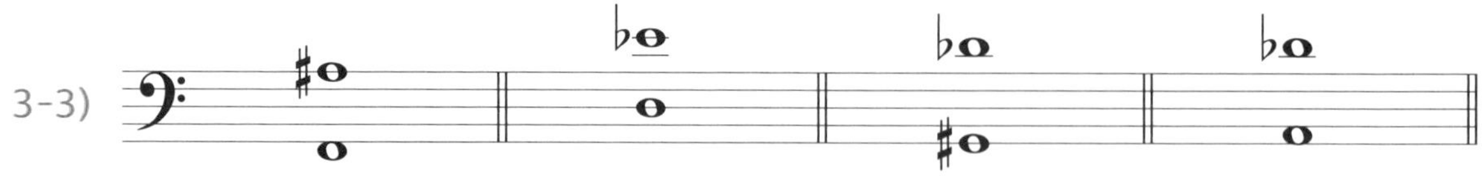

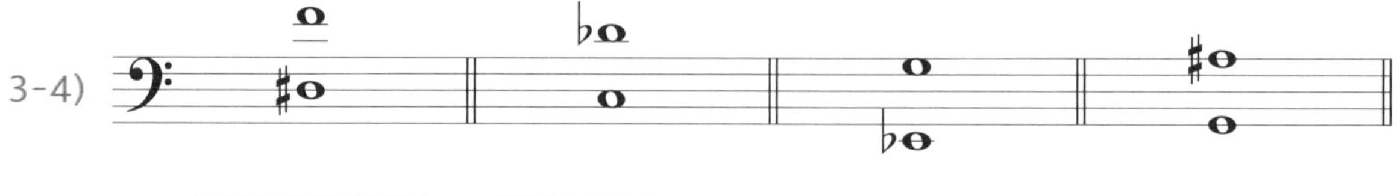

4. 주어진 음정이 될 수 있도록 위의 음에 임시표를 그려 넣어보세요.

4-1)

4-2)

5. 주어진 음정이 될 수 있도록 아래 음에 임시표를 그려 넣어보세요.

5-1)

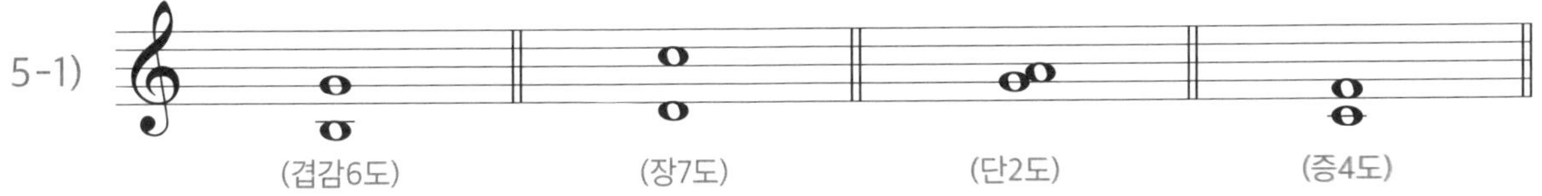

5-2)

6. 아래 주어진 악보를 보고 음정을 적어보세요.

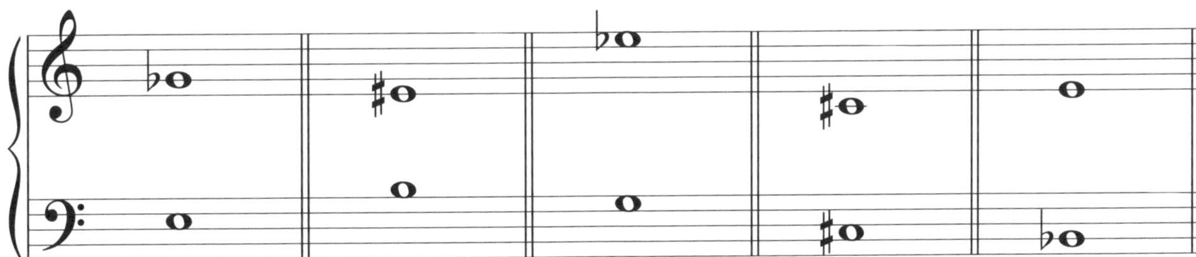

WEEK 4

장음계(Major Scale)

음계(Scale)란 으뜸음을 기준으로 일정한 음정의 간격을 가지고 나열한 음의 계단입니다. 음계는 크게 장음계(Major)와 단음계(Minor)로 나눠집니다.

A. 메이저 스케일 디그리(Major Scale Degree)의 정의와 기능

메이저 스케일 디그리(Major Scale Degree): 1 2 3 4 5 6 7

스케일 디그리란 음계에서 순차적으로 배열되는 음들의 집합이며, 각 음의 위치를 나타내는 번호입니다. 각 음은 단순한 숫자가 아니고 조성 내에서 갖는 기능적 역할이 있습니다. 각 숫자는 로마숫자로도 표기됩니다. (I, II, III, IV, V, VI, VII)

•스케일 디그리(Scale Degree)의 기능

- **첫 번째 음 1도(Tonic, 토닉, I):** 스케일의 시작음이자 중심이 되는 음입니다. 가장 안정적이며 음악이 해결될 때 도달하는 목표음입니다.
- **두 번째 음 2도(Supertonic, 슈퍼토닉, II):** 토닉 다음에 오는 음입니다. 주로 서브도미넌트나 도미넌트로 진행하는 연결 역할을 합니다.
- **세 번째 음 3도(Mediant, 미디언트, III):** 토닉과 도미넌트 사이에 위치하며 조성을 결정하는 중요한 음입니다. 예를 들어 메이저 키에서는 장3도, 마이너 스케일에서는 단3도가 되어 스케일을 결정하기 때문입니다.
- **네 번째 음 4도(Subdominant, 서브도미넌트, IV):** 도미넌트로 가기 전의 연결음입니다. 토닉에서 새로운 분위기로 바꿔주는 역할을 합니다.

- **다섯 번째 음 5도(Dominant, 도미넌트, V):** 가장 강한 긴장감을 가지고 있으며 토닉으로 해결하려는 성향이 있습니다. V → I 진행은 매우 강한 해결감을 줍니다.
- **여섯 번째 음 6도(Submediant, 서브미디언트, VI):** 미디언트와 비슷하며 나란한조(Relative minor)에서 토닉 역할을 합니다
- **일곱 번째 음 7도(Leading Tone, 리딩톤, VII):** 토닉음의 반음 아래에 위치하며 토닉(1도)으로 해결하려는 성질이 강합니다.

B. 장음계(Major Scale)의 구조

1) 으뜸음을 시작으로 2도 간격으로 일정하게 음을 쌓아 올립니다(1 옥타브).
2) 3–4번째 음과 7–8번째의 음의 간격이 반음입니다. 이 간격은 으뜸음이 바뀌어도 똑같이 지켜줘야 장음계가 될 수 있습니다.
3) 나머지 음들의 간격은 온음입니다.

ex C Major Scale

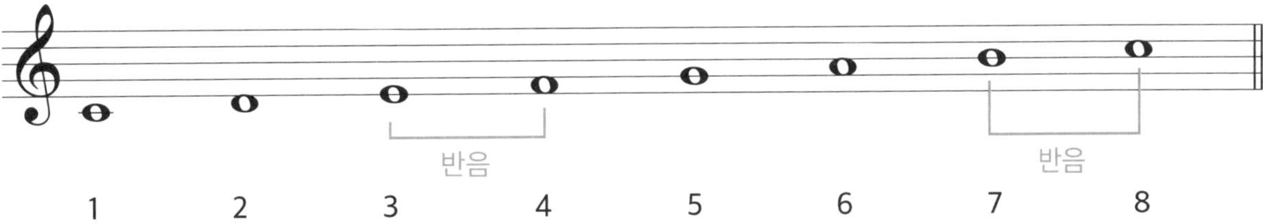

위의 스케일은 아무 조표가 붙지 않았기 때문에 C Major Key이고 으뜸음은 C입니다.

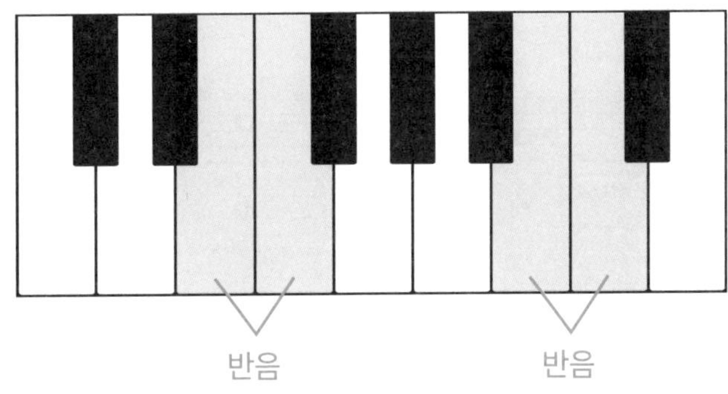

C. 장음계 그리는 방법

1) 으뜸음을 시작으로, 한 옥타브 내에서 2도 간격으로 음을 나열합니다.

2) 으뜸음의 조표의 성질과 개수를 분석합니다.

ex G Major Scale 그리기

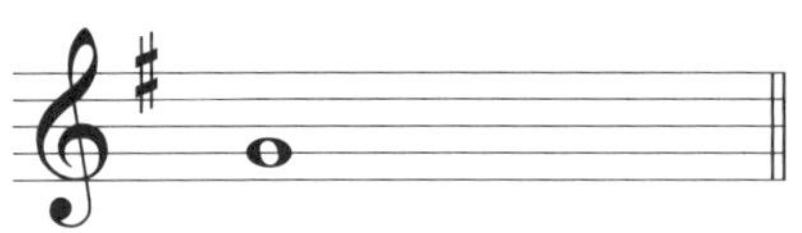

옆의 예시를 보면 ♯(샵)의 개수는 한 개이고 ♯(샵)의 위치가 '파'에 있습니다. 따라서 G Major Key이고 으뜸음은 '솔'입니다.

3) 조표에 있는 임시표를 음에 맞게 붙여봅니다.

G Major Scale

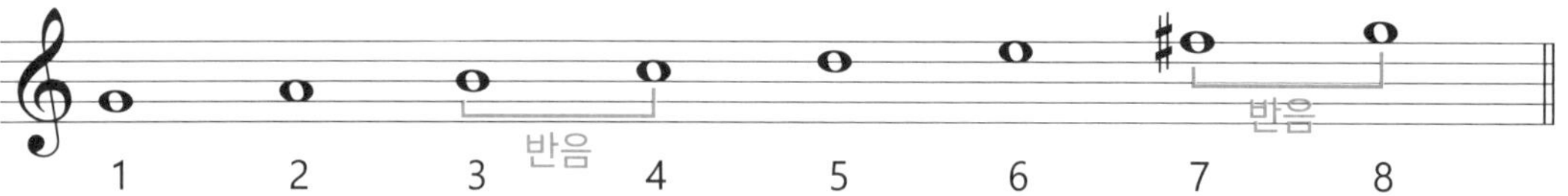

4) 3–4번째 음과 7–8번째 음이 반음 간격인지 확인합니다. 나머지 음들의 간격은 온음이어야 합니다(1–2, 2–3, 4–5, 5–6, 6–7).

ex E♭ Major Scale 그리기

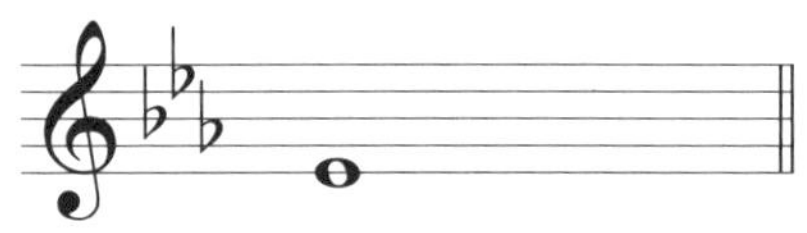

옆의 예시를 보면 ♭(플랫)의 개수는 세 개이고 ♭(플랫)의 위치가 '시, 미, 라'에 있습니다. 따라서 Eb Major Key이고 으뜸음은 '미♭'입니다

E♭ Major Scale

12Key의 Major Scale

*조표를 사용할 경우, 오선 위의 해당음에는 별도로 임시표를 표시할 필요가 없습니다.

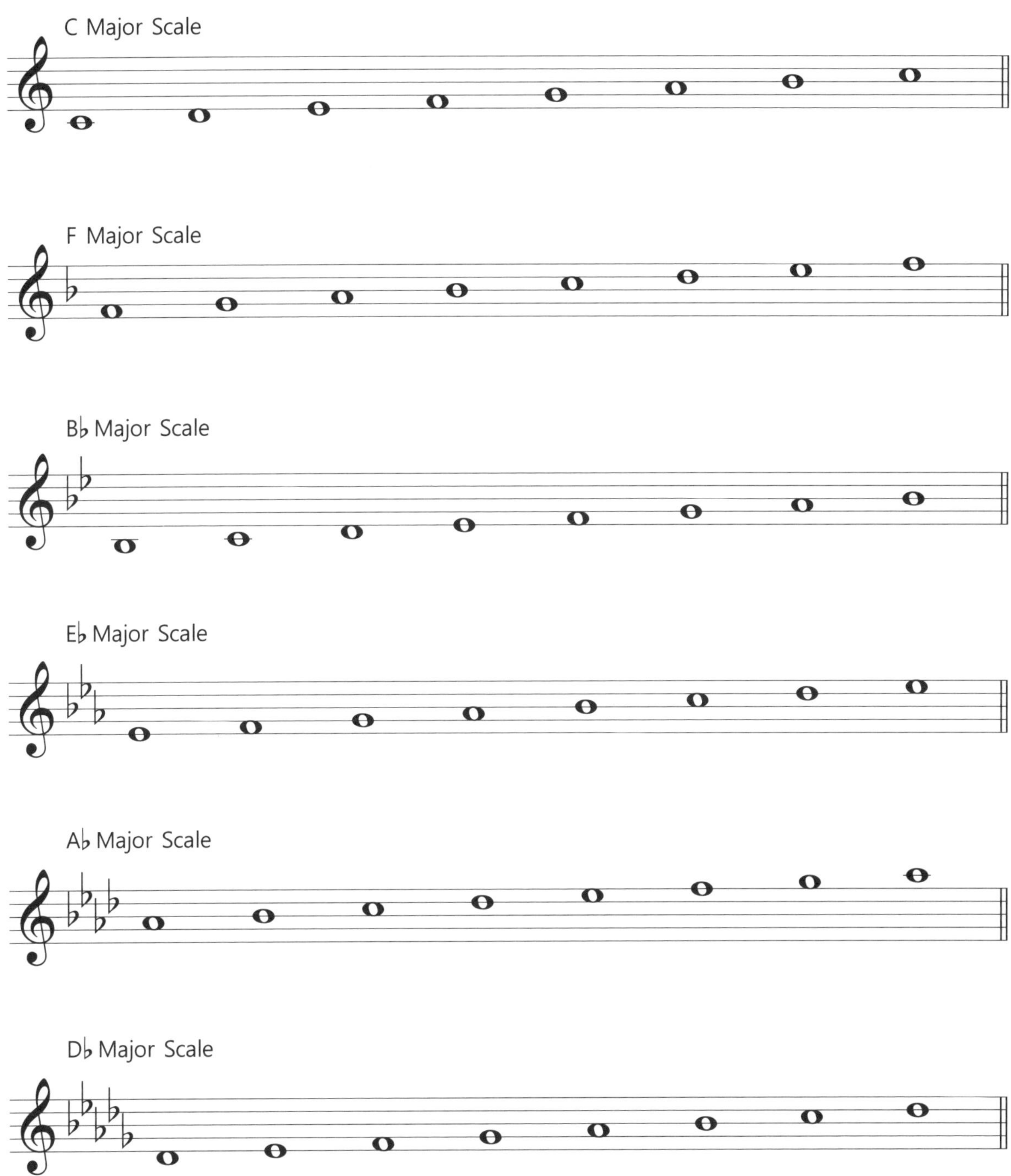

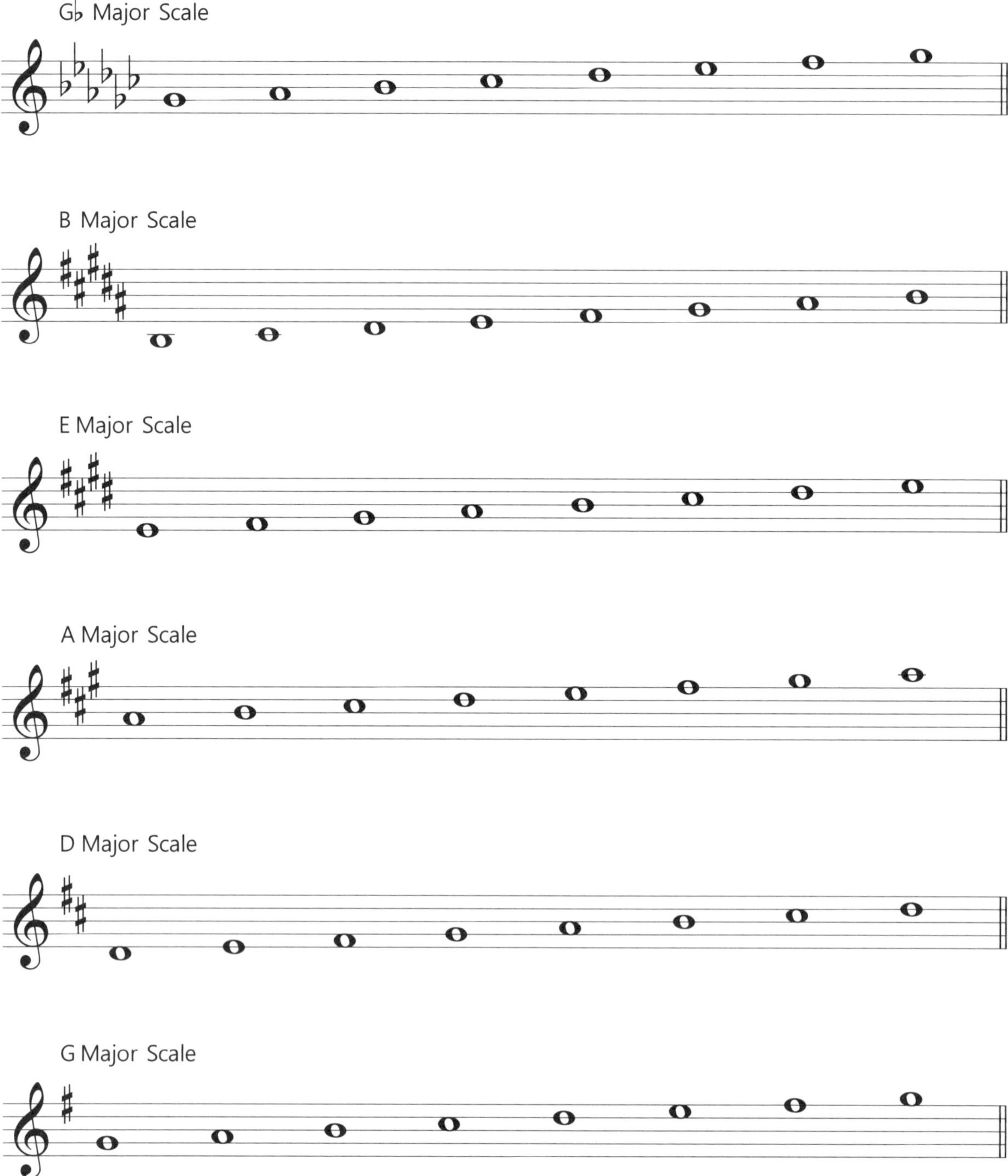
G♭ Major Scale
B Major Scale
E Major Scale
A Major Scale
D Major Scale
G Major Scale

D. 연습문제

1. 다음 음으로 시작하는 장음계(Major Scale)를 그리고 스케일의 이름도 써보세요

(아래 예시와 같이 임시표를 사용하여 그려보세요).

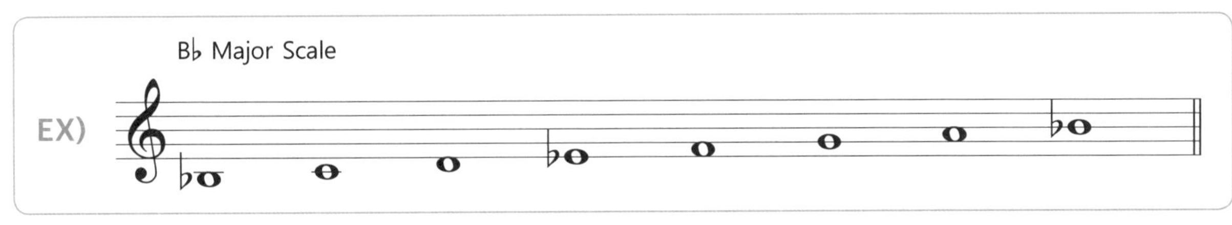

1-1)

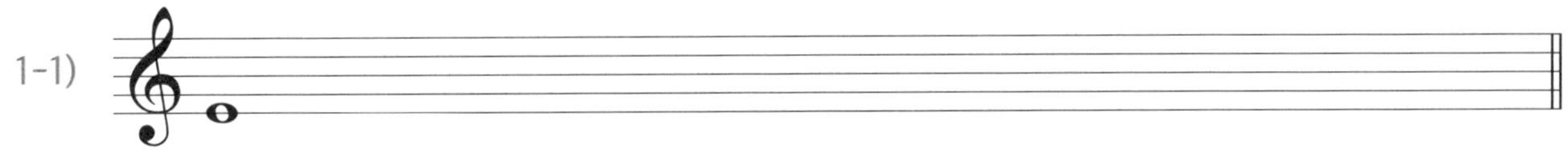

1-2)

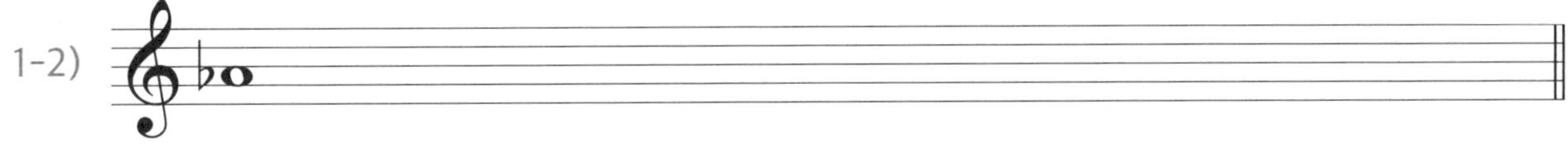

1-3)

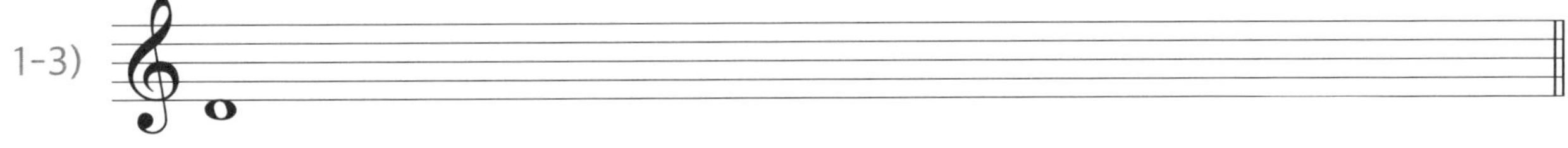

1-4)

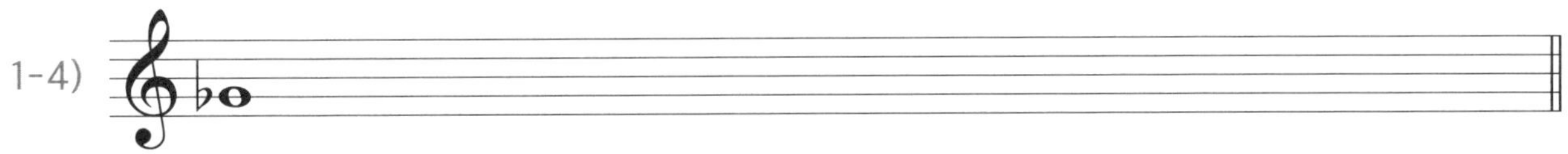

1-5)

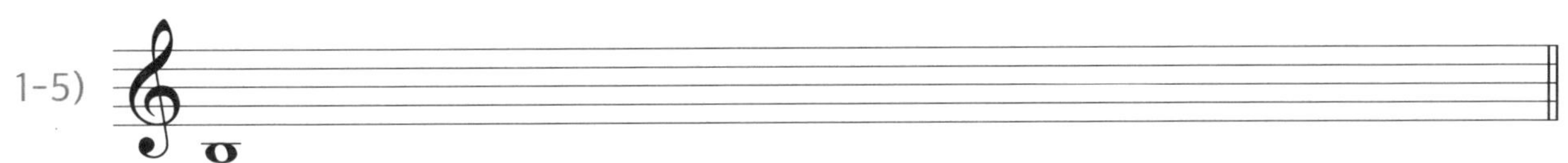

1-6)

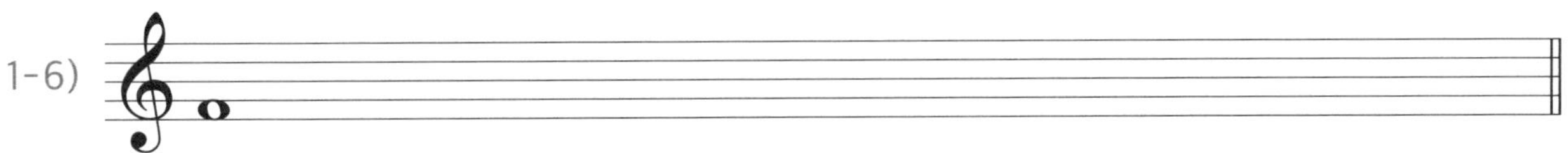

2. 다음 조건에 맞는 스케일을 그리고 오선 위에 스케일의 이름도 써보세요(임시표 사용).

2-1) G를 으뜸음으로 하는 장음계

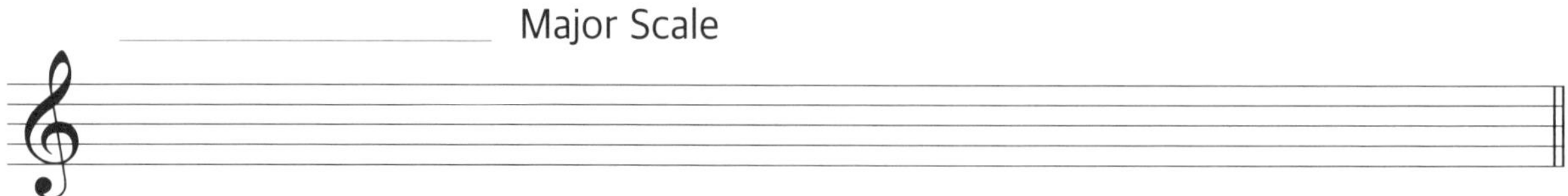

2-2) E♭을 두 번째 음으로 하는 장음계

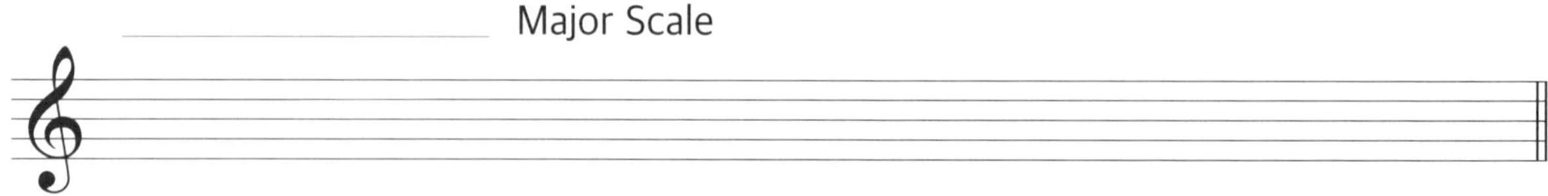

2-3) A♭을 네 번째 음으로 하는 장음계

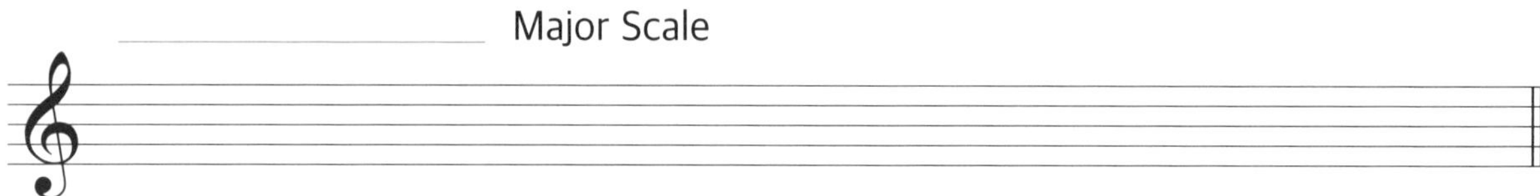

2-4) C♯을 일곱 번째 음으로 하는 장음계

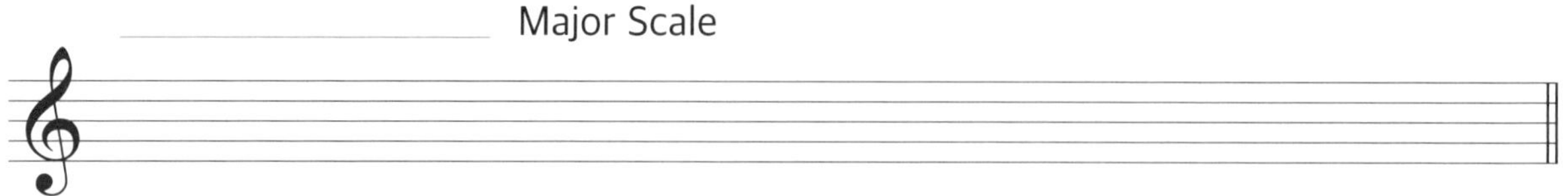

3. 다음 주어진 이름을 보고 임시표를 사용하여 스케일을 그려보세요.

3-1) F Major Scale

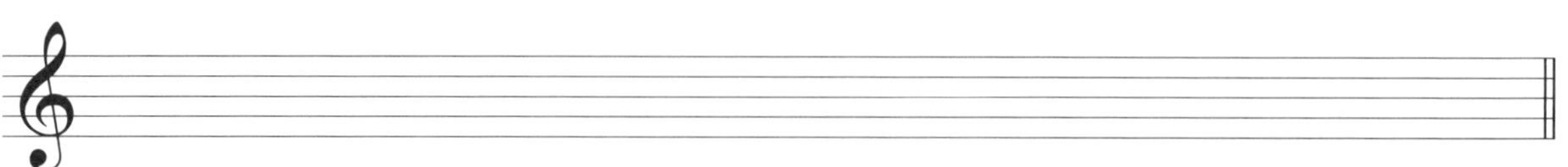

3-2) C♯ Major Scale

3-3) E Major Scale

3-4) G♭ Major Scale

3-5) B Major Scale

3-6) G Major Scale

3-7) B♭ Major Scale

3-8) F# Major Scale

3화음 코드(Triad)

높이가 다른 두 개 이상의 음이 동시에 울릴 때 우리는 화음이라고 합니다.
또 세 음이나 그 이상의 음이 합성된 화음을 코드라고 합니다.
그중 세 개의 음으로 이루어진 "3화음 코드"에 대해 알아보겠습니다.

A. 3화음의 구조

근음(Root)을 기준으로 3도씩 두 번 쌓은 화음들을 3화음이라고 부릅니다.
3화음에서 기초가 되는 근음과, 근음에서 3도 위의 음을 3음, 근음에서 5도 위의 음을 5음이라고 합니다.

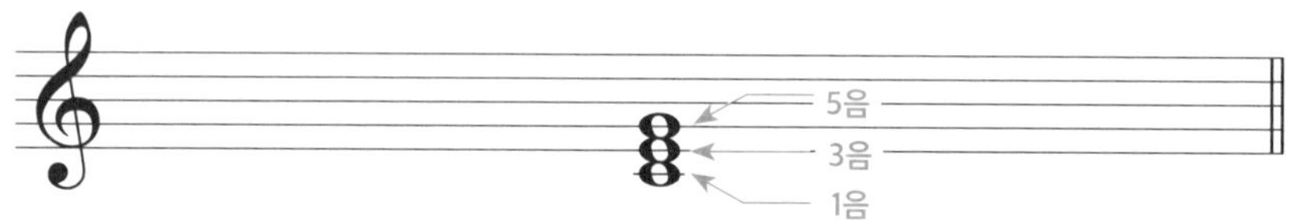

3화음의 종류는 총 5가지이며 모든 코드는 그 코드의 구성음들을 포함한 스케일로부터 나옵니다. 근음과 3음, 근음과 5음의 음정에 따라 코드의 성질이 달라지고 이름이 결정됩니다. 3개의 구성음의 음정에 따라 메이저 코드(Major Chord), 마이너 코드(Minor Chord), 어그먼트 코드(Augmented Chord), 디미니쉬 코드(Diminished Chord), 서스포 코드(Suspended 4th Chord)로 만들어집니다.

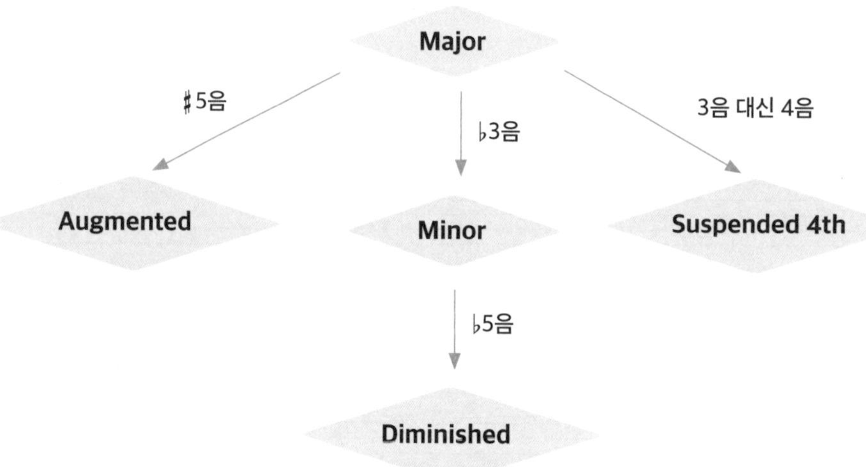

B. 3화음 코드의 종류와 특징

1) Major Triad (메이저 3화음 코드)

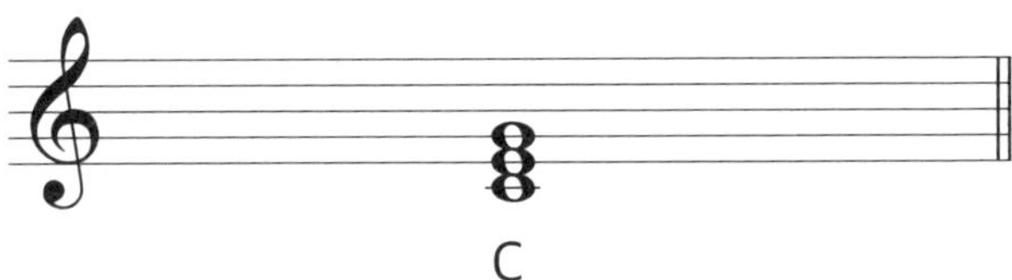

특징: 메이저 코드는 1, 3, 5음으로 구성되어 있으며 근음으로부터 장3도, 완전5도로 이루어져 있습니다. 또한 메이저 코드는 밝은 느낌의 화음입니다. 알파벳 C로 표기합니다.

2) Minor Triad(마이너 3화음 코드)

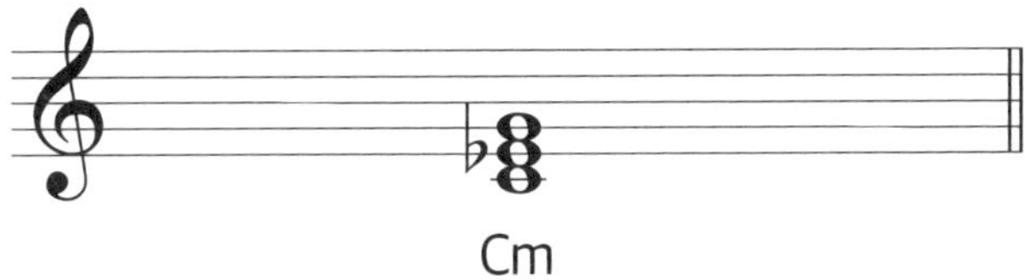

특징: 마이너 코드는 1, ♭3, 5음으로 구성되어 있으며 근음으로부터 단3도, 완전5도로 이루어져 있습니다. 메이저 코드보다 어두운 느낌의 화음입니다. C– 또는 Cmin, Cm로 표기합니다.

3) Augmented Triad(어그먼트 3화음 코드)

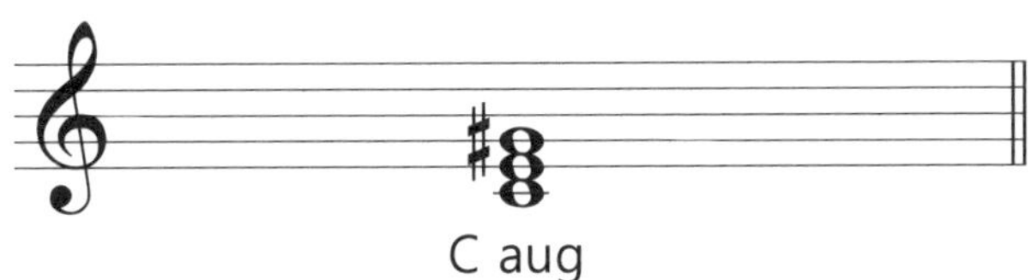

특징: 어그먼트 코드는 1, 3, ♯5음으로 구성되어 있으며 근음으로부터 장3도, 증5도로 이루어져 있습니다. 근음과 5음과의 거리가 증5도이기 때문에 사운드가 매우 특이하고 신비로운 느낌입니다. Caug 또는 C+로 표기합니다.

4) Diminished Triad(디미니쉬 3화음 코드)

특징: 디미니쉬 코드는 1, ♭3, ♭5음으로 구성되어 있으며 근음으로부터 단3도, 감5도로 이루어져 있습니다. 디미니쉬 코드는 마이너 코드보다 어둡고 우울한 느낌을 가집니다. 불안하고 무서운 장면의 공포영화나 드라마에서 디미니쉬 코드가 자주 사용됩니다. Cdim 또는 C°로 표기합니다.

5) Suspended 4th Triad (서스포 3화음 코드)

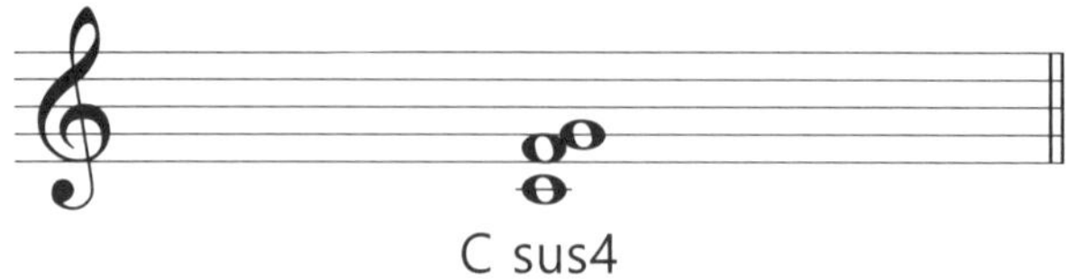

특징: 서스포 코드는 1, 4, 5음으로 구성되어 있으며 근음으로부터 완전4도, 완전5도로 이루어져 있습니다. 3음이 없으므로 메이저 또는 마이너 느낌이 아닌 모호한 느낌이 있습니다. 3음이 4음으로 대체되며 긴장감을 조성시키는 특징을 지니고 있습니다. Csus4로 표기합니다.

3화음 코드정리(12key)

C | Cm | Caug | Cdim | Csus4

F | Fm | Faug | Fdim | Fsus4

B♭ | B♭m | B♭aug | B♭dim | B♭sus4

E♭ | E♭m | E♭aug | E♭dim | E♭sus4

A♭ | A♭m | A♭aug | A♭dim | A♭sus4

D♭ | D♭m | D♭aug | D♭dim | D♭sus4

G♭ | G♭m | G♭aug | G♭dim | G♭sus4

B | Bm | Baug | Bdim | Bsus4

E | Em | Eaug | Edim | Esus4

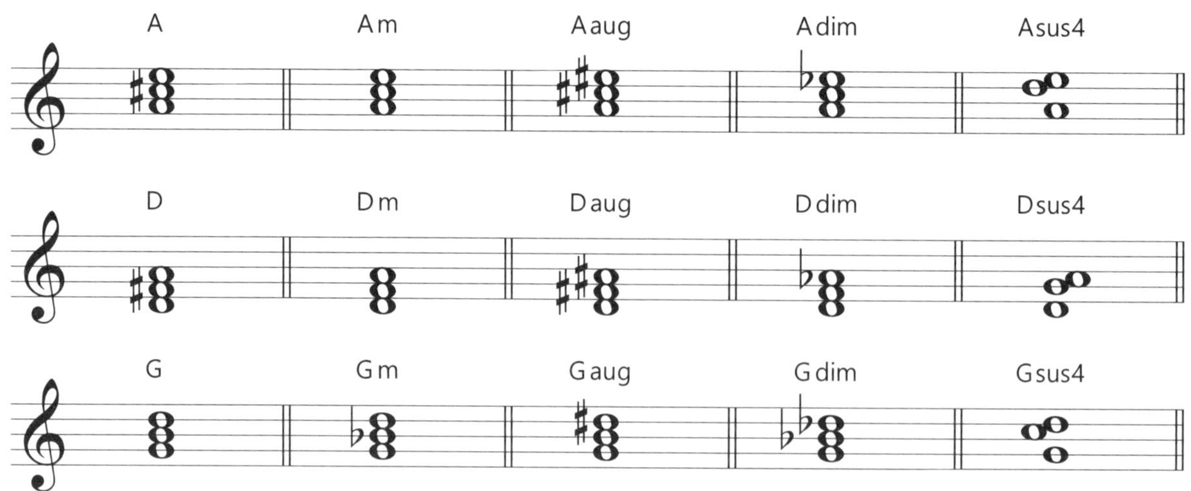

C. 3화음의 첫 번째 자리바꿈(1st Inversion)

코드의 자리바꿈이란, 화음의 구성음을 유지한 채 음의 순서를 재배열하는 것을 의미합니다. 코드의 기능을 유지하면서도 부드러운 성부 연결과 매끄러운 코드 진행을 돕습니다. 이때 코드의 구성음은 변하지 않지만 코드의 베이스 음이 바뀌는 것이 중요한 포인트입니다. 코드의 자리바꿈을 통해 분수코드의 형태가 만들어집니다.
3화음에서는 구성음이 3개이므로 자리바꿈이 총 2번 나옵니다.

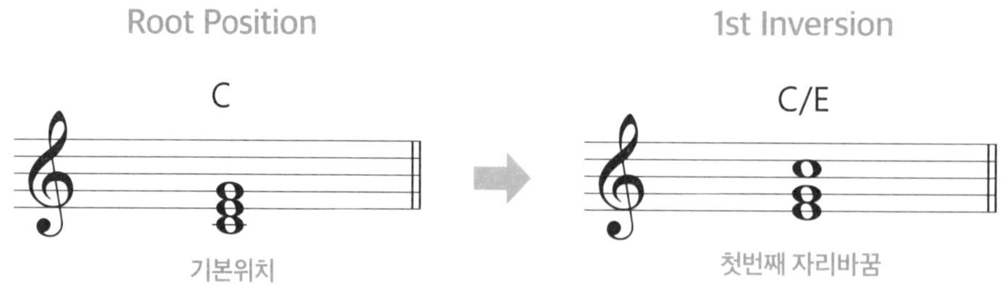

코드의 근음(Root)이 맨 밑에 놓였을 때 기본 위치(Root Position)라고 합니다. 코드의 3음이 맨 밑에 놓였을 때 첫 번째 자리바꿈(1st Inversion)이라고 합니다. 근음이 아닌 다른 구성음이 베이스음으로 오면서, 사운드의 색다른 울림을 느낄 수 있습니다. 또한 코드의 자리바꿈을 통해 부드럽게 코드가 연결되어 소리가 훨씬 안정되게 들립니다.

D. 3화음의 두 번째 자리바꿈(2nd Inversion)

5음이 코드의 맨 밑에 놓였을 때 두 번째 자리바꿈(2nd Inversion)이라고 합니다.

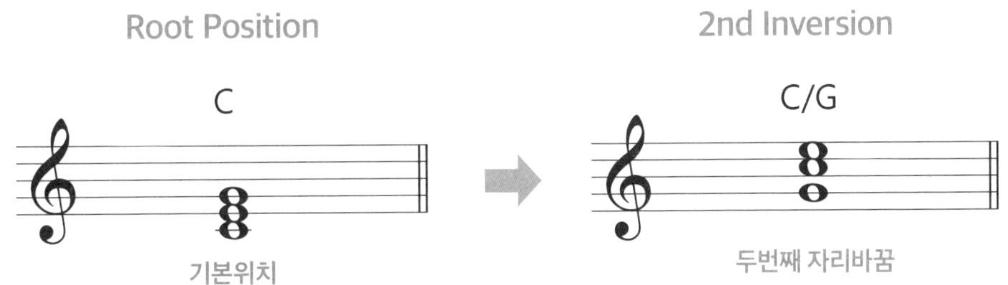

• 3화음의 자리바꿈 정리

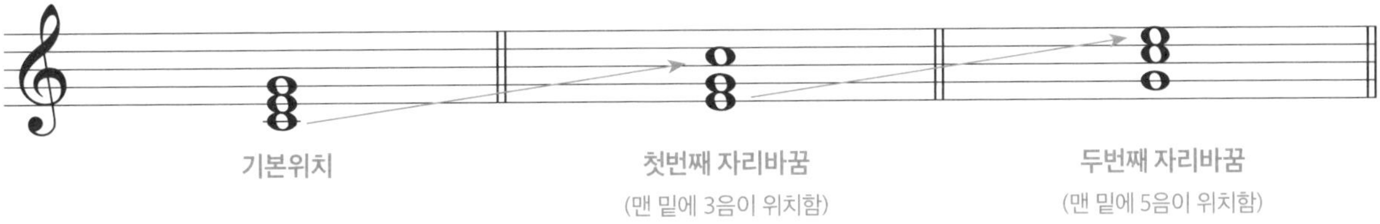

EX) 첫 번째 자리바꿈과 두 번째 자리바꿈을 이용한 코드 진행 예시

왼손 베이스의 순차적인 하행과 점진적인 상승을 이용하여 3화음 코드만을 사용해 색다른 느낌을 주었습니다.

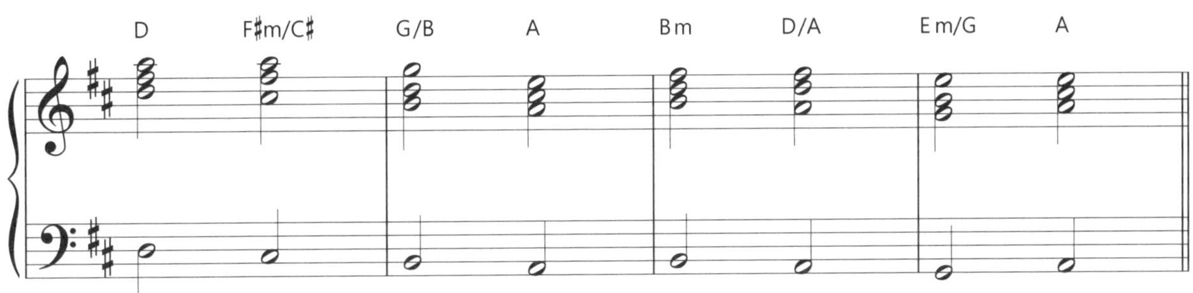

왼손 베이스 진행: D → C♯ → B → A → B → A → G → A

E. 연습문제

1. 다음 코드의 이름을 적어보세요.

1-1)

_______ _______ _______ _______

1-2)

_______ _______ _______ _______

1-3)

_______ _______ _______ _______

1-4)

_______ _______ _______ _______

2. 다음 주어진 코드의 이름을 보고 구성음을 그려 넣어보세요.

2-1)

(A) (G aug) (E♭ sus4) (Fm)

2-2)

(D dim) (B sus4) (E) (D♭m)

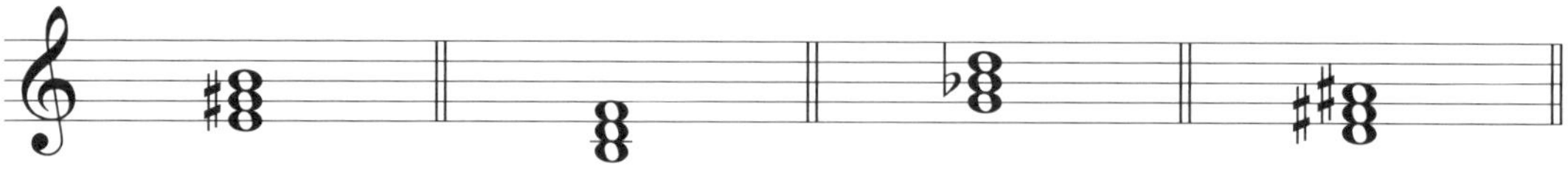

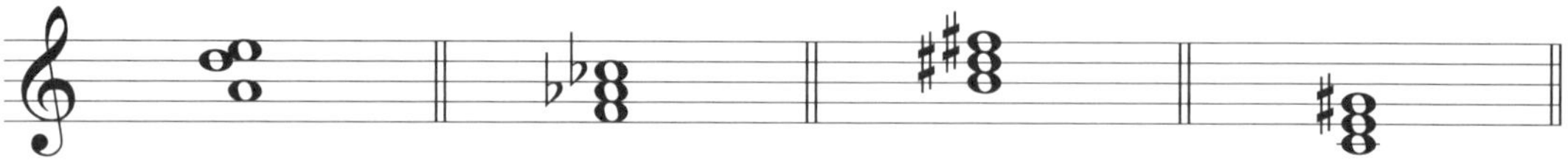

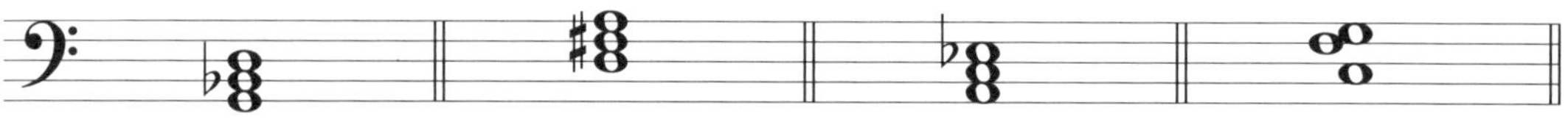

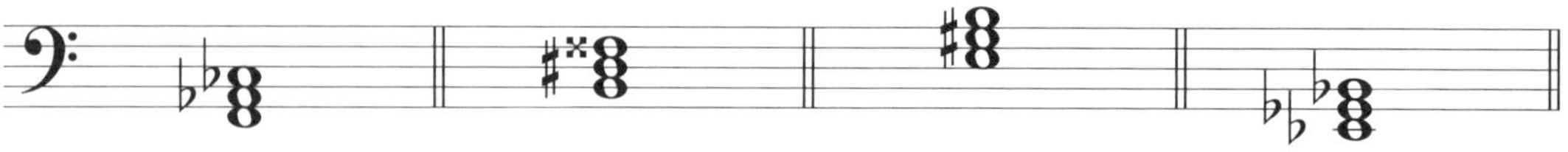

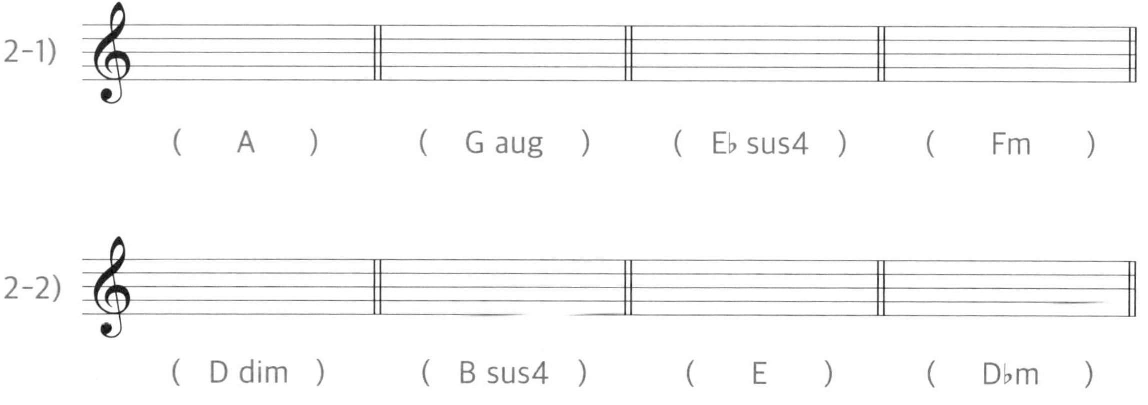

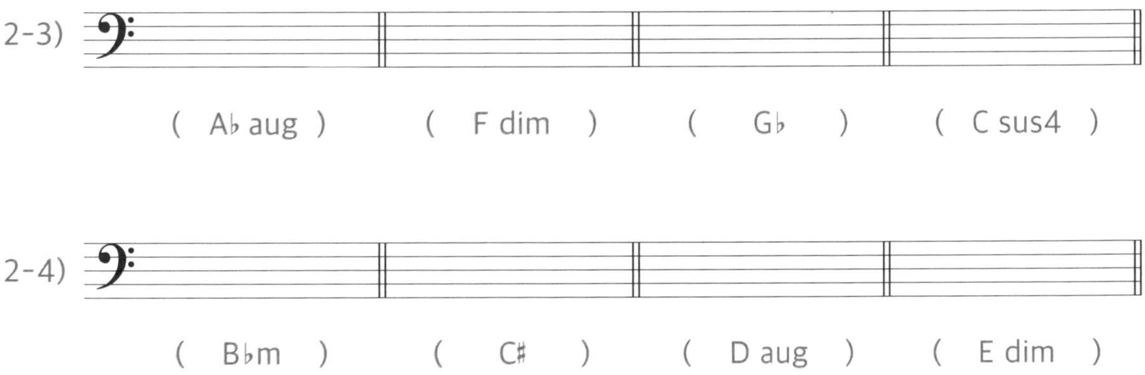

3. 주어진 음을 근음으로 하는 Major 코드의 구성음을 그리고 코드의 이름도 적어보세요.

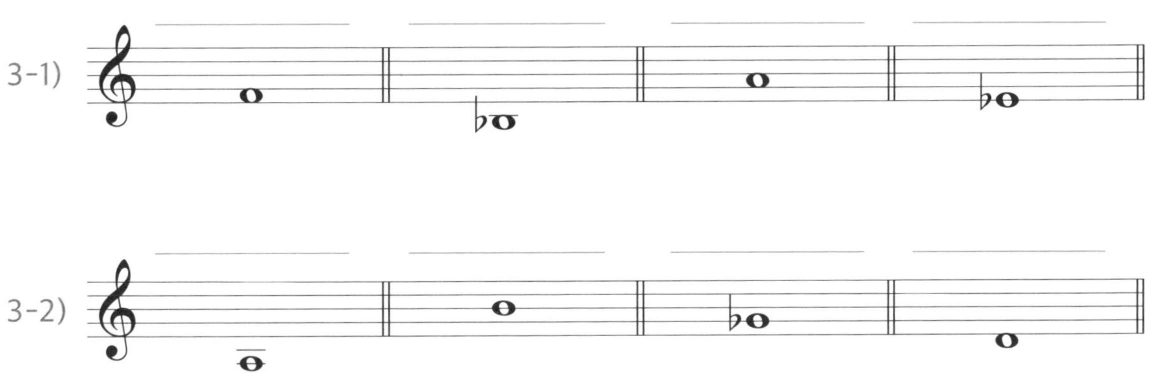

4. 다음 주어진 음을 3음으로 하는 Minor 코드의 구성음을 그리고 코드의 이름도 적어보세요.

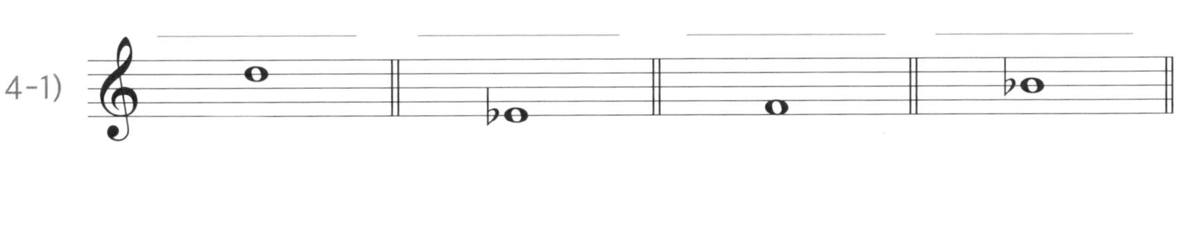

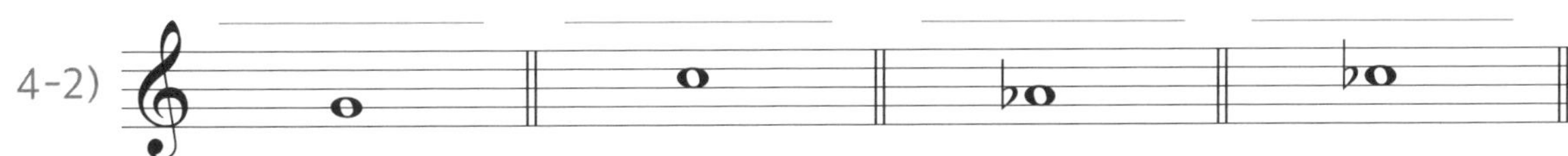

5. 다음 주어진 음을 <u>5음으로 하는</u> Augmented 코드의 구성음을 그리고 코드의 이름도 적어보세요.

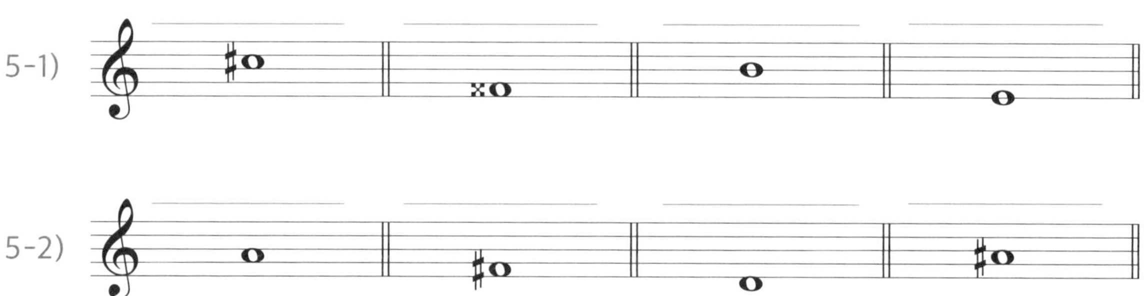

6. 다음 주어진 음을 <u>근음으로 하는</u> Diminished 코드의 구성음을 그리고 코드의 이름도 적어보세요.

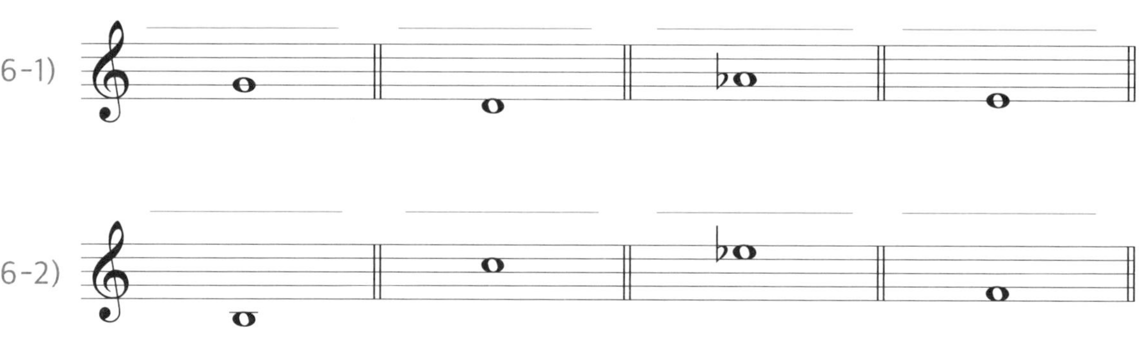

7. 다음 주어진 음을 <u>근음으로 하는</u> sus4 코드의 구성음을 그리고 코드의 이름도 적어보세요.

8. 다음 주어진 코드의 첫 번째 자리바꿈을 그려보세요.

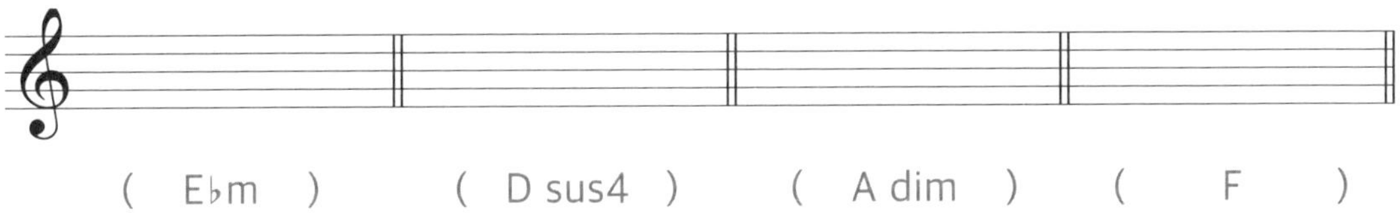

9. 다음 주어진 코드의 두 번째 자리바꿈을 그려보세요.

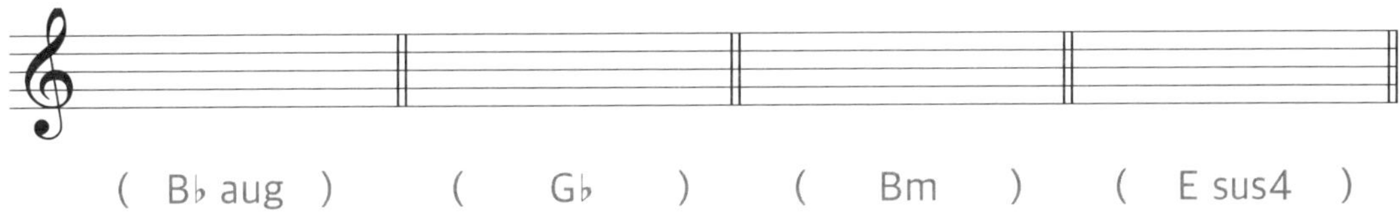

10. 자리바꿈에 유의하여 코드의 이름을 적어보세요.

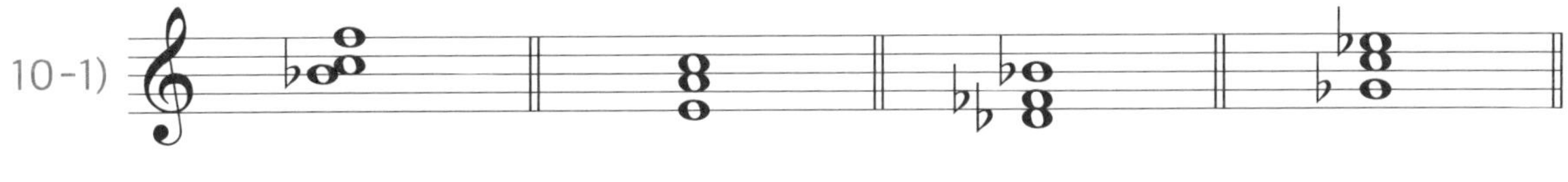

7화음 코드(7th Chord)

A. 7화음의 정의와 구조

7화음이란 3화음(Triad) 위에 근음으로부터 7도 간격의 음을 추가하여 만들어진 코드입니다. 근음, 3음, 5음, 7음 총 4개의 음으로 구성되어있습니다. 화음 간의 음정 관계에 따라 11가지의 종류로 구분됩니다.

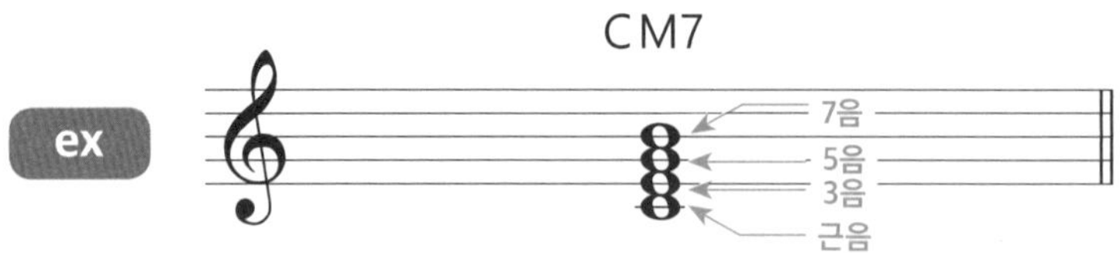

B. 7화음 종류와 특징

1) C Major 7

3화음 Major 코드 위에 7음이 추가된 코드입니다. 근음과 3음의 간격이 장3도, 근음과 7음의 간격이 장7도로 이루어져 있습니다. 코드의 구성음은 1, 3, 5, 7음입니다. 표기는 C Major7, C major7, CM7, C△7, Cmaj7으로 합니다.

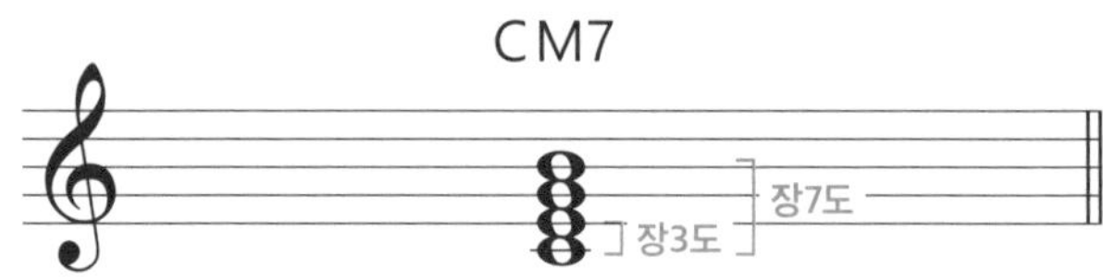

2) C7

3화음 Major 코드 위에 ♭7음이 추가된 코드입니다. 근음과 3음의 간격이 장 3도, 근음과 7음의 간격이 단7도로 이루어져 있습니다. C7은 Dominant 7이라고도 부릅니다.
코드의 구성음은 1, 3, 5, ♭7음입니다. 표기는 C7으로 합니다.

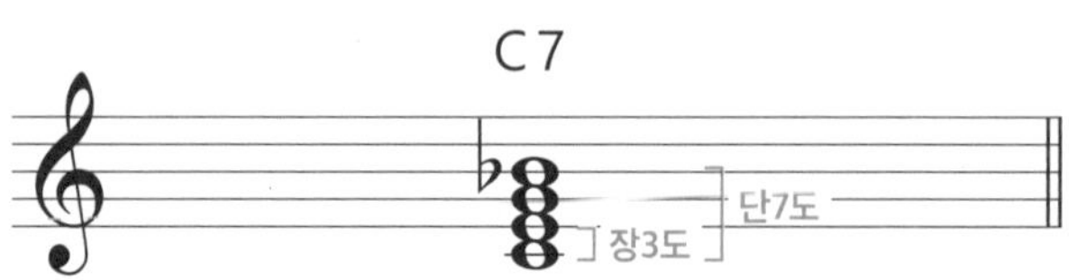

3) C Minor 7

3화음 Minor 코드 위에 ♭7음이 추가된 코드입니다. 근음과 3음의 간격이 단3도, 근음과 7음의 간격도 단7도로 이루어져 있습니다. 코드의 구성음은 1, ♭3, 5, ♭7음입니다.

표기는 C Minor 7, C minor 7 또는 Cm7, C–7으로 합니다.

4) C Minor 7(♭5)

3화음 Diminish 코드 위에 ♭7음이 추가된 코드입니다. 근음과 3음의 간격이 단3도, 근음과 5음의 간격이 감5도 그리고 근음과 7음의 간격이 단7도로 이루어져 있습니다.

마이너 세븐 플랫 파이브 코드는 하프 디미니시 코드(Half diminished chord)라고도 불립니다. 이 코드의 특징은 5번째 음에 반음 플랫입니다.

코드의 구성음은 1, ♭3, ♭5, ♭7음입니다. 표기는 C–7♭5, Cmin7(♭5) 또는 Cø7으로 합니다.

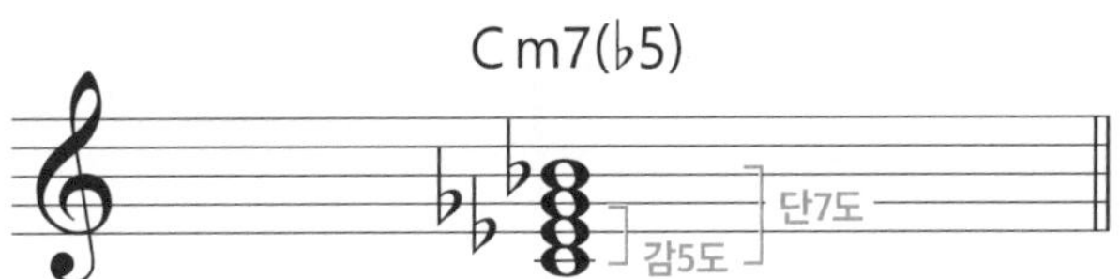

5) C Dim 7

3화음 Diminish 코드 위에 ♭♭7음이 추가된 코드입니다. 디미니시 7 코드의 가장 큰 특징은 코드 구성음의 간격이 모두 단3도로 이루어져 있다는 것입니다. 근음과 3음의 간격이 단3도, 3음과 5음의 간격이 단3도, 5음과 7음의 간격도 단3도로 이루어져 있습니다. 근음과 7음의 간격은 감7도입니다. 코드의 구성음은 1, ♭3, ♭5, ♭♭7음입니다.

표기는 C Dim7, Cdim7 또는 C°7으로 합니다.

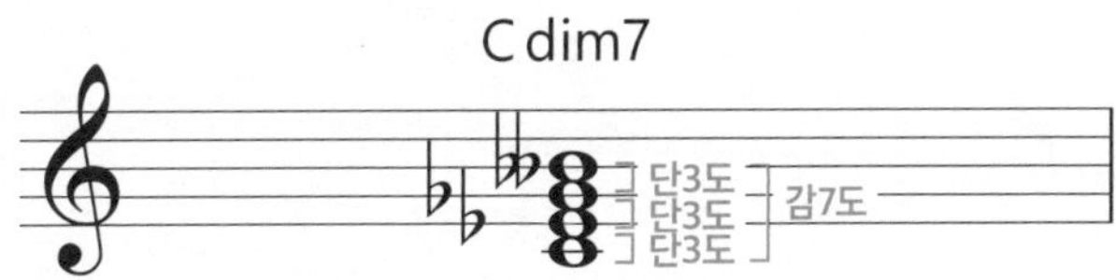

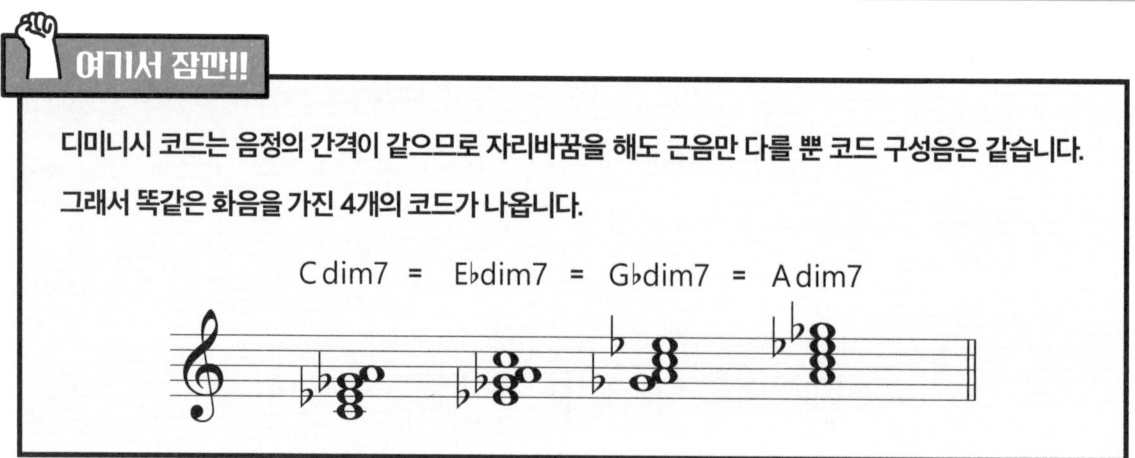

여기서 잠깐!!
디미니시 코드는 음정의 간격이 같으므로 자리바꿈을 해도 근음만 다를 뿐 코드 구성음은 같습니다.
그래서 똑같은 화음을 가진 4개의 코드가 나옵니다.
Cdim7 = E♭dim7 = G♭dim7 = Adim7

6) CmM7

3화음 minor 코드 위에 장7음(M7)을 추가하여 형성된 7화음입니다. 마이너 메이저 세븐 코드는 근음과 3음의 간격은 단3도, 근음과 7음의 간격은 장7도로 이루어져 있습니다. 이 코드는 마이너 Key에서 주로 사용되고, 라인클리셰 진행에서 주요 화성 요소로 활용됩니다(라인 클리셰는 뒤에서 배웁니다).

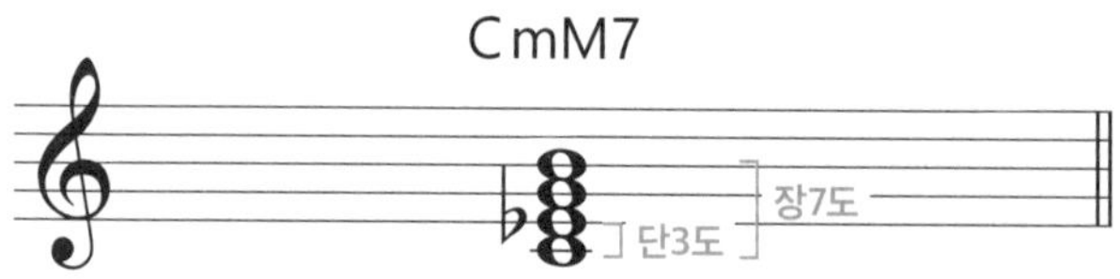

7) C+ maj7

3화음 Augment 코드 위에 장7음(M7)을 추가하여 형성된 7화음입니다. 어그먼트 메이저 세븐 코드는 근음을 기준으로 다음과 같은 음정 구조를 갖습니다. 근음과 3음의 간격은 장3도, 근음과 5음의 간격이 증5도, 근음과 7음의 간격은 장7도입니다. 코드의 구성음은 1, 3, ♯5, 7음이며 강렬하고 긴장감이 있으며 몽환적인 느낌을 줍니다. 표기는 C+M7, Cmaj7(♯5), C+maj7, CaugM7 또는 C+△7이 있습니다.

8) C+7

3화음 Augment 코드위에 ♭7음이 추가된 코드입니다. 어그먼트 세븐 코드는 Aug 3화음 코드 위에 ♭7음을 더하면 됩니다. 근음과 3음의 간격은 장3도, 근음과 5음의 간격이 증5도 그리고 근음과 7음의 간격은 단7도로 이루어져 있습니다. 코드의 구성음은 1, 3, ♯5, ♭7음입니다. 표기는 C+7, C7(♯5) 또는 C aug7로 합니다.

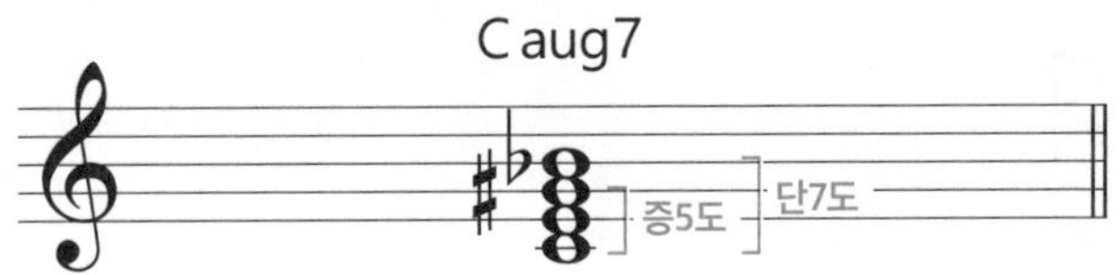

9) C7sus4

3화음 Sus4 코드 위에 ♭7음이 추가된 코드입니다. 세븐 서스포 코드는 sus4 3화음 코드 위에 b7음을 더하면 됩니다. sus4 코드는 3음 대신 4음으로 대체된다는 점을 꼭 기억해 주세요! 근음과 4음의 간격은 완전4도, 근음과 7음의 간격은 단7도로 이루어져 있습니다.
코드의 구성음은 1, 4, 5, ♭7음입니다. 표기는 C7sus4로 합니다.

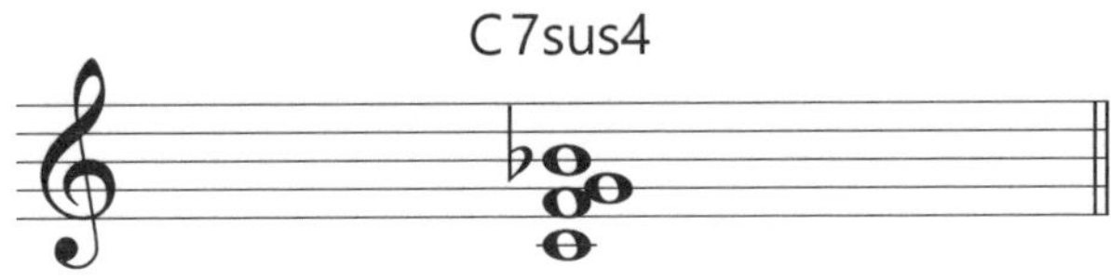

10) C6

메이저 식스 코드는 Major 3화음 위에 6음이 추가된 코드입니다. 근음과 3음의 간격은 장3도, 근음과 6음의 간격은 장6도로 이루어져 있습니다. 장조에서 토닉 코드(I)의 대체용으로 사용될 수 있으며 특히 종지에서 IM7 대신 I6가 사용되며 안정적인 느낌을 제공합니다.
코드의 구성음은 1, 3, 5, 6음입니다. 표기는 C6로 합니다.

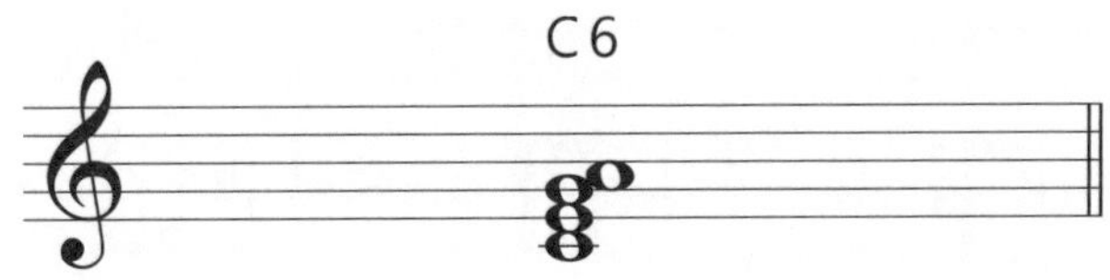

11) Cm6

마이너 식스 코드는 Minor 3화음 위에 6음이 추가된 코드입니다. 코드의 구성음은 1, b3, 5, 6입니다. 근음과 3음의 간격은 단3도, 근음과 6음의 간격은 장6도로 이루어져 있습니다. 마이너 식스 코드는 멜로딕 마이너 스케일과 밀접한 연관이 있습니다. 표기는 Cmin6, Cm6 또는 C−6로 합니다.

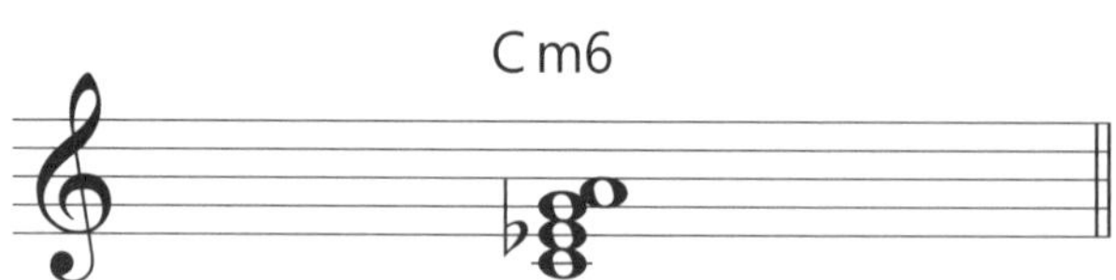

7화음 코드 정리(11가지 종류)

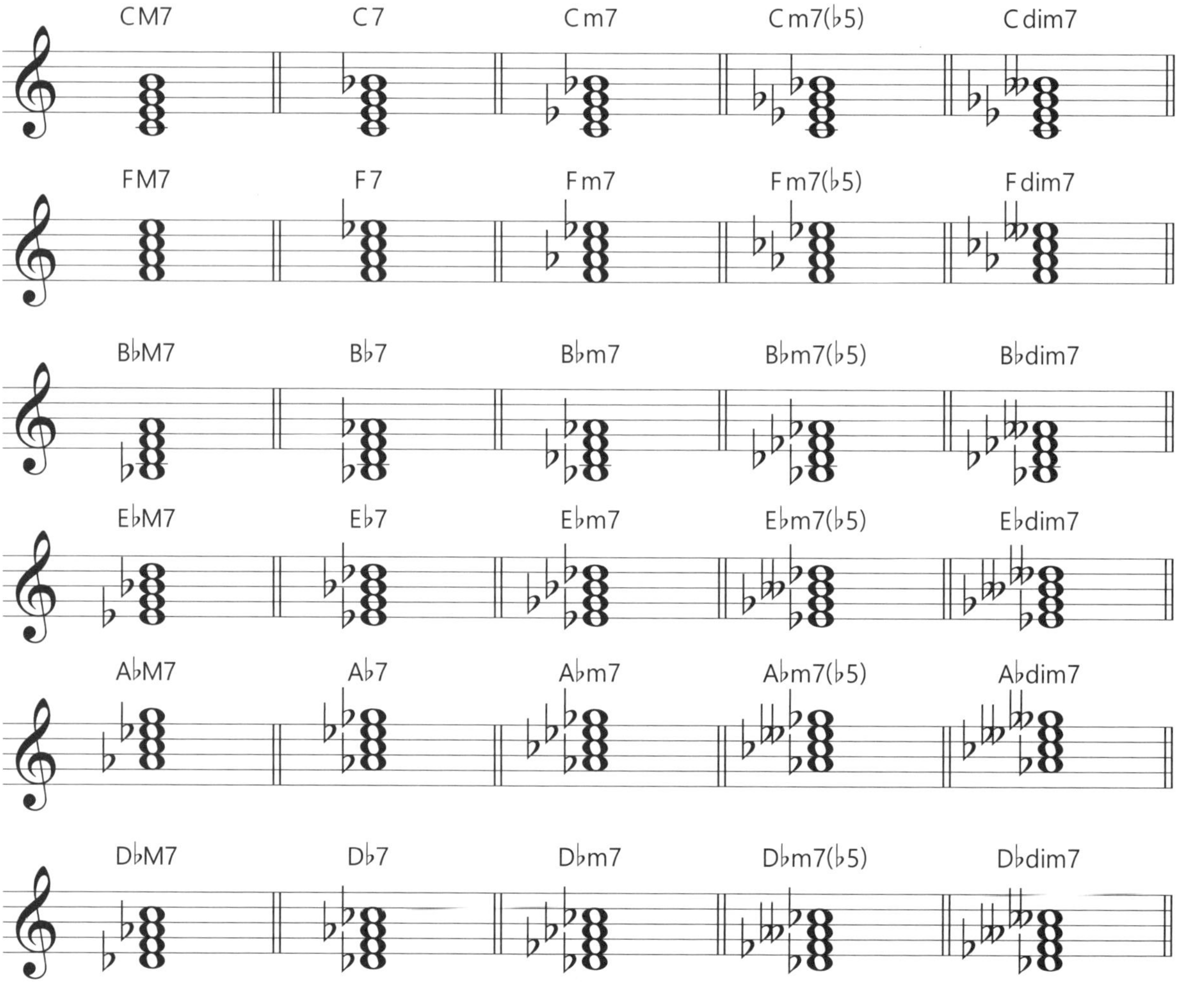

CM7 | C7 | Cm7 | Cm7(♭5) | Cdim7

FM7 | F7 | Fm7 | Fm7(♭5) | Fdim7

B♭M7 | B♭7 | B♭m7 | B♭m7(♭5) | B♭dim7

E♭M7 | E♭7 | E♭m7 | E♭m7(♭5) | E♭dim7

A♭M7 | A♭7 | A♭m7 | A♭m7(♭5) | A♭dim7

D♭M7 | D♭7 | D♭m7 | D♭m7(♭5) | D♭dim7

G♭M7
G♭7
G♭m7
G♭m7(♭5)
G♭dim7
BM7
B7
Bm7
Bm7(♭5)
Bdim7
EM7
E7
Em7
Em7(♭5)
Edim7
AM7
A7
Am7
Am7(♭5)
Adim7
DM7
D7
Dm7
Dm7(♭5)
Ddim7
GM7
G7
Gm7
Gm7(♭5)
Gdim7
CmM7
CaugM7
Caug7
C7sus4
C6
Cm6
FmM7
FaugM7
Faug7
F7sus4
F6
Fm6
B♭mM7
B♭augM7
B♭aug7
B♭7sus4
B♭6
B♭m6

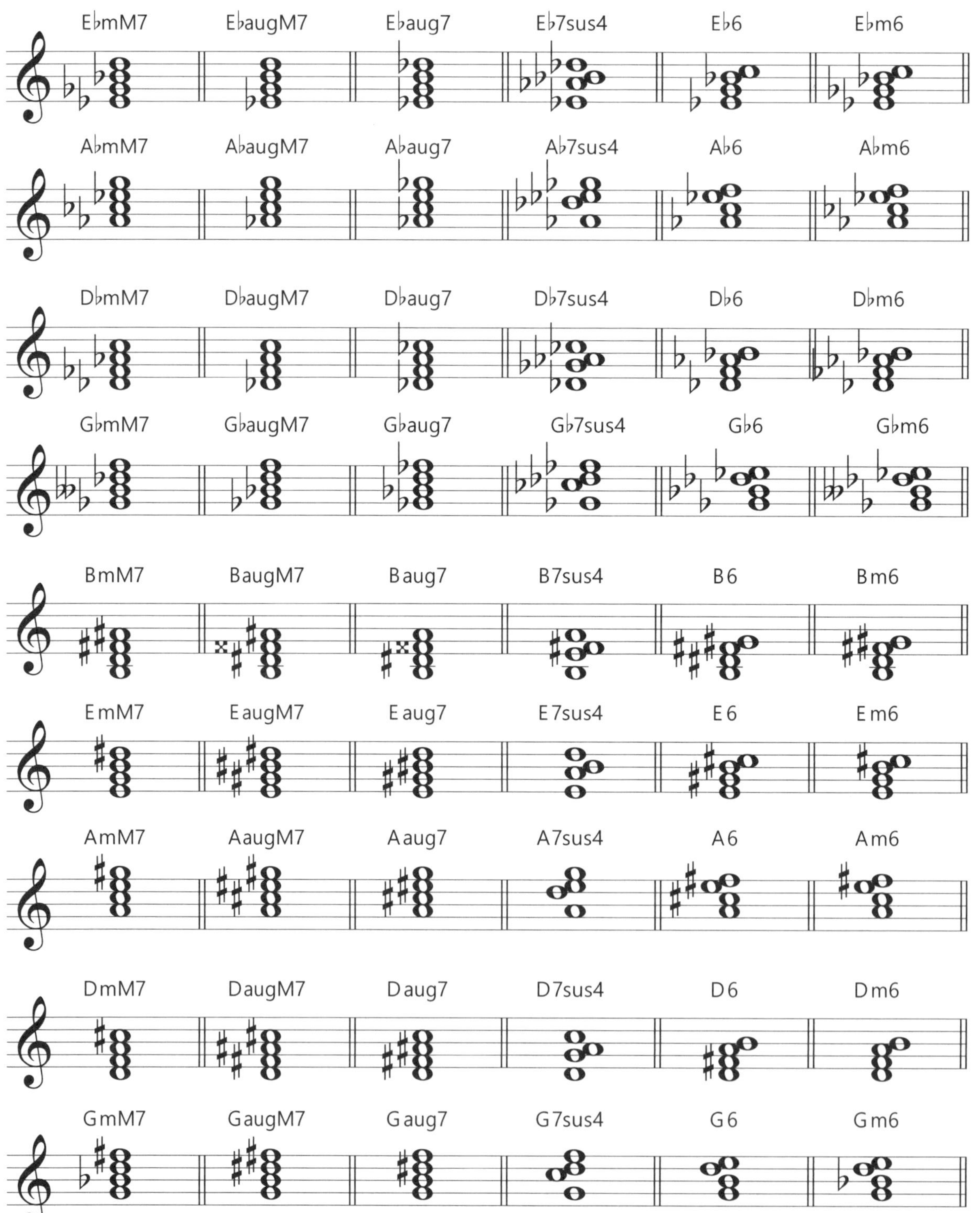

E♭mM7
E♭augM7
E♭aug7
E♭7sus4
E♭6
E♭m6
A♭mM7
A♭augM7
A♭aug7
A♭7sus4
A♭6
A♭m6
D♭mM7
D♭augM7
D♭aug7
D♭7sus4
D♭6
D♭m6
G♭mM7
G♭augM7
G♭aug7
G♭7sus4
G♭6
G♭m6
BmM7
BaugM7
Baug7
B7sus4
B6
Bm6
EmM7
EaugM7
Eaug7
E7sus4
E6
Em6
AmM7
AaugM7
Aaug7
A7sus4
A6
Am6
DmM7
DaugM7
Daug7
D7sus4
D6
Dm6
GmM7
GaugM7
Gaug7
G7sus4
G6
Gm6

C. 7화음의 첫 번째 자리바꿈(1st Inversion)

앞의 3화음 자리바꿈에서도 언급했듯이 자리바꿈을 할 때 코드의 구성음은 변하지 않지만, 코드의 베이스 음이 바뀌는 것이 중요한 포인트입니다. 코드의 자리바꿈을 통해 분수 코드의 형태가 만들어집니다. 7화음에서는 구성음이 4개이므로 자리바꿈이 총 3번 나옵니다.

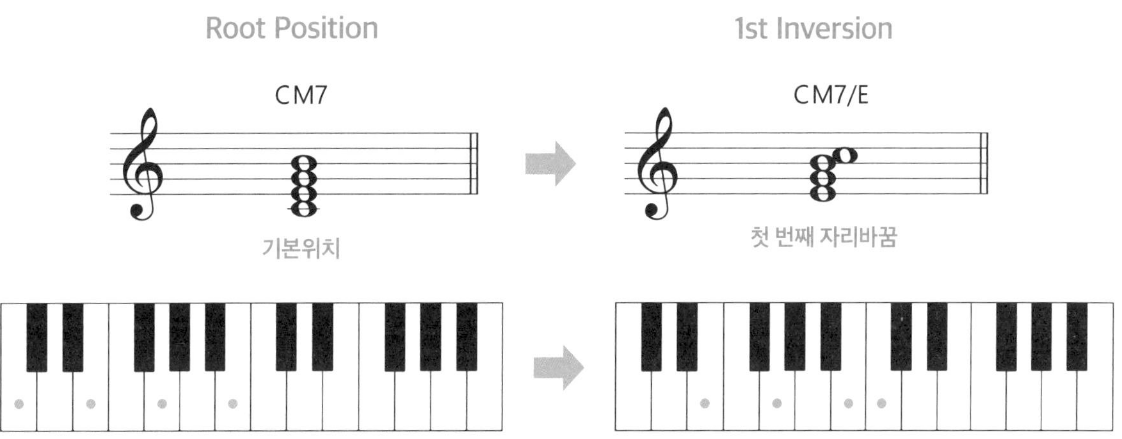

코드의 근음(Root)이 맨 밑에 놓여있을 때를 기본 위치(Root Position)라고 합니다.
또한 코드의 3음이 코드의 맨 밑에 놓여있으면 첫 번째 자리바꿈(1st Inversion)이라고 합니다. 코드의 근음 진행만을 사용하면 사운드가 다소 딱딱하게 들릴 수 있으니 자리바꿈을 적절하게 섞어 부드럽고 자연스러운 사운드가 나도록 만들어주세요.

EX) 첫 번째 자리바꿈을 이용한 코드 진행

D. 7화음의 두 번째 자리바꿈(2nd Inversion)

코드의 5음이 맨 밑에 놓였을 때 두 번째 자리바꿈(2nd Inversion)이라고 합니다.

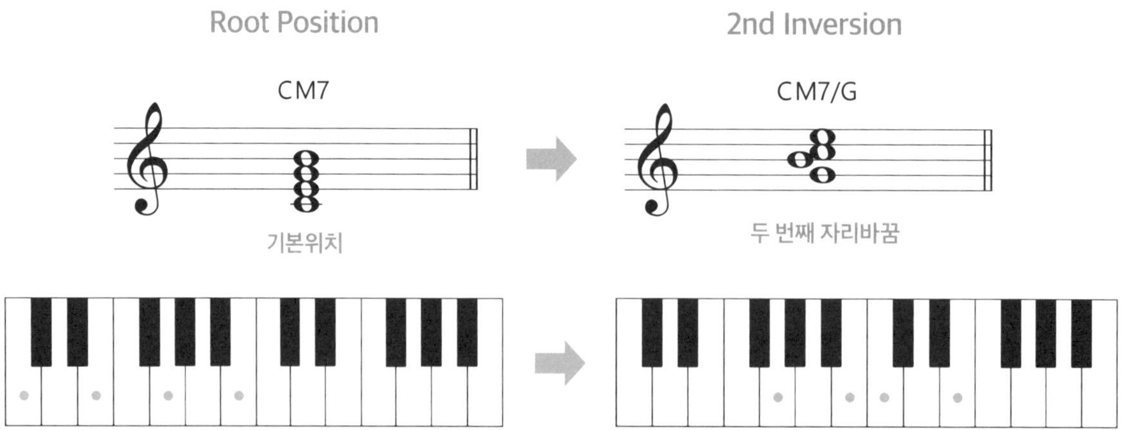

E. 7화음의 세 번째 자리바꿈(3rd Inversion)

코드의 7음이 맨 밑에 놓였을 때 세 번째 자리바꿈(3rd Inversion)이라고 합니다.

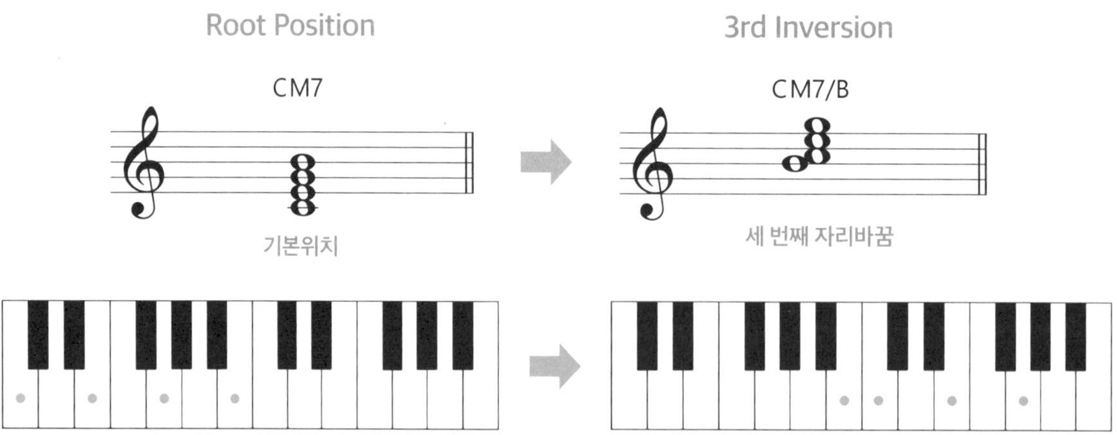

EX) 세 번째 자리바꿈을 이용한 코드 진행

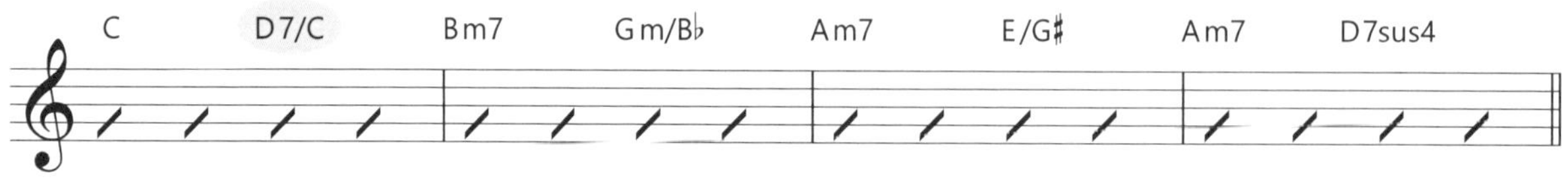

F. 연습문제

1. 다음에 구성된 7화음 코드의 이름을 적어보세요.

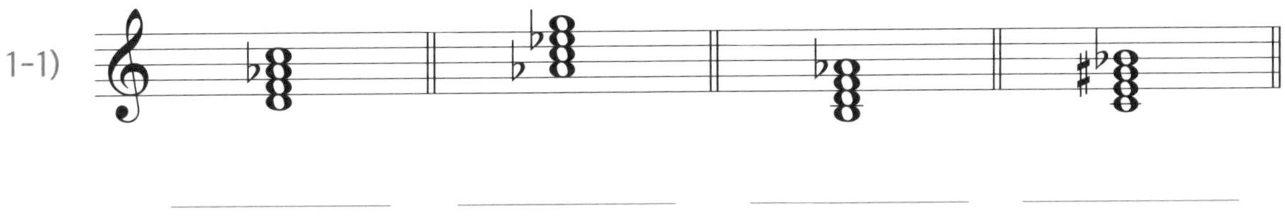

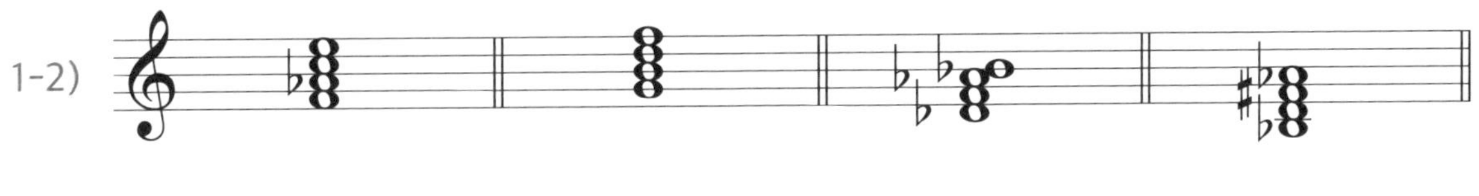

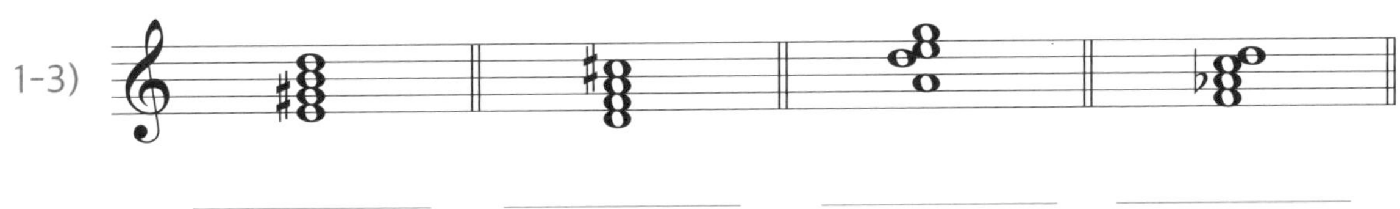

2. 다음 주어진 코드의 구성음을 그려보세요.

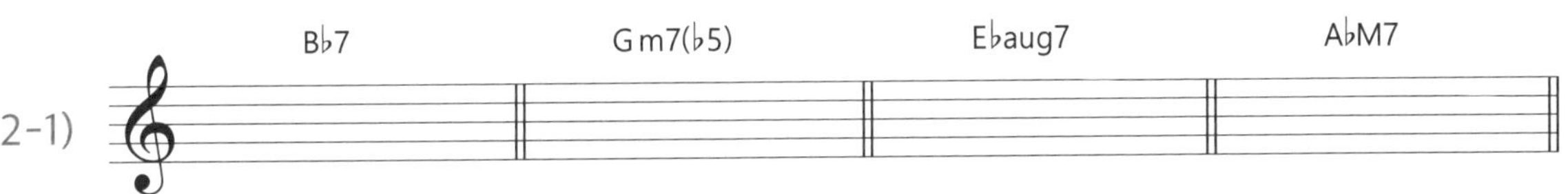

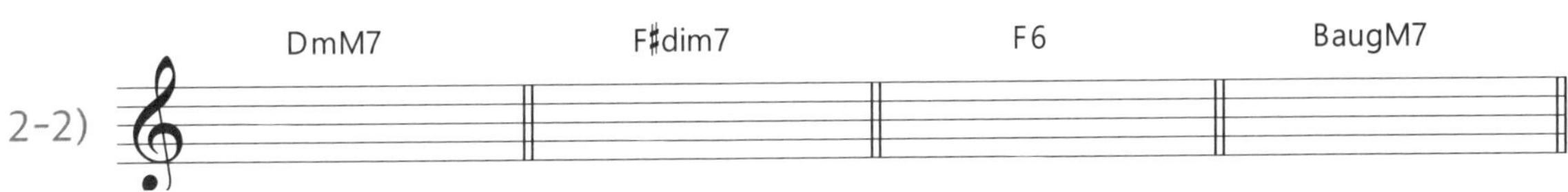

2-3) G7sus4 D♭7 E m6 C♯m7(♭5)

3. 자리바꿈된 7화음 코드의 이름을 적어보세요.

3-1)

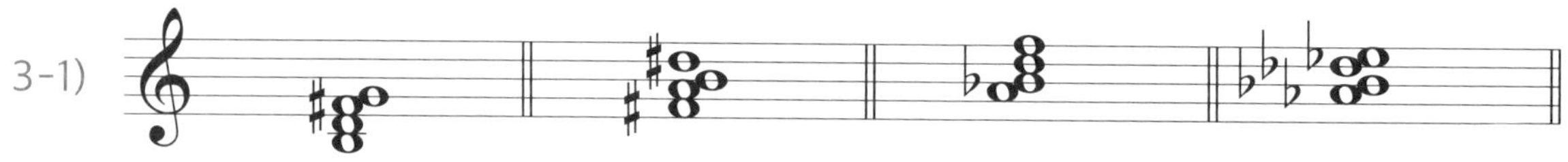

3-2)

3-3)

4. 다음 주어진 자리바꿈된 코드의 구성음을 그려보세요.

4-1)

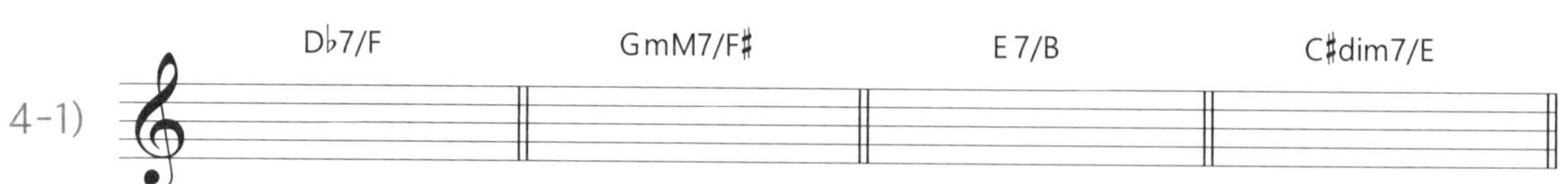

4-2)

4-3)

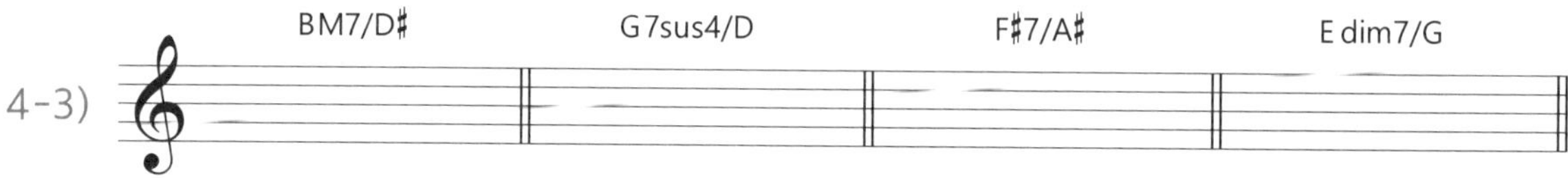

5. 다음 주어진 보기를 보고 알맞은 코드를 골라보세요(자리바꿈 코드도 포함).

5-1) 

a) D♭-7 b) D♭7
c) D♭-7b5 d) D♭M7

5-2) 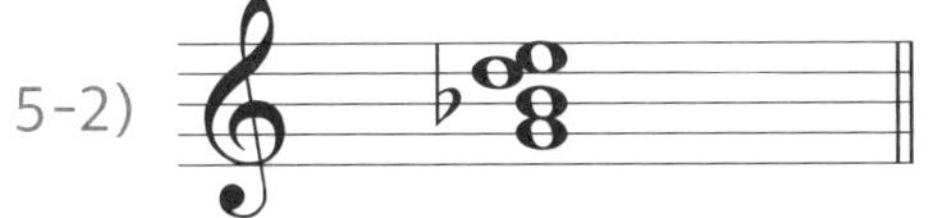

a) G-7 b) G6
c) G dim7 d) G-6

5-3) 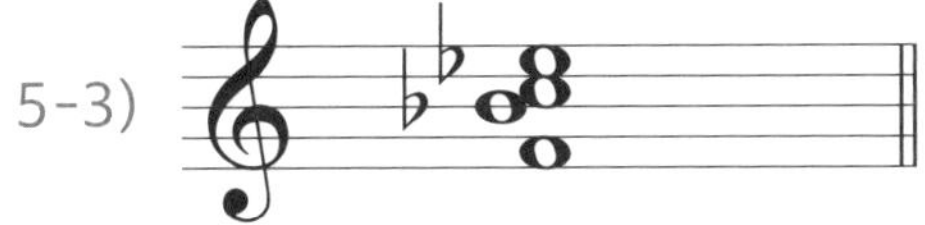

a) F7 b) F-M7
c) F7sus4 d) F augM7

5-4) 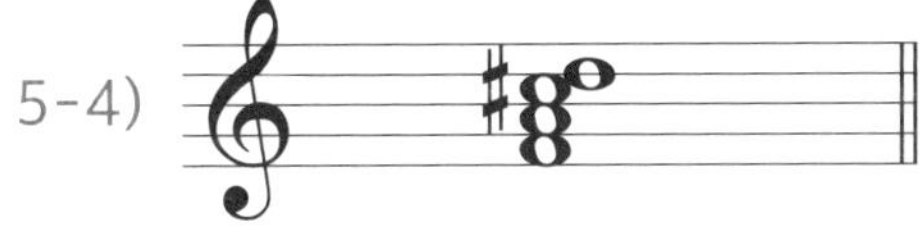

a) F6 b) AM7
c) D-M7 d) C♯7sus4

5-5) 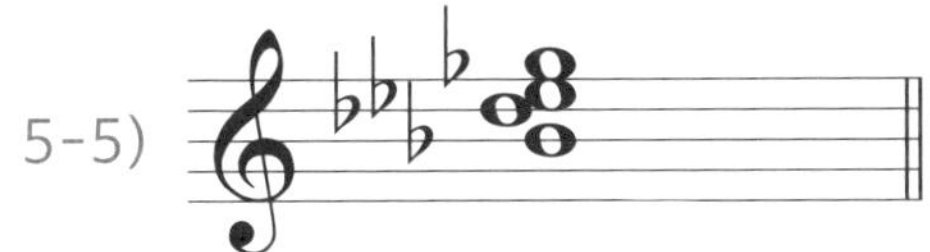

a) B♭-7b5 b) E♭-7
c) D♭7 d) G♭7

6. 다음 화성진행을 보고 빈칸에 코드 이름을 적어보세요.

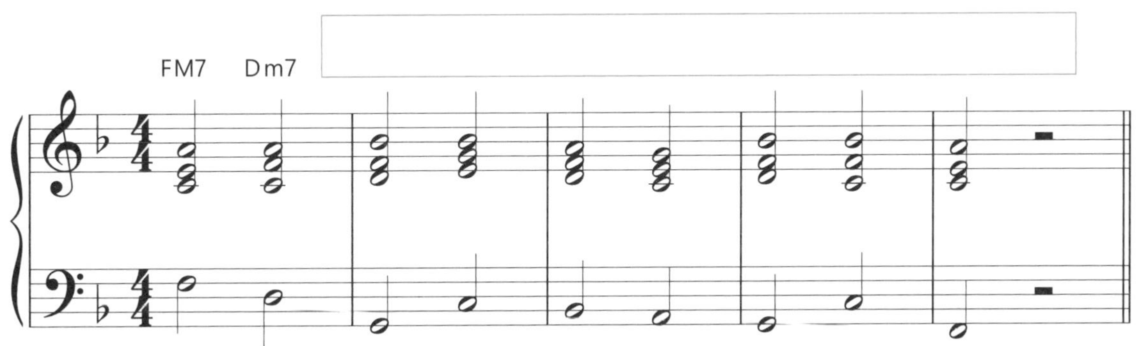

WEEK 7 단음계(Minor Scale)

A. 단음계의 정의와 종류

마이너 스케일이란 단조(Minor Key)의 곡에서 멜로디나 하모니의 기본이 되는 스케일을 말합니다. 마이너 스케일은 자연단음계(Natural minor Scale), 화성단음계(Harmonic Minor Scale), 가락단음계(Melodic minor Scale)로 총 3가지의 종류가 있습니다. 각 스케일은 특징에 따른 역할 분담을 합니다.

B. Natural Minor Scale(자연단음계)

자연단음계(Natural Minor Scale)는 장음계(Major Scale)에서 3음, 6음, 7음의 반음을 내린 구조와 같습니다. 아래의 예시와 같이 같은 으뜸음(Tonic)을 갖지만, 조표가 다른 장조와 단조를 우리는 같은 으뜸음조(Parallel Key) 관계라고 부릅니다.

EX) 장음계와 단음계의 비교

week 2의 나란한조 부분을 기억하시지요? 같은 조표를 사용하며, 으뜸음이 다른 장조와 단조의 관계를 일컬었습니다. 같은 으뜸음조와 나란한조의 차이를 잘 기억해두세요!

자연단음계(Natural Minor Scale)의 7음은 ♭7이므로 이끔음(Leading Tone)의 성질이 없습니다. 즉, 다음 음인 Tonic으로 자연스럽게 해결되는 성질이 부족하기 때문에 멜로디가 불안정하고 종지감(Cadence)이 약합니다.

EX) 나란한조의 단음계 비교

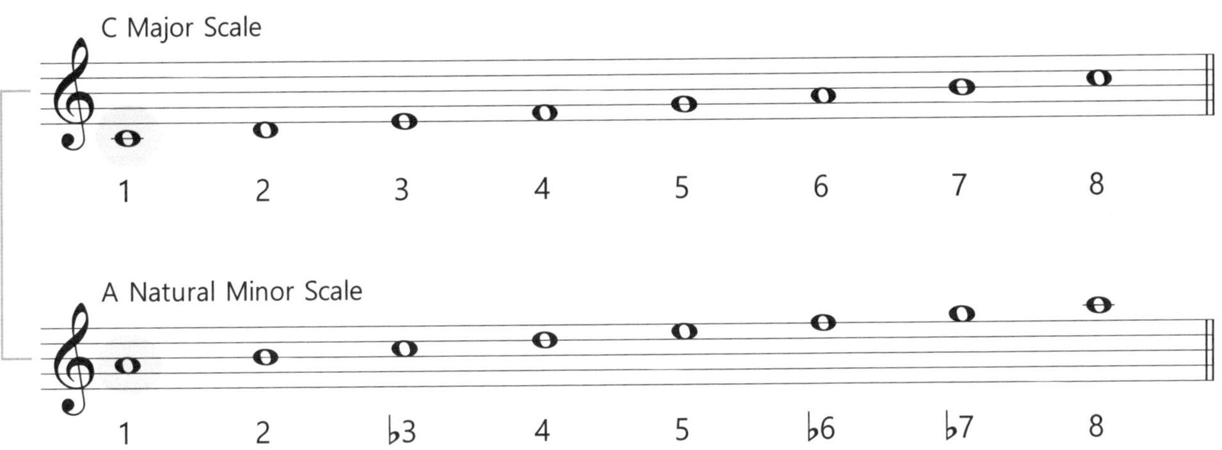

여기서 잠깐!!

이끔음이란?

이끔음이란 음계에서 일곱 번째 음을 말합니다. 예를 들어 C 장음계에 '도레미파솔라시도'가 있지요? 여기서 일곱 번째 음인 '시'가 이끔음이 됩니다. 그런데 도대체 무엇을 이끈다는 뜻일까요? 이끔음은 으뜸음의 반음 아래에 위치하고 있습니다. 이 이끔음은 안정적인 으뜸음으로 전환되면서 조성을 확립시켜주는 기능이 있습니다. 그래서 이끔음은 얼른 안정적인 으뜸음 '도'로 가야 마음이 아주 편안해진답니다.

C. Harmonic Minor Scale(화성단음계)

화성단음계(Harmonic Minor Scale)는 장음계(Major Scale)에서 3음과 6음을 반음 내린 구조와 같습니다.

화성단음계에서는 자연단음계(Natural minor Scale)에 없던 7음 즉 이끔음이 존재하므로 멜로디가 좀 더 안정적으로 들립니다. 하지만 인위적으로 이끔음을 만들어주다 보니 6–7음 사이에 증2도가 발생하여 그 부분의 선율적인 음의 연결이 어려워지는 단점이 발생하였습니다. 그래서 이 문제를 보완한 것이 다음의 가락단음계(Melodic Minor Scale)입니다.

D. Melodic Minor Scale(가락단음계)

가락단음계(Melodic Minor Scale)는 장음계(Major Scale)에서 3음을 반음 내린 구조와 같습니다.

C Major Scale

1 2 3 4 5 6 7 8

C Melodinc Minor Scale 상행

1 2 ♭3 4 5 6 7 8

C Melodinc Minor Scale 하행

8 ♭7 ♭6 5 4 ♭3 2 1

가락단음계(Melodic Minor Scale)는 상행과 하행 시 다른 구성음을 갖습니다. 상행할 때는 자연단음계에서의 6, 7음을 반음 올리고, 하행 시에는 6, 7음을 다시 반음 내려줍니다. 그러면서 하행 시에는 내추럴 마이너 스케일과 구성음이 같아지는 특징이 있습니다. 또한 화성단음계(Harmonic Minor Scale)의 선율적인 부자연스러움을 보완하기 위해 6음에 반음을 올려줌으로써 6음과 7음 사이의 음정 간격을 온음으로 만들어주었습니다.

장음계(Major Scale): 1, 2, 3, 4, 5, 6, 7

자연단음계(Natural Minor Scale): 1, 2, ♭3, 4, 5, ♭6, ♭7

화성단음계(Harmonic Minor Scale): 1, 2, ♭3, 4, 5, ♭6, 7

가락단음계(Melodic Minor Scale): 1, 2, ♭3, 4, 5, 6, 7 **하행 시** ♭7, ♭6, 5, 4, ♭3, 2, 1

Natural Minor Scale(자연단음계) 12 key

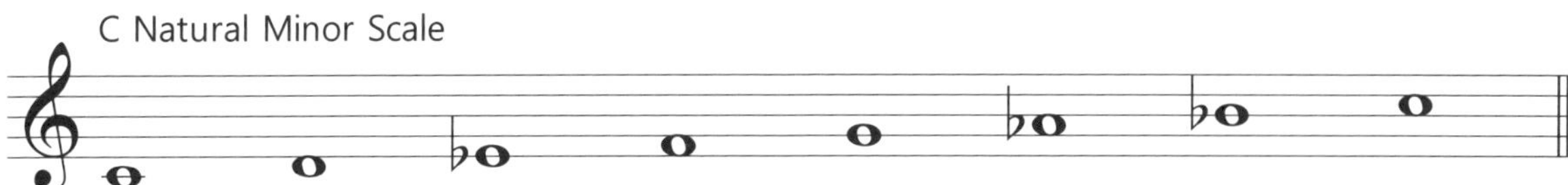

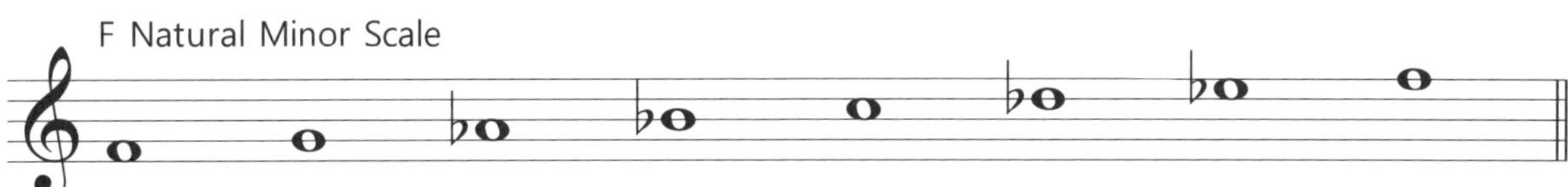

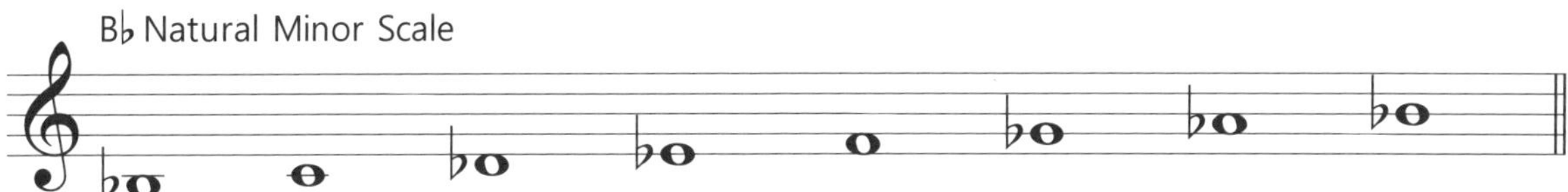

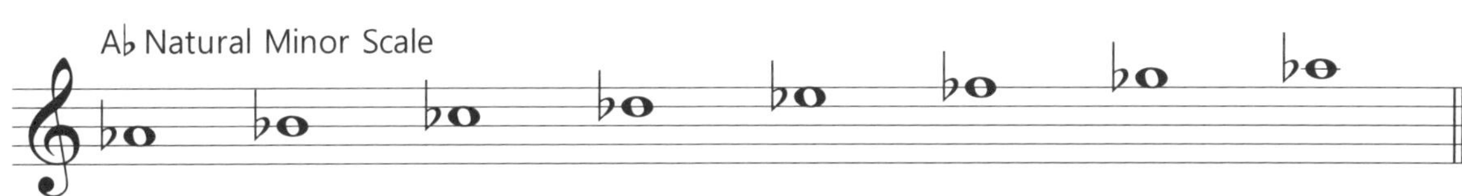

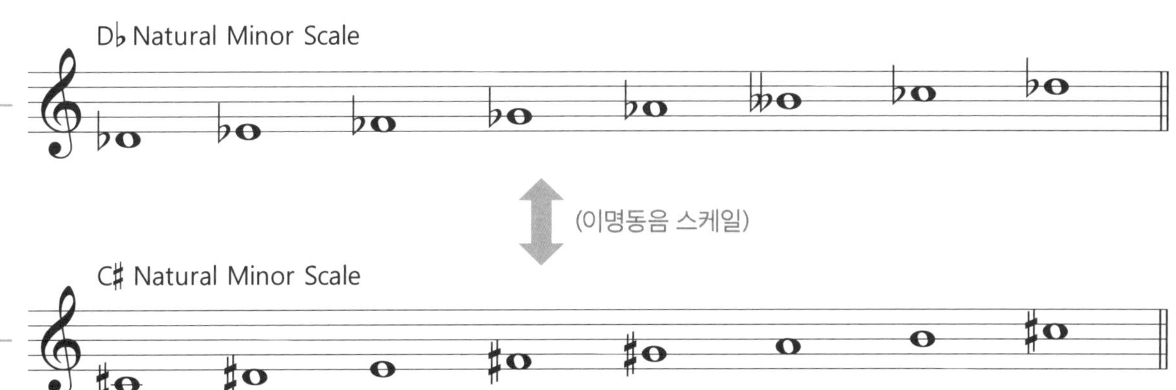

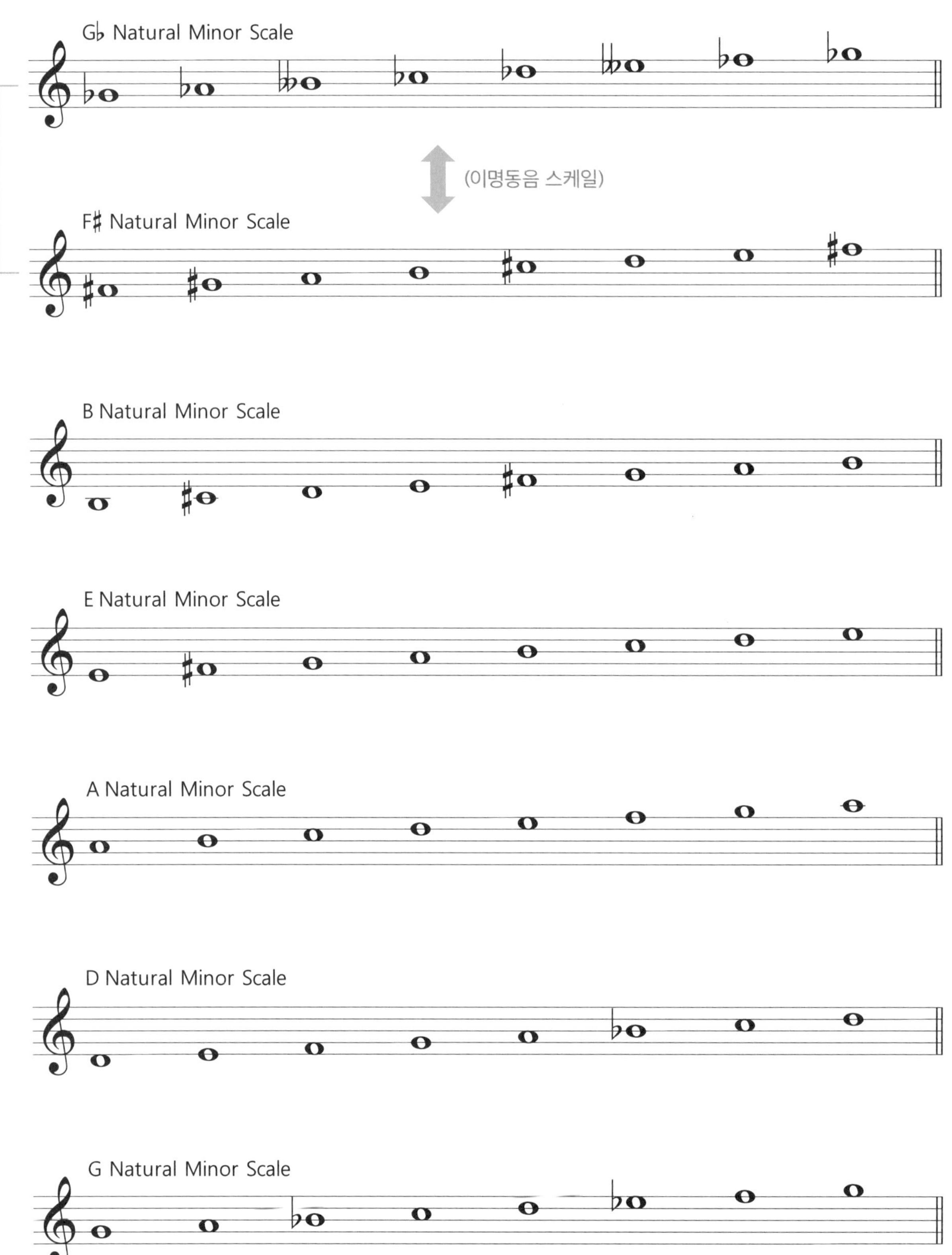
G♭ Natural Minor Scale
(이명동음 스케일)
F♯ Natural Minor Scale
B Natural Minor Scale
E Natural Minor Scale
A Natural Minor Scale
D Natural Minor Scale
G Natural Minor Scale

Harmonic Minor Scale(화성단음계) 12 key

C Harmonic Minor Scale

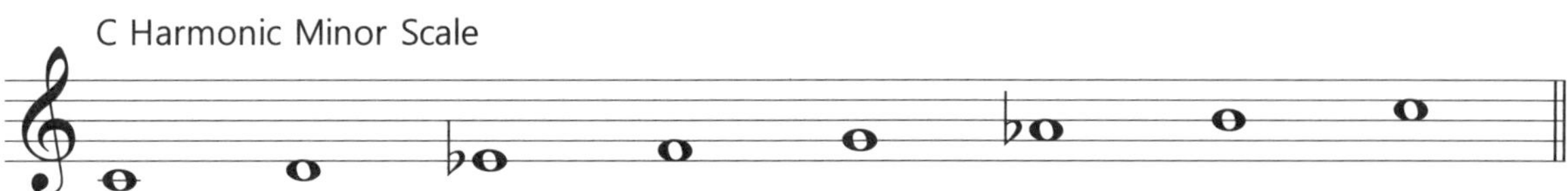

F Harmonic Minor Scale

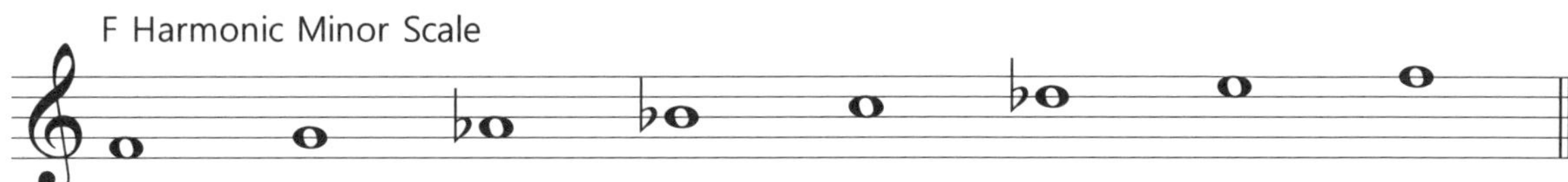

B♭ Harmonic Minor Scale

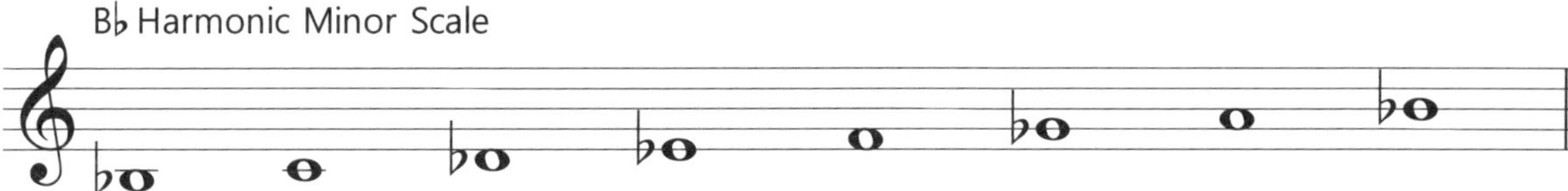

E♭ Harmonic Minor Scale

A♭ Harmonic Minor Scale

D♭ Harmonic Minor Scale

C♯ Harmonic Minor Scale

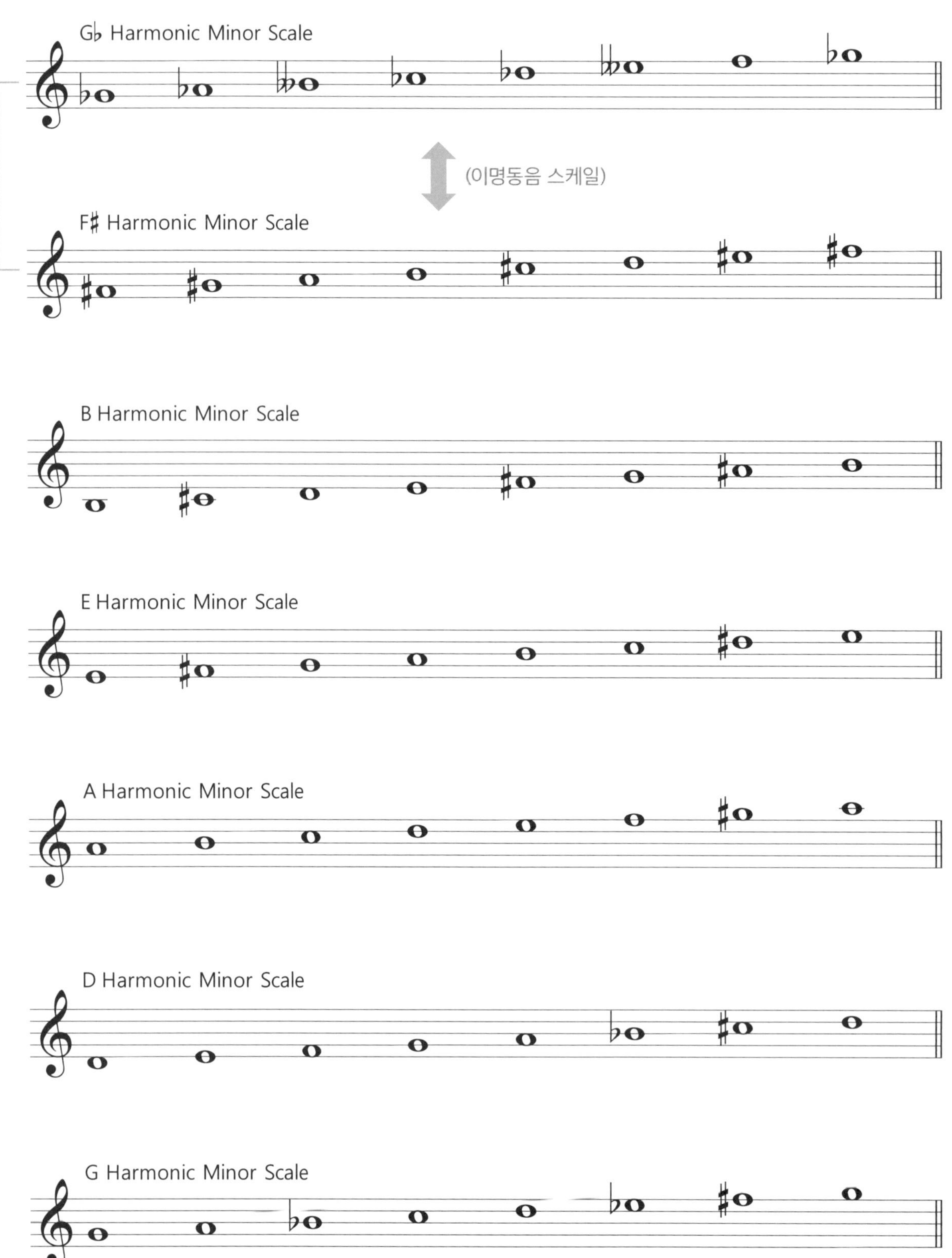
G♭ Harmonic Minor Scale
(이명동음 스케일)
F♯ Harmonic Minor Scale
B Harmonic Minor Scale
E Harmonic Minor Scale
A Harmonic Minor Scale
D Harmonic Minor Scale
G Harmonic Minor Scale

Melodic Minor Scale(가락단음계) 12 key

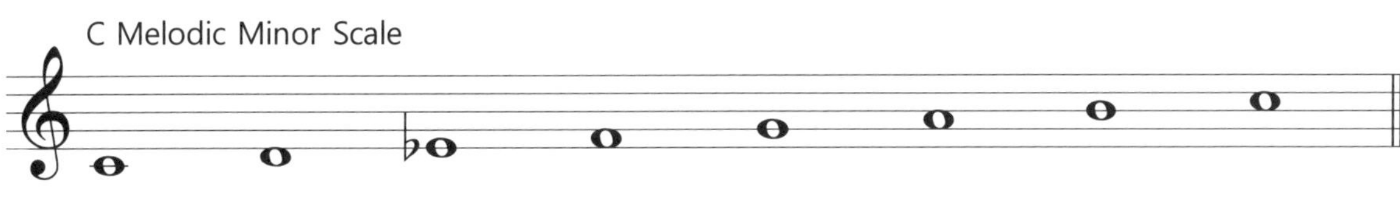

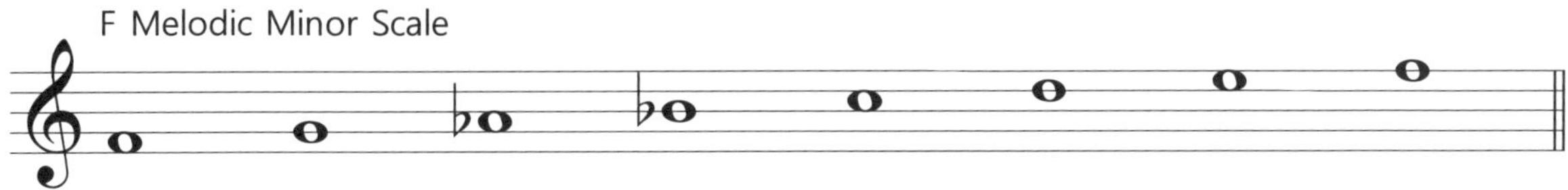

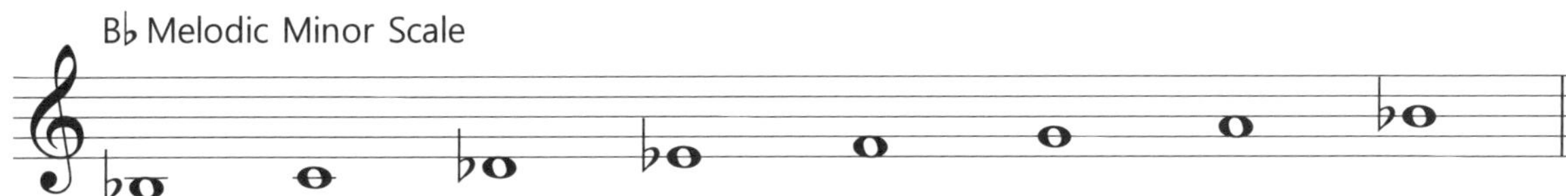

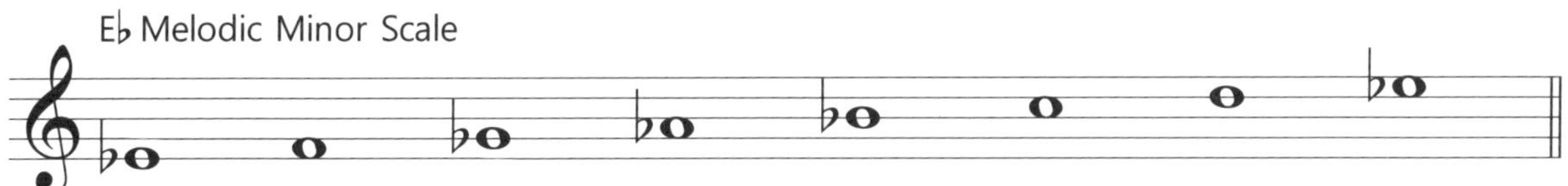

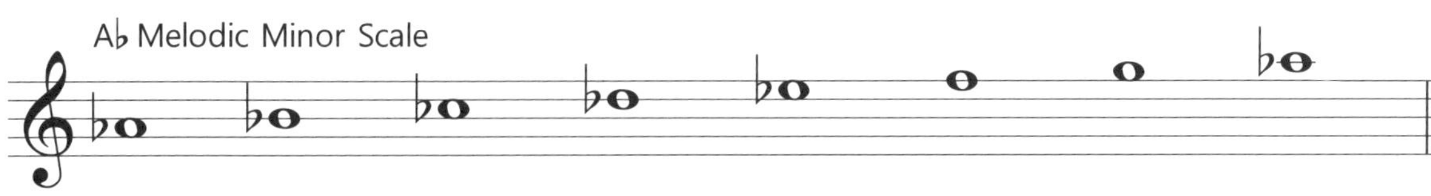

G♭ Melodic Minor Scale
(이명동음 스케일)
F♯ Melodic Minor Scale
B Melodic Minor Scale
E Melodic Minor Scale
A Melodic Minor Scale
D Melodic Minor Scale
G Melodic Minor Scale

E. 연습문제

1. 다음 주어진 스케일을 보고 그에 맞는 스케일 이름을 적어보세요.

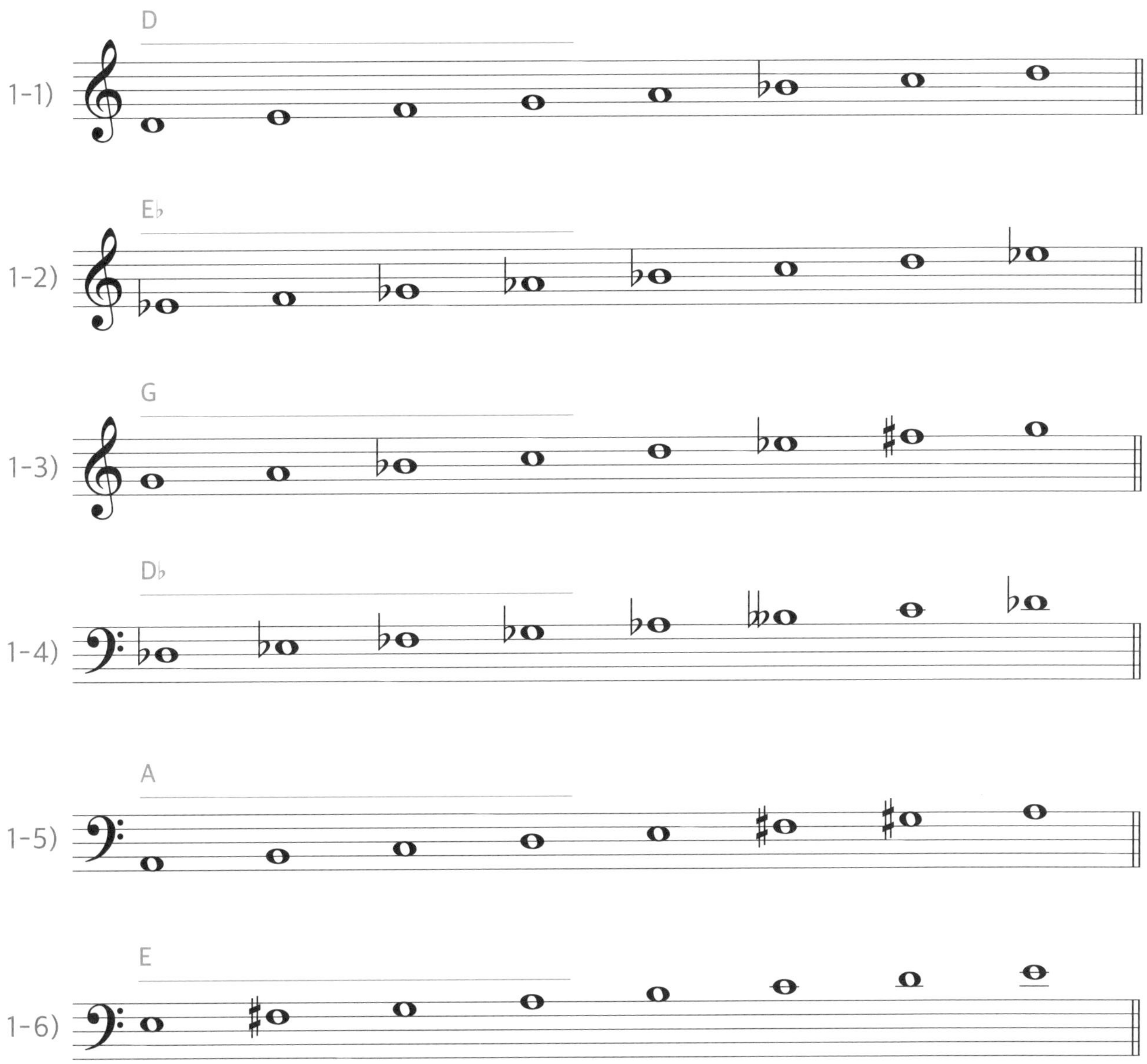

2. 다음 조건에 맞는 스케일을 그리고, 스케일 이름도 써보세요.

2-1) **G♭을 으뜸음으로 하는 자연단음계(Natural Minor Scale)**

2-2) **C#을 이끔음으로 하는 가락단음계(Melodic Minor Scale) *상행만 그려보세요.**

2-3) **E♭를 세 번째 음으로 하는 화성단음계(Harmonic Minor Scale)**

2-4) **B♭을 네 번째 음으로 하는 자연단음계(Natural Minor Scale)**

3. 다음 주어진 멜로디를 보고 스케일의 이름을 적어보세요.

(각 멜로디의 첫 음이 스케일의 으뜸음입니다)

3-1)

3-2)

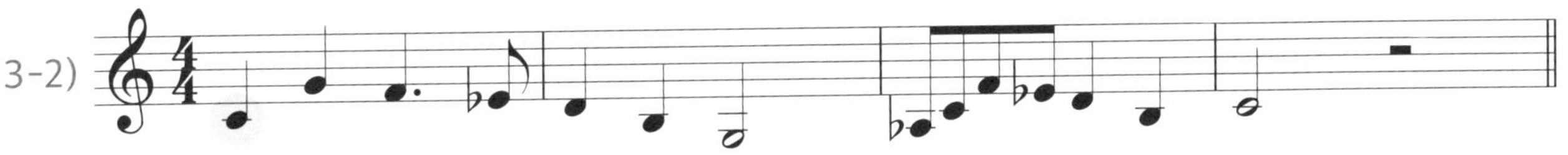

3-3)

3-4)

3-5)

4. 다음 주어진 이름을 보고 임시표를 사용하여 스케일을 그려보세요.
(모든 스케일은 상행만 그립니다)

4-1) **E♭ Harmonic Minor Scale**

4-2) **F♯ Natural Minor Scale**

4-3) **A Melodic Minor Scale**

4-4) **B♭ Natural Minor Scale**

4-5) **C♯ Harmonic Minor Scale**

4-6) **E Harmonic Minor Scale**

4-7) **C Natural Minor Scale**

4-8) **B Melodic Minor Scale**

4-9) **F Harmonic Minor Scale**

4-10) **D Natural Minor Scale**

3화음 다이아토닉 코드(Diatonic Triad Chords)

다이아토닉 코드는 특정 조성(Key) 안에서 만들어진 코드들로, 기본적으로 메이저 스케일 또는 마이너 스케일을 기반으로 형성됩니다.
3화음 다이아토닉 코드란, 스케일 내의 음들에 대해 3도 간격으로 세 개의 음을 쌓아 올린 코드를 의미합니다. 이 코드들은 조성의 스케일에 포함된 음들로만 구성되어 있기 때문에 특정 키에 맞는 고유한 사운드를 냅니다. 각 음의 순서마다 로마숫자로 표기합니다.

A. 메이저(Major) 3화음 다이아토닉 코드

메이저 스케일은 7개의 음으로 이루어져 있습니다. 첫 번째부터 일곱 번째 음까지를 각 시작점으로 하여 화음이 만들어집니다.

C Key의 3화음 Diatonic Chord

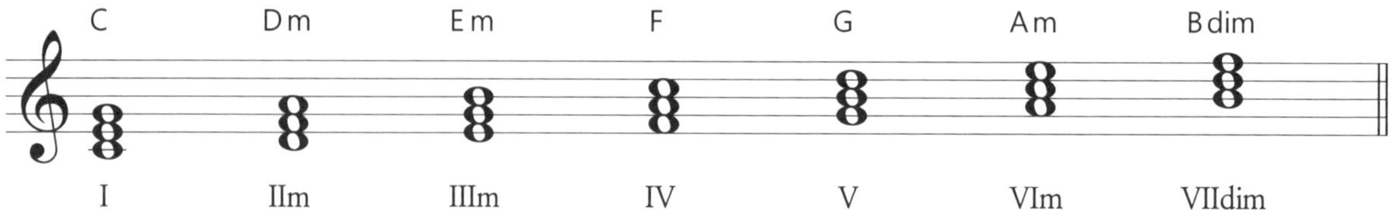

각 코드를 보면 일정한 순서를 가지고 만들어져있습니다.
이 일정한 규칙들을 도수라고 부르며 로마숫자로 표기합니다.

*첫 번째 코드, 네 번째 코드, 다섯 번째 코드 : Major Chord(메이저 코드)
*두 번째 코드, 세 번째 코드, 여섯 번째 코드 : Minor Chord(마이너 코드)
*일곱 번째 코드 : Diminish Chord(디미니쉬 코드)입니다.

도수의 규칙은 조성이 바뀌어도 달라지지 않으니 꼭 암기해 주세요.
단 조성에 따라 조표에 해당하는 으뜸음 표기에 주의해 주세요.

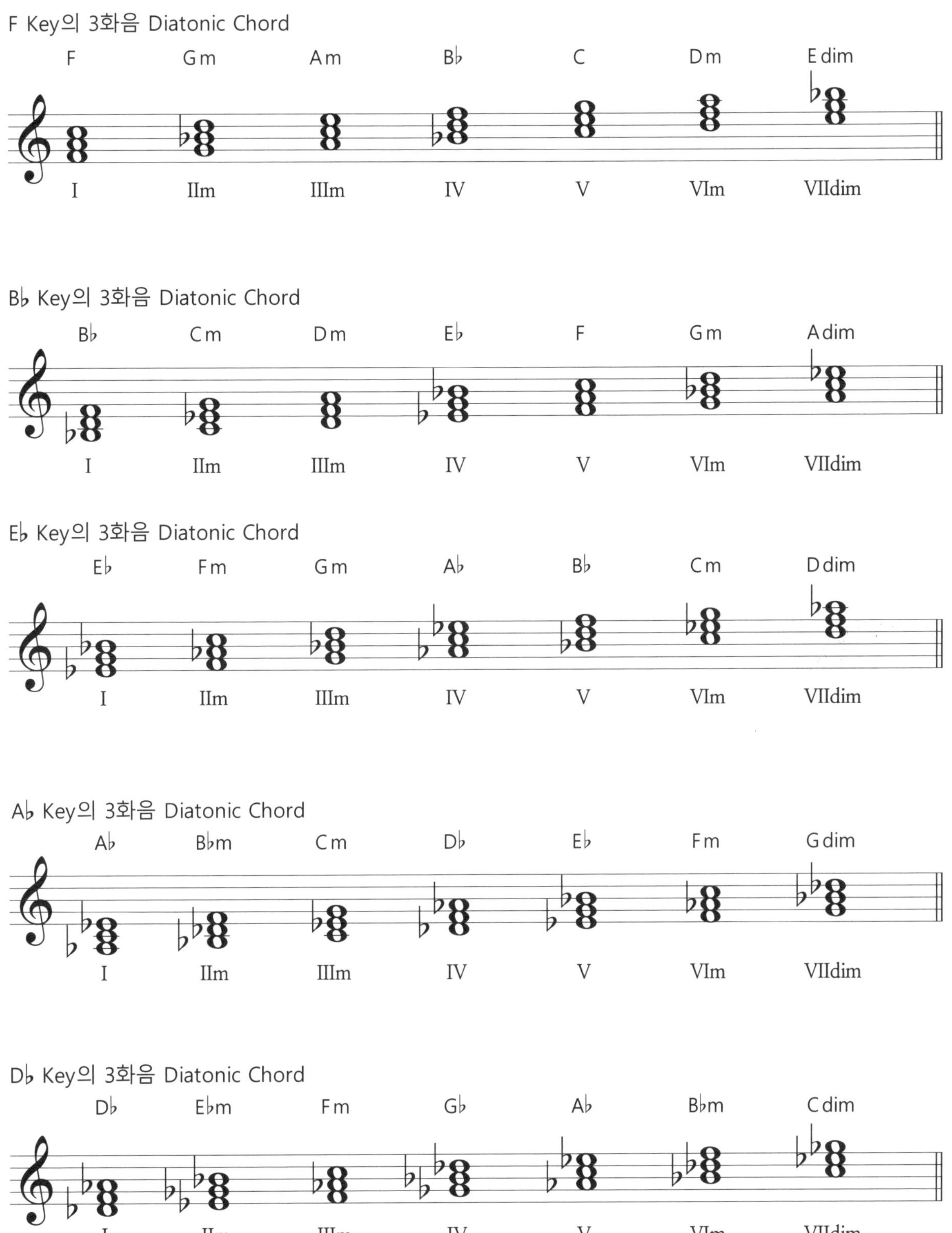
F Key의 3화음 Diatonic Chord
F Gm Am B♭ C Dm Edim
I IIm IIIm IV V VIm VIIdim
B♭ Key의 3화음 Diatonic Chord
B♭ Cm Dm E♭ F Gm Adim
I IIm IIIm IV V VIm VIIdim
E♭ Key의 3화음 Diatonic Chord
E♭ Fm Gm A♭ B♭ Cm Ddim
I IIm IIIm IV V VIm VIIdim
A♭ Key의 3화음 Diatonic Chord
A♭ B♭m Cm D♭ E♭ Fm Gdim
I IIm IIIm IV V VIm VIIdim
D♭ Key의 3화음 Diatonic Chord
D♭ E♭m Fm G♭ A♭ B♭m Cdim
I IIm IIIm IV V VIm VIIdim

G♭ Key의 3화음 Diatonic Chord

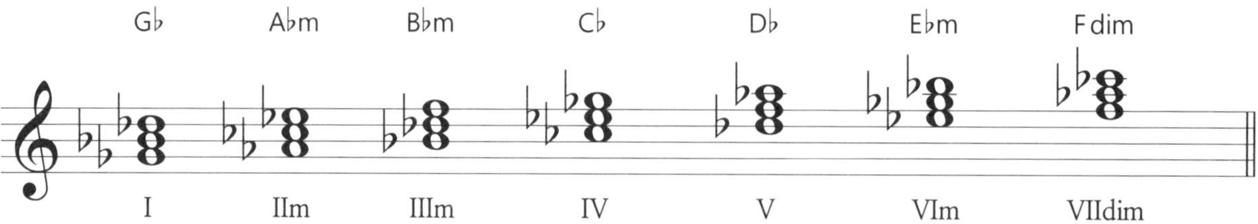

B Key의 3화음 Diatonic Chord

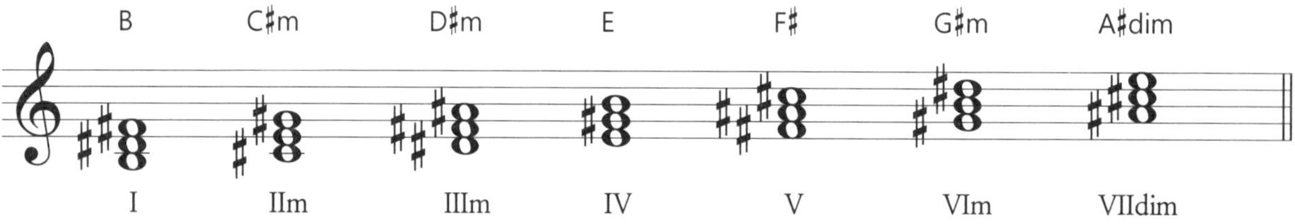

E Key의 3화음 Diatonic Chord

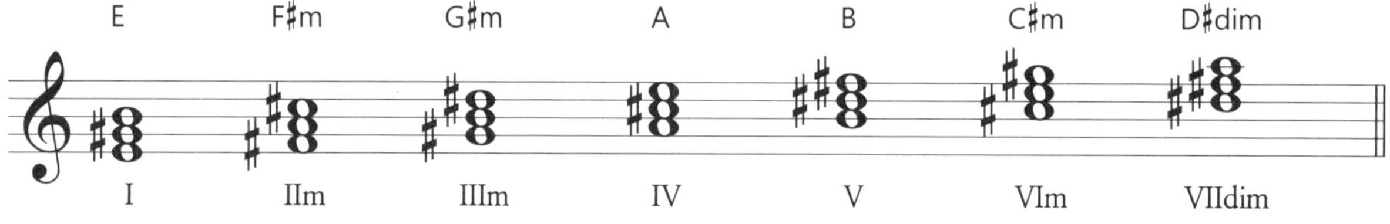

A Key의 3화음 Diatonic Chord

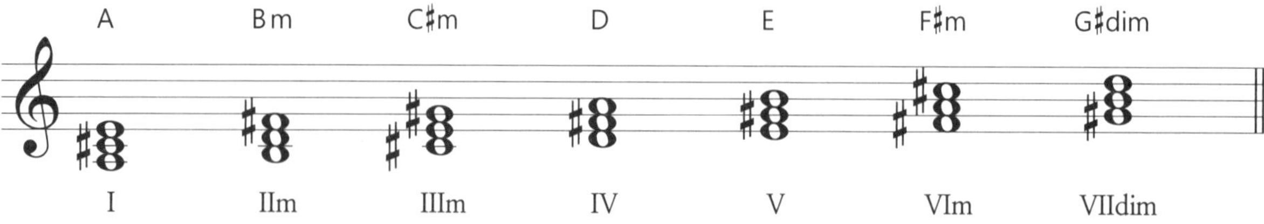

D Key의 3화음 Diatonic Chord

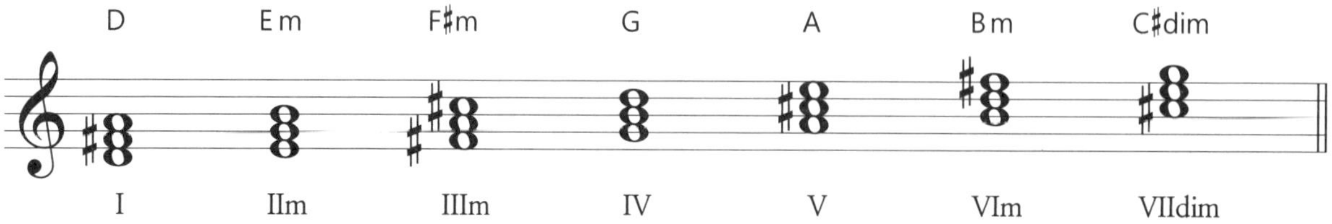

G Key의 3화음 Diatonic Chord

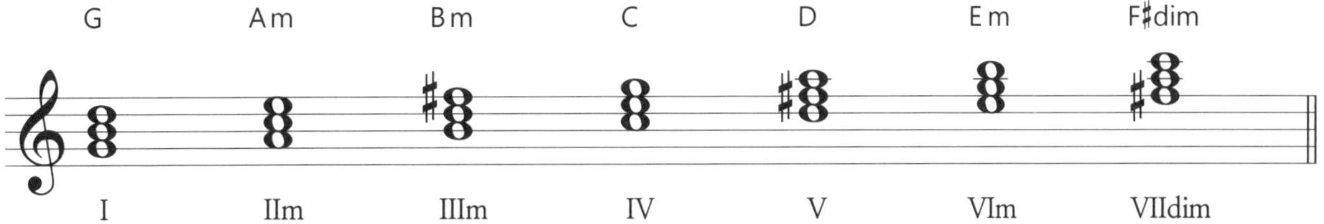

마이너(Minor) 3화음 다이아토닉 코드

단음계(minor scale)를 기본으로 하여 만든 코드를 마이너 다이아토닉 코드라고 합니다. 앞에서 배웠듯이 단음계 스케일은 자연단음계(Natural minor scale), 화성단음계(Harmonic minor scale), 가락단음계(melodic minor scale) 총 3가지가 있습니다. 따라서 마이너 다이아토닉 코드 또한 3가지로 나누어집니다.

B. Natural Minor(자연단음계) 3화음 다이아토닉 코드

–자연단음계 스케일을 먼저 적습니다.

–스케일의 각 음을 루트로 하여 3도 간격으로 음을 쌓아 올려줍니다.

–자연단음계에 포함된 음들로만 사용하여 코드를 만들어줘야 합니다.

C Natural minor 3화음 Diatonic Chord

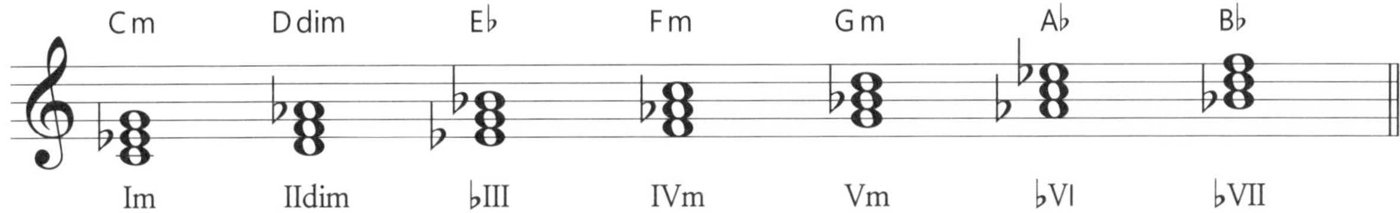

F Natural minor 3화음 Diatonic Chord

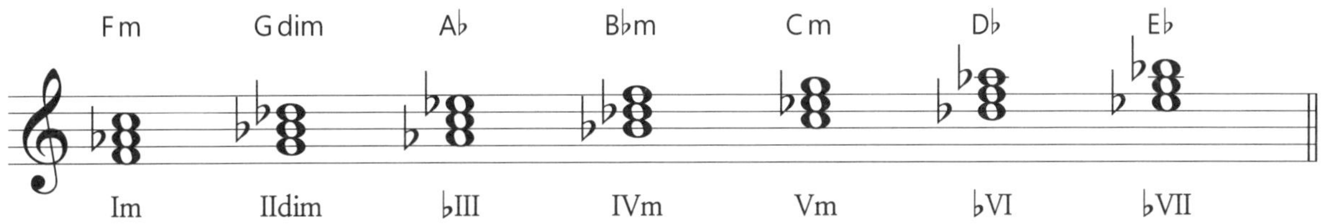

B♭ Natural minor 3화음 Diatonic Chord

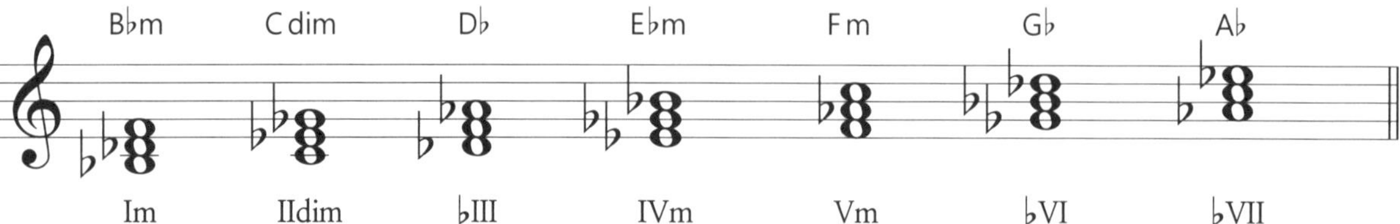

E♭ Natural minor 3화음 Diatonic Chord

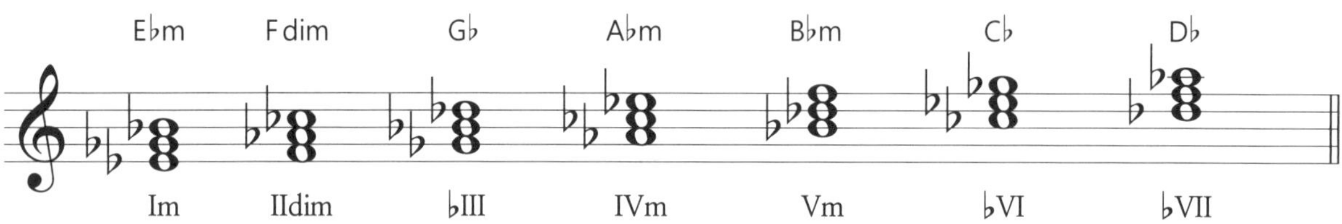

A♭ Natural minor 3화음 Diatonic Chord

D♭ Natural minor 3화음 Diatonic Chord

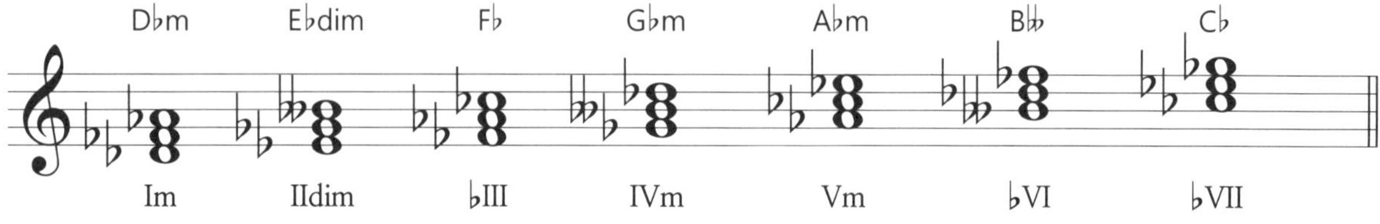

(이명동음조)

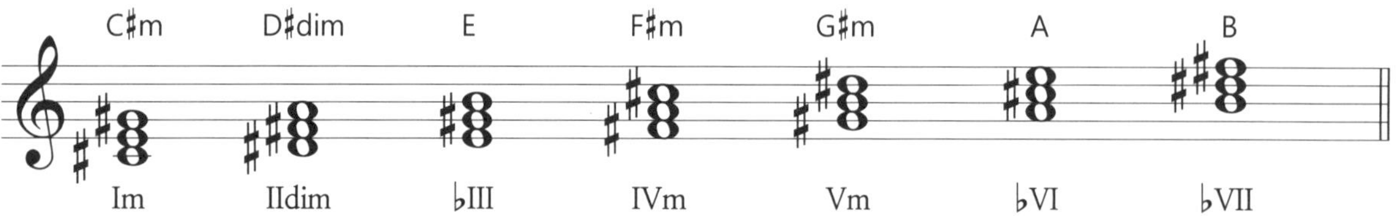

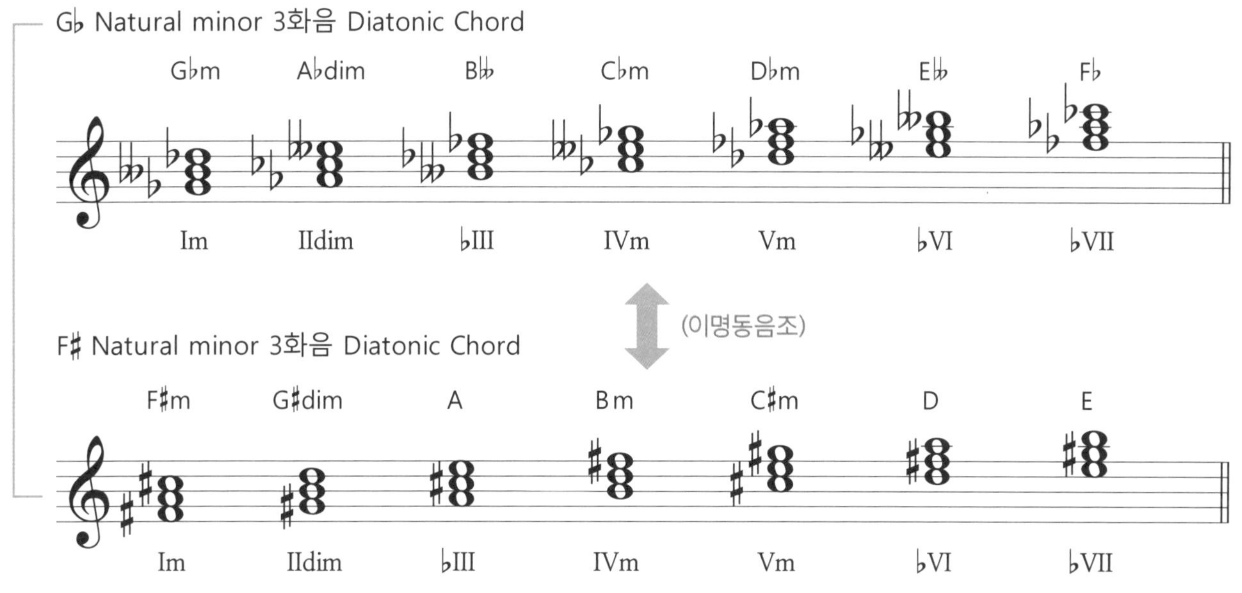

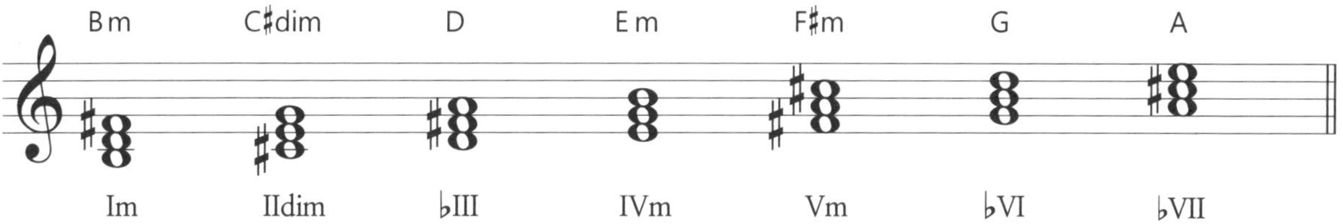

E Natural minor 3화음 Diatonic Chord

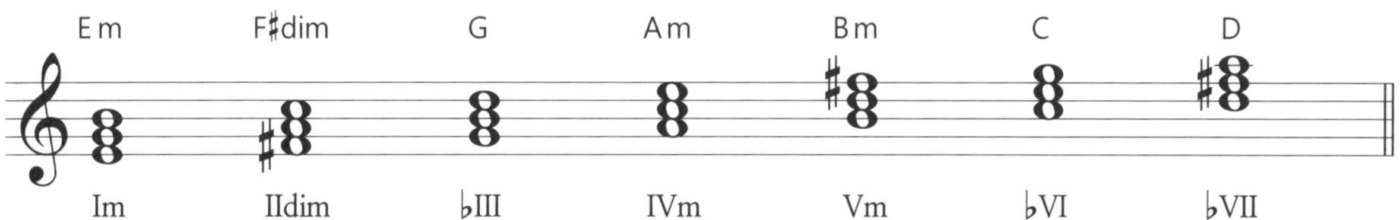

A Natural minor 3화음 Diatonic Chord

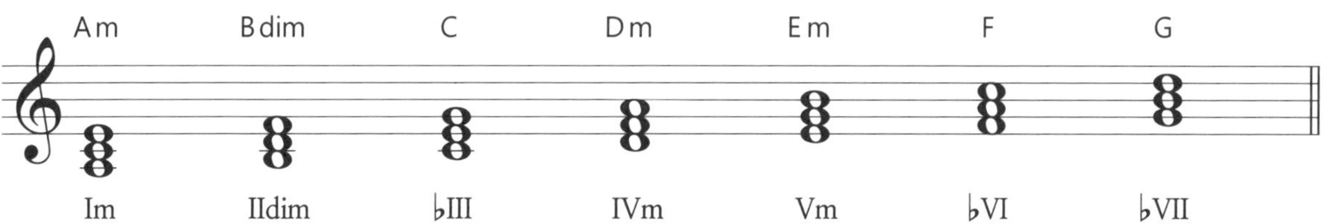

D Natural minor 3화음 Diatonic Chord

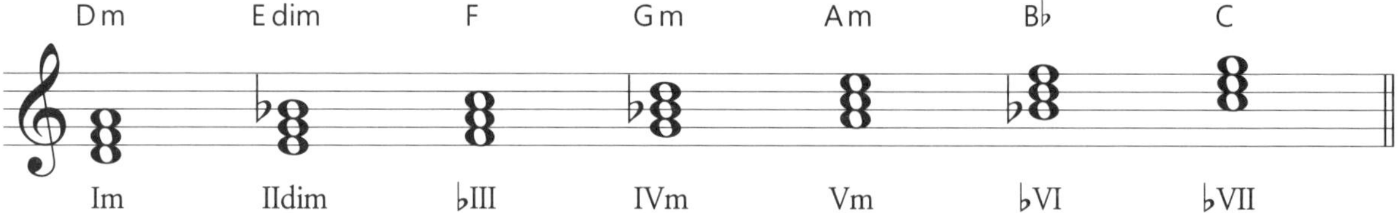

G Natural minor 3화음 Diatonic Chord

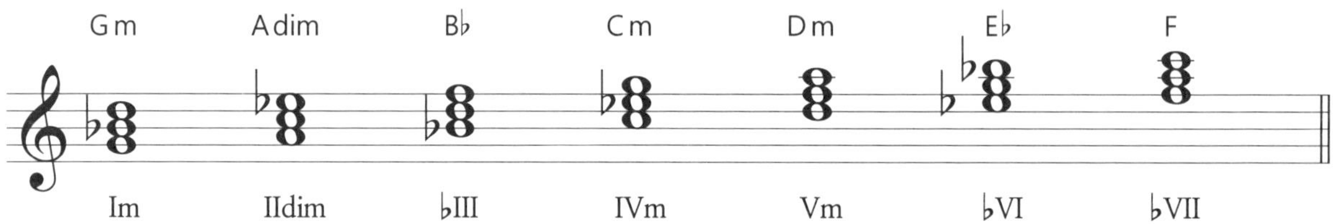

C. Harmonic Minor(화성단음계) 3화음 다이아토닉 코드

-화성단음계 스케일을 먼저 적습니다.

-스케일의 각 음을 루트로 하여 3도 간격으로 음을 쌓아 올려줍니다.

-화성단음계에 포함된 음들로만 사용하여 코드를 만들어줘야 합니다.

C Harmonic minor 3화음 Diatonic Chord

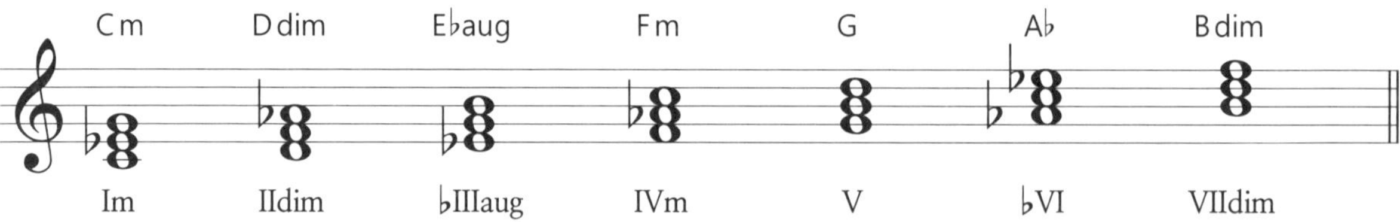

F Harmonic minor 3화음 Diatonic Chord

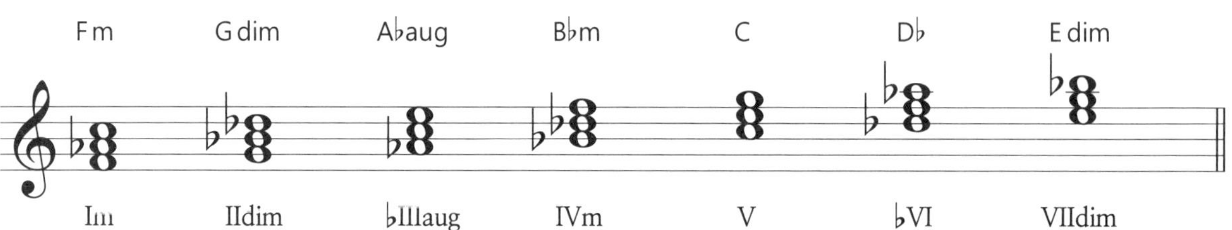

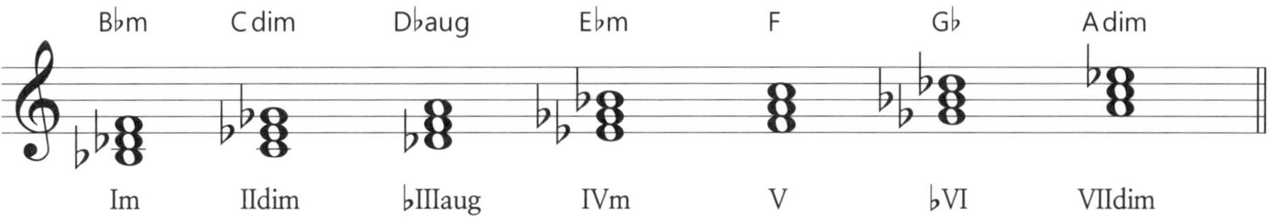

E♭ Harmonic minor 3화음 Diatonic Chord

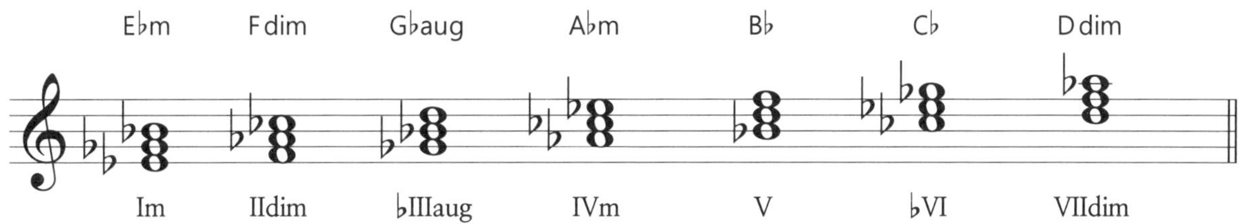

A♭ Harmonic minor 3화음 Diatonic Chord

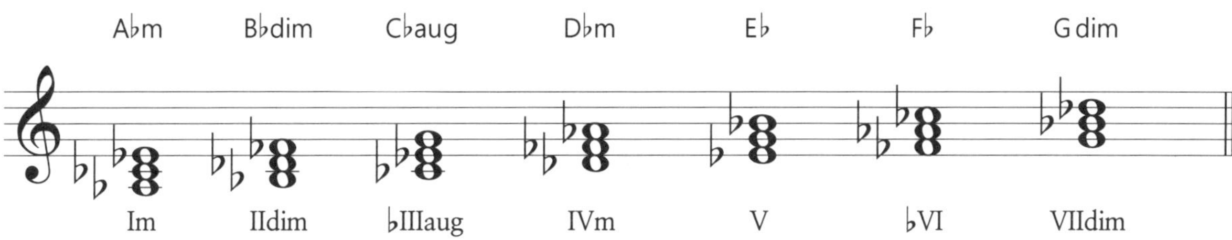

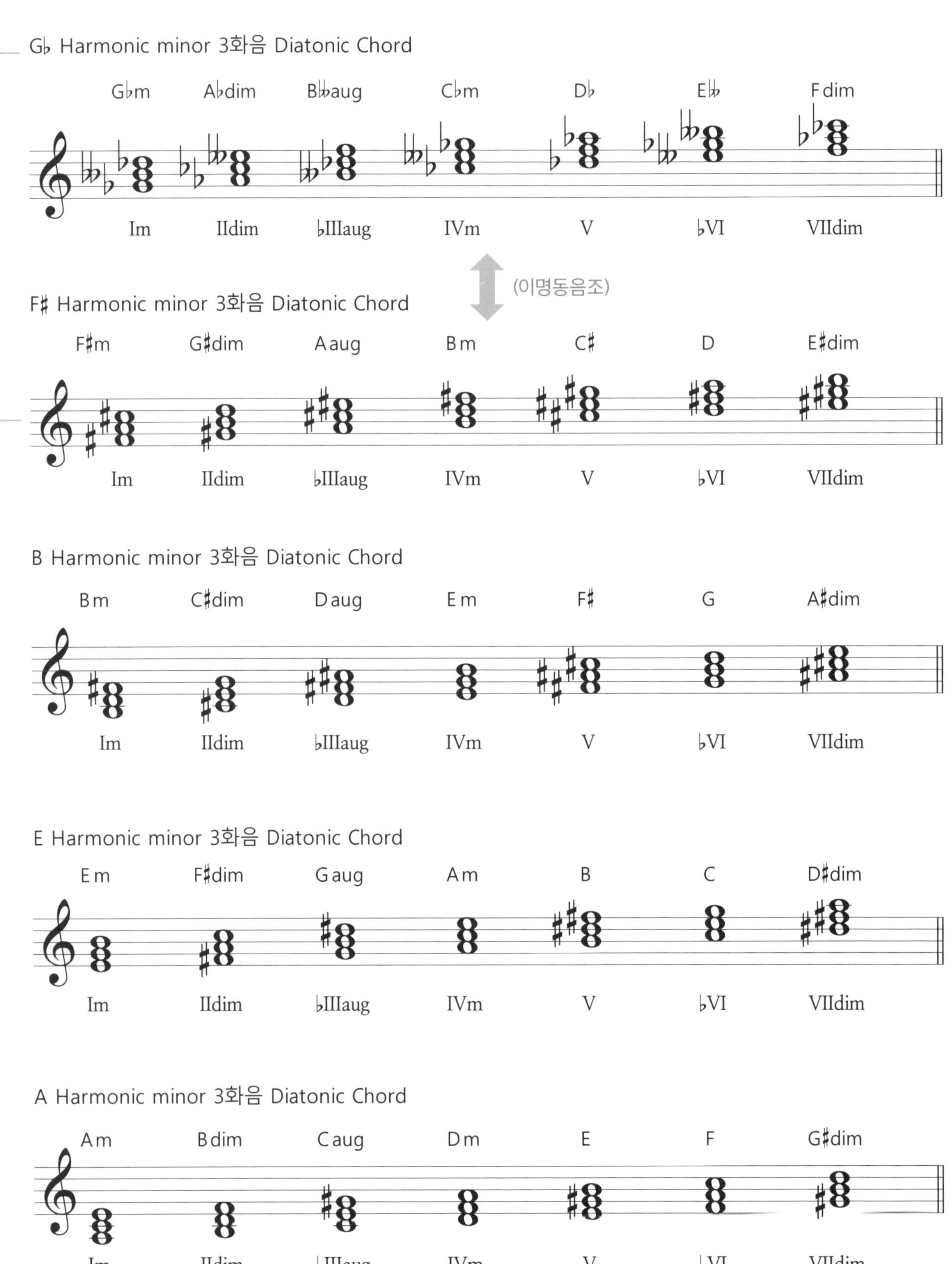
G♭ Harmonic minor 3화음 Diatonic Chord
G♭m A♭dim B𝄫aug C♭m D♭ E𝄫 Fdim
Im IIdim ♭IIIaug IVm V ♭VI VIIdim
(이명동음조)
F♯ Harmonic minor 3화음 Diatonic Chord
F♯m G♯dim Aaug Bm C♯ D E♯dim
Im IIdim ♭IIIaug IVm V ♭VI VIIdim
B Harmonic minor 3화음 Diatonic Chord
Bm C♯dim Daug Em F♯ G A♯dim
Im IIdim ♭IIIaug IVm V ♭VI VIIdim
E Harmonic minor 3화음 Diatonic Chord
Em F♯dim Gaug Am B C D♯dim
Im IIdim ♭IIIaug IVm V ♭VI VIIdim
A Harmonic minor 3화음 Diatonic Chord
Am Bdim Caug Dm E F G♯dim
Im IIdim ♭IIIaug IVm V ♭VI VIIdim

D Harmonic minor 3화음 Diatonic Chord

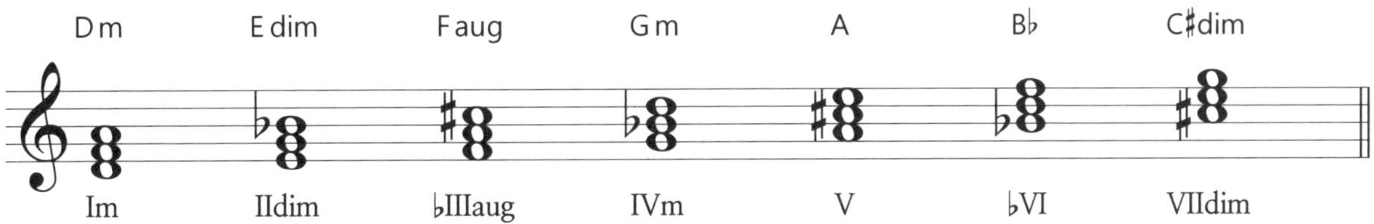

G Harmonic minor 3화음 Diatonic Chord

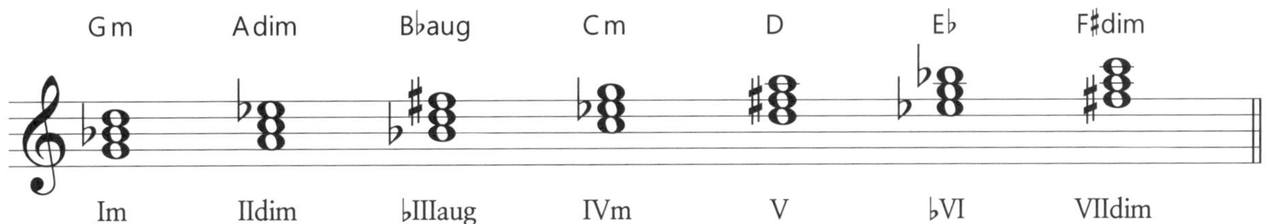

D. Melodic Minor(가락단음계) 3화음 다이아토닉 코드

-가락단음계 스케일을 먼저 적습니다.

-스케일의 각 음을 루트로 하여 3도 간격으로 음을 쌓아 올려줍니다.

-가락단음계에 포함된 음들로만 사용하여 코드를 만들어줘야 합니다.

C Melodic minor 3화음 Diatonic Chord

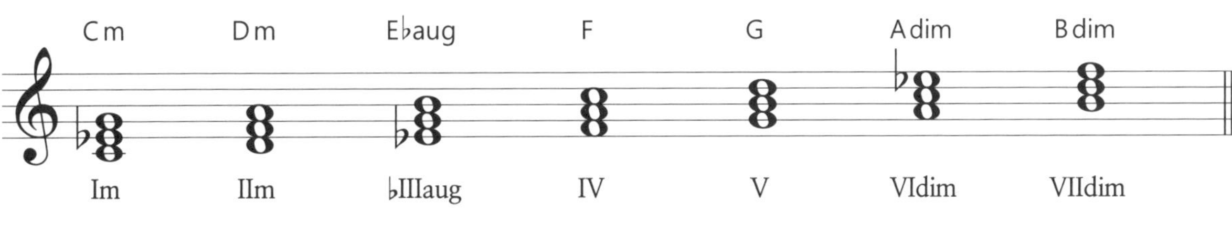

F Melodic minor 3화음 Diatonic Chord

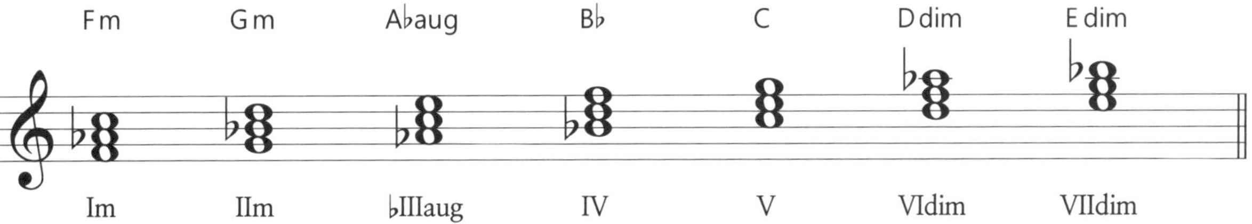

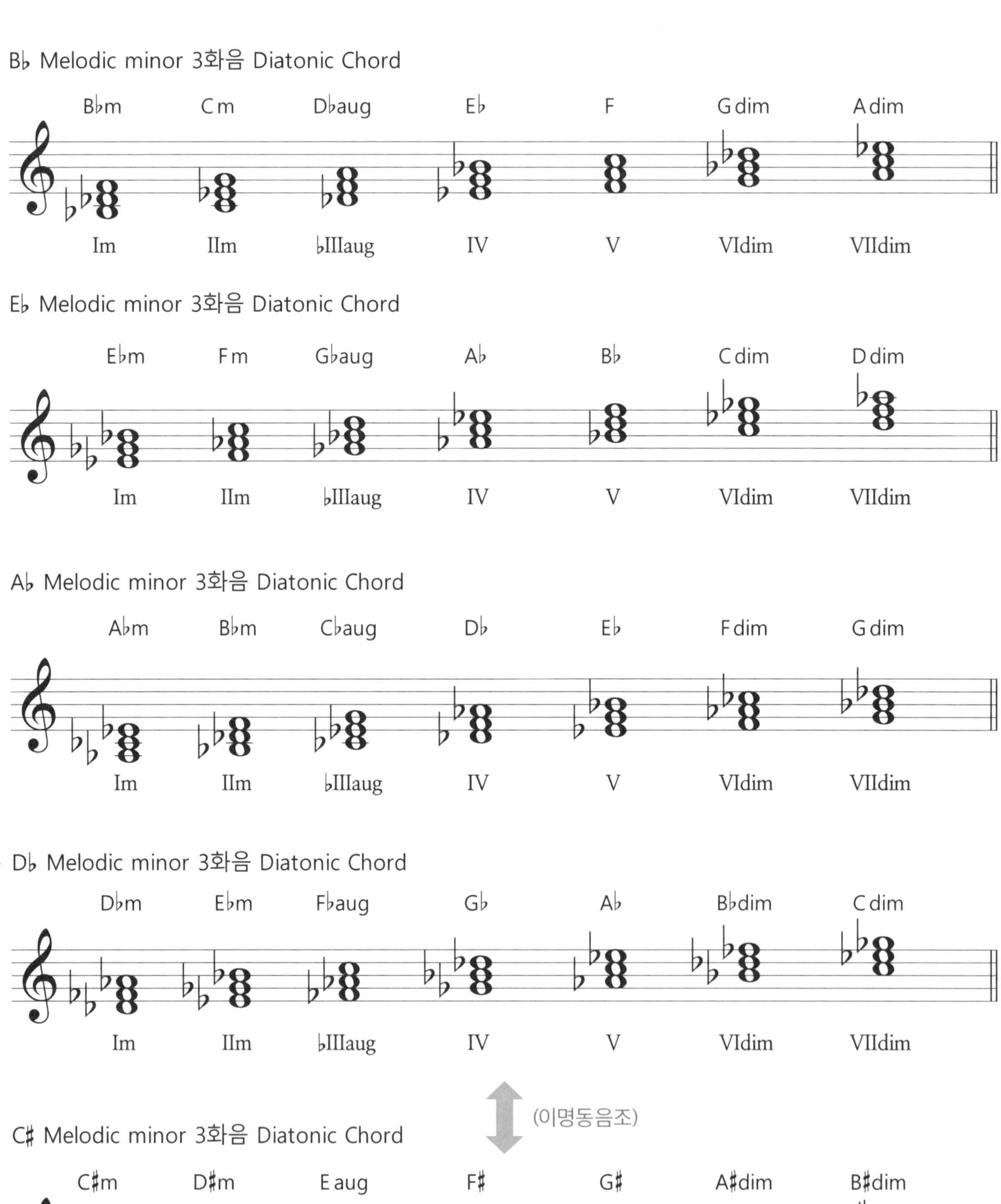
B♭ Melodic minor 3화음 Diatonic Chord
B♭m Cm D♭aug E♭ F Gdim Adim
Im IIm ♭IIIaug IV V VIdim VIIdim
E♭ Melodic minor 3화음 Diatonic Chord
E♭m Fm G♭aug A♭ B♭ Cdim Ddim
Im IIm ♭IIIaug IV V VIdim VIIdim
A♭ Melodic minor 3화음 Diatonic Chord
A♭m B♭m C♭aug D♭ E♭ Fdim Gdim
Im IIm ♭IIIaug IV V VIdim VIIdim
D♭ Melodic minor 3화음 Diatonic Chord
D♭m E♭m F♭aug G♭ A♭ B♭dim Cdim
Im IIm ♭IIIaug IV V VIdim VIIdim
(이명동음조)
C♯ Melodic minor 3화음 Diatonic Chord
C♯m D♯m Eaug F♯ G♯ A♯dim B♯dim
Im IIm ♭IIIaug IV V VIdim VIIdim

G♭ Melodic minor 3화음 Diatonic Chord

G♭m	A♭m	B♭♭aug	C♭	D♭	E♭dim	Fdim
Im	IIm	♭IIIaug	IV	V	VIdim	VIIdim

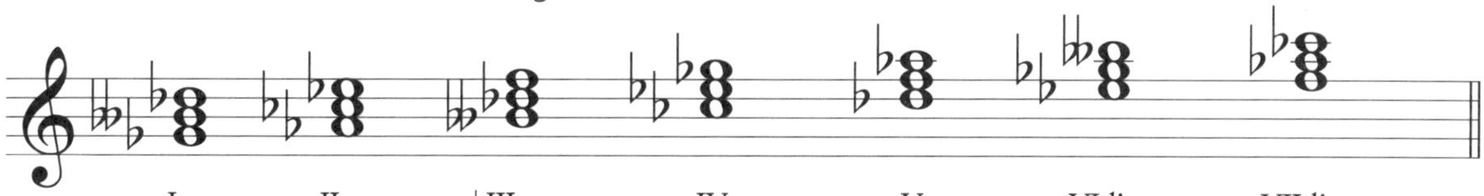

(이명동음조)

F♯ Melodic minor 3화음 Diatonic Chord

F♯m	G♯m	Aaug	B	C♯	D♯dim	E♯dim
Im	IIm	♭IIIaug	IV	V	VIdim	VIIdim

B Melodic minor 3화음 Diatonic Chord

Bm	C♯m	Daug	E	F♯	G♯dim	A♯dim
Im	IIm	♭IIIaug	IV	V	VIdim	VIIdim

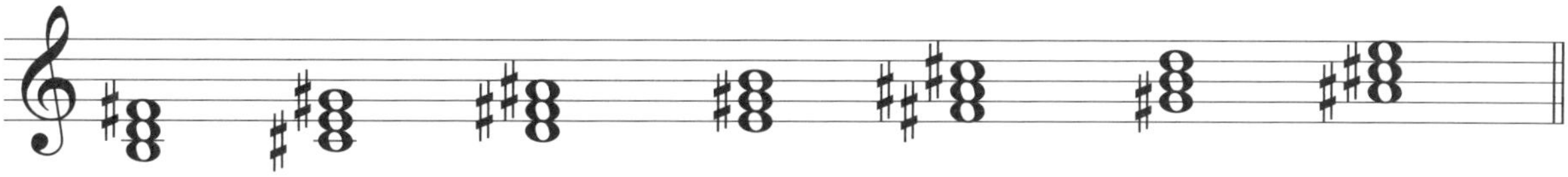

E Melodic minor 3화음 Diatonic Chord

Em	F♯m	Gaug	A	B	C♯dim	D♯dim
Im	IIm	♭IIIaug	IV	V	VIdim	VIIdim

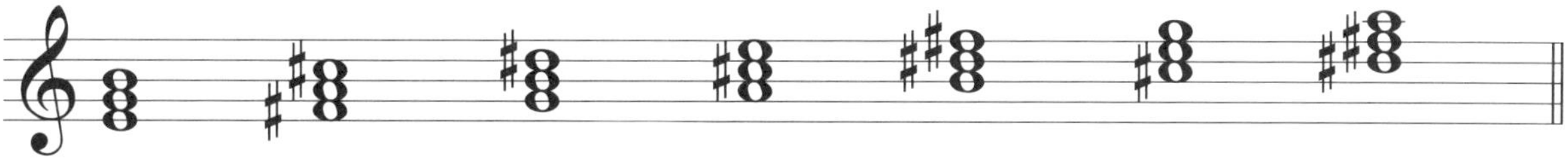

A Melodic minor 3화음 Diatonic Chord

Am	Bm	Caug	D	E	F♯dim	G♯dim
Im	IIm	♭IIIaug	IV	V	VIdim	VIIdim

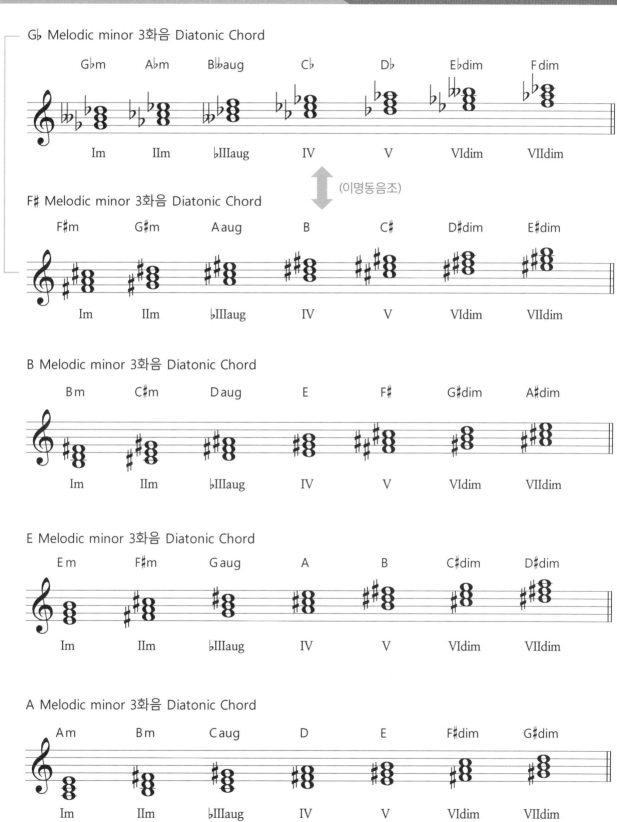

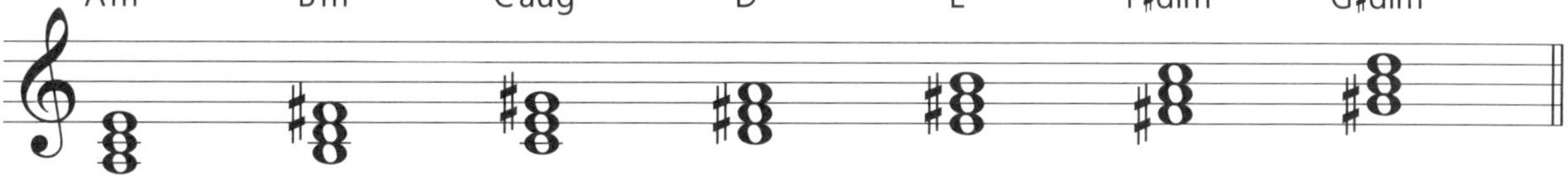

D Melodic minor 3화음 Diatonic Chord

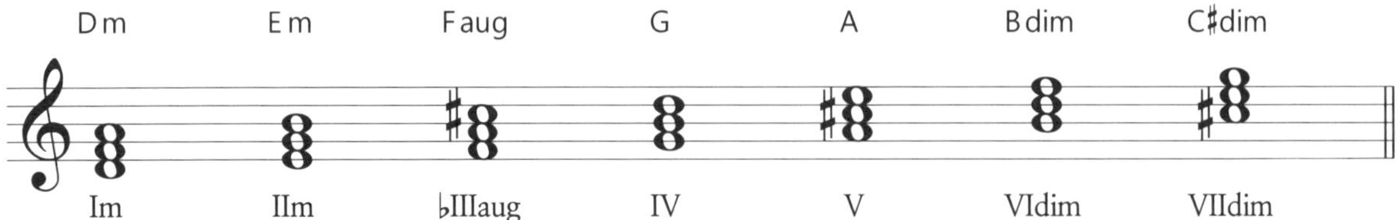

G Melodic minor 3화음 Diatonic Chord

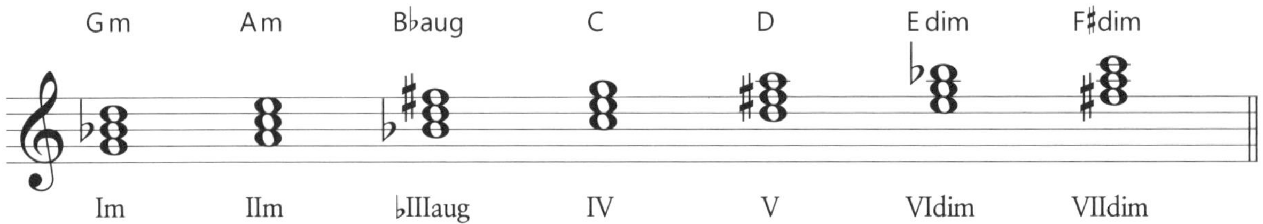

E. 연습문제

1. D♭ Major key의 3화음 다이아토닉 코드와 로마숫자를 기입해 보세요.

(아래 예시와 같이 임시표를 사용해서 그려보세요)

EX)

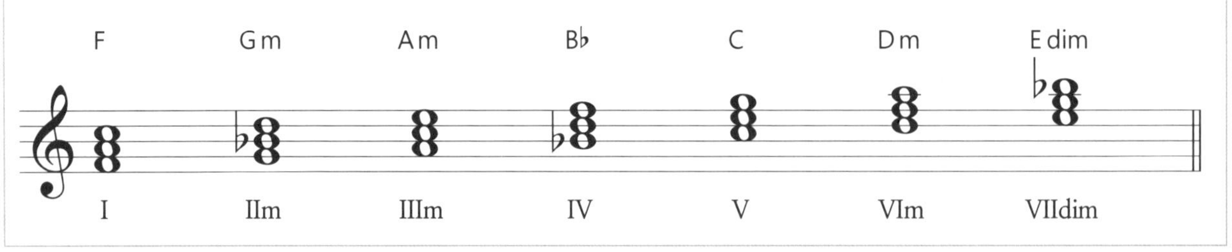

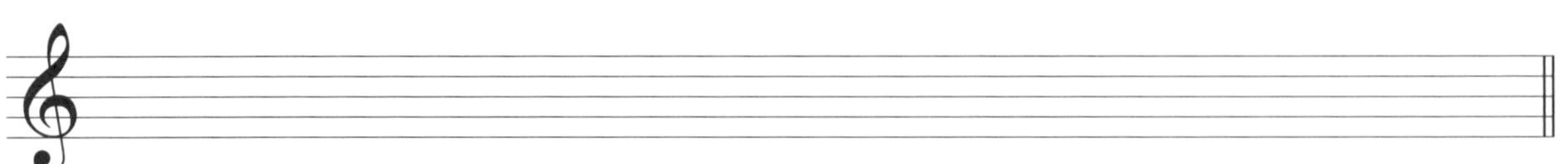

2. G Harmonic minor 3화음 다이아토닉 코드와 로마숫자를 기입해 보세요.
(임시표를 사용해서 그려보세요)

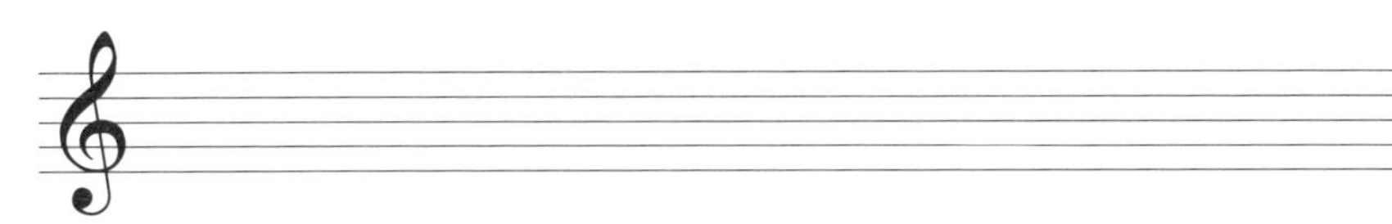

3. C♯ Natural minor 3화음 다이아토닉 코드와 로마숫자를 기입해 보세요.
(임시표를 사용해서 그려보세요)

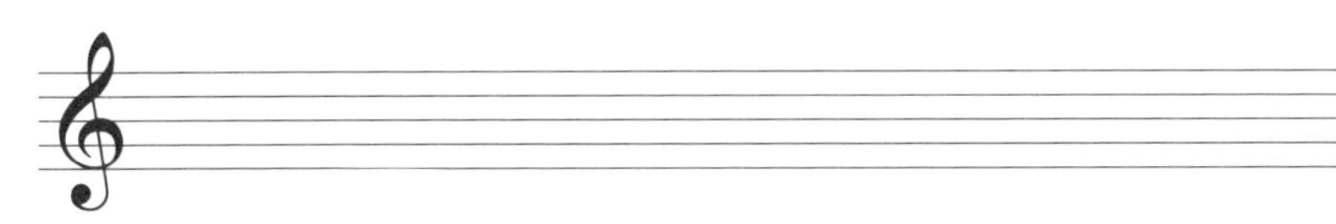

4. E♭ Major 키의 3화음 Diatonic Chord가 아닌 것을 골라보세요.

1) D dim 2) Fm 3) Bb 4) Abm 5) Cm

5. F Natural minor 3화음 Diatonic Chord가 아닌 것을 골라보세요.

1) Fm 2) Ab 3) Bb dim 4) Cm 5) Eb

6. G♭ Melodic minor 3화음 Diatonic Chord가 아닌 것을 골라보세요.

1) Abm 2) Bbb+ 3) Cb 4) Eb dim 5) Fm

7. 주어진 조성에 맞는 다이아토닉 코드들을 그려 넣고, 오선 아래에 각 코드의 이름을 적어보세요.

(임시표를 사용해서 그려보세요)

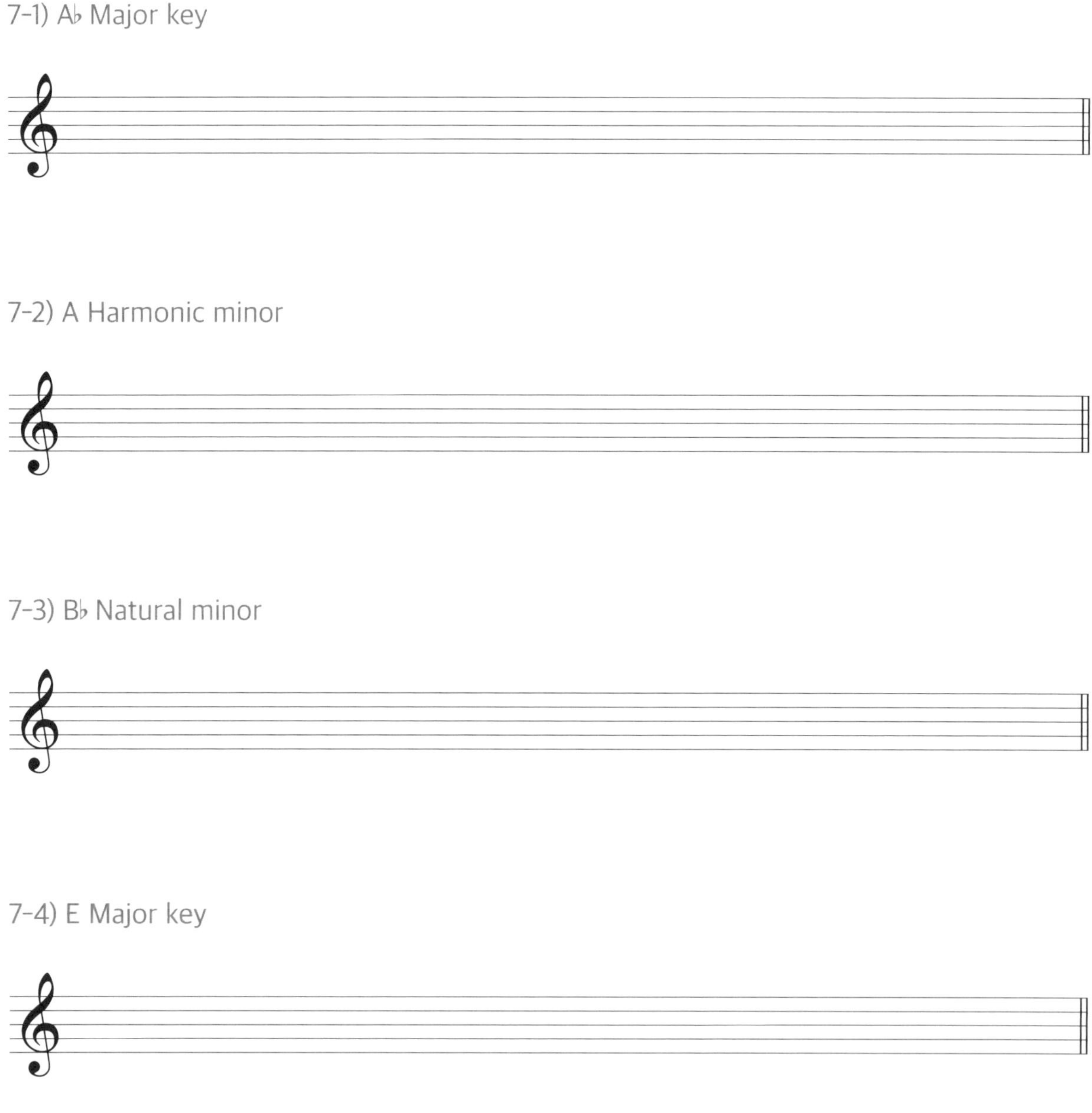

8. 주어진 조표를 보고, 나란한조의 으뜸음과 조성의 이름을 적어보세요. 그리고 제시된 다이아토닉 코드를 아래 오선에 그려보세요.

8-1)

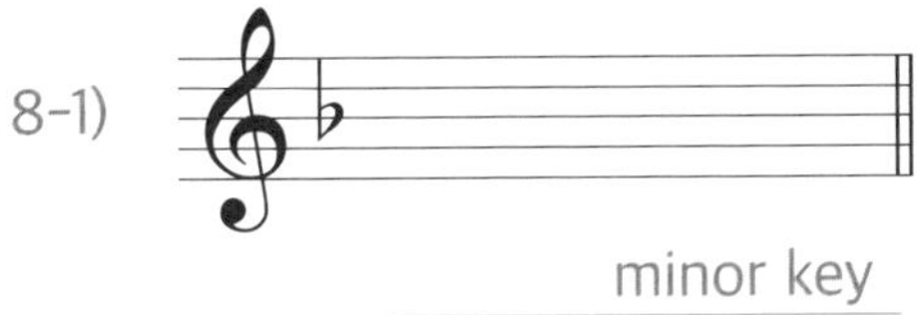

_______ minor key

(Melodic minor)

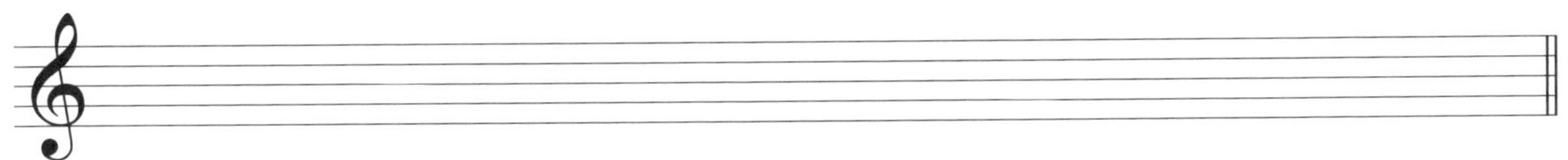

8-2)

_______ minor key

(Natural minor)

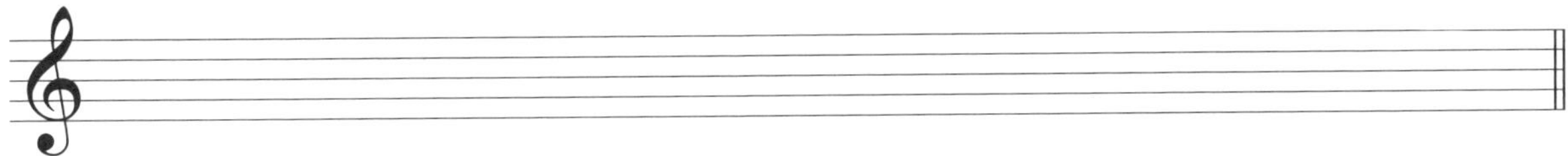

9. 다음 제시된 Key를 보고 임시표를 사용하여 다이아토닉 코드들을 올바르게 완성해 보세요.

9-1)

A Major Key

A Bm C♯m D E F♯m G♯dim

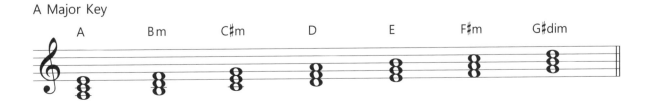

9-2)

E♭ Melodic minor

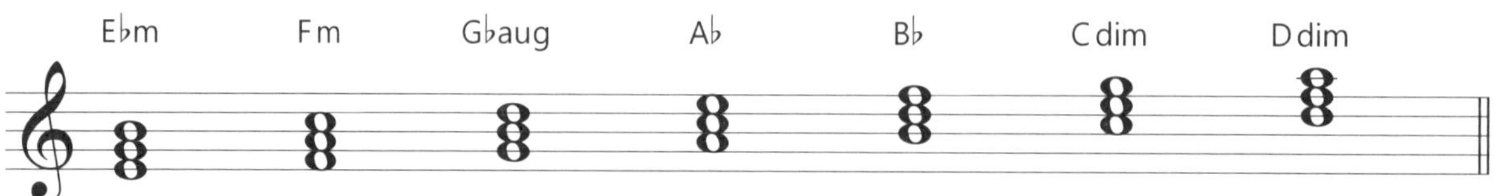

9-3)

F Natural minor

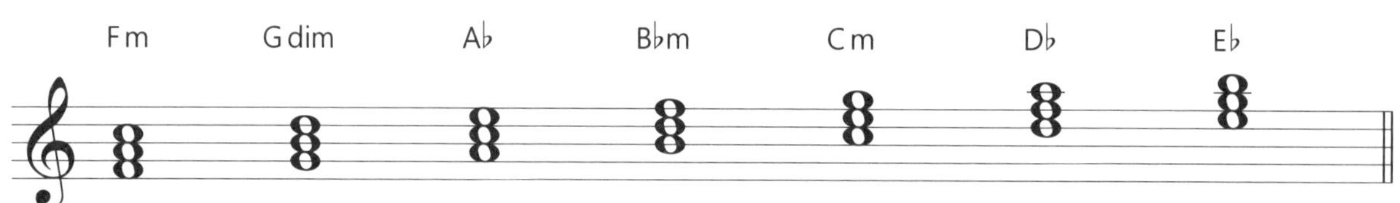

9-4)

D Major Key

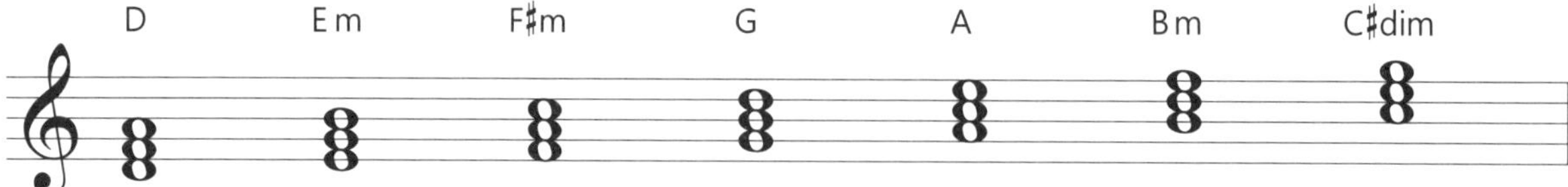

10. B♭ Key 의 VI-7 코드는 무엇입니까?

11. D Harmonic minor 다이아토닉 코드에서 3번째 코드는 무엇입니까?

중간고사

WEEK
9

–앞의 배운 것들을 다시 점검하여 여러분의 실력을 향상시키기 위한 중요한 단계입니다.

–중간고사는 90분 동안 실행됩니다.

1. 다음 보기 중 음이 틀린 것을 골라보세요.

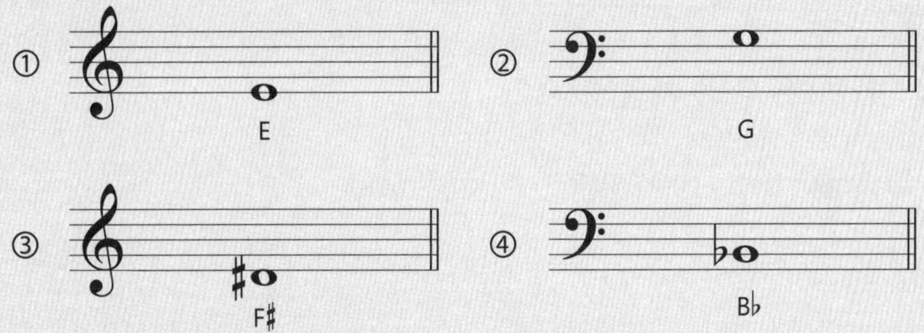

2. 다음 중 반음인 것을 골라보세요.

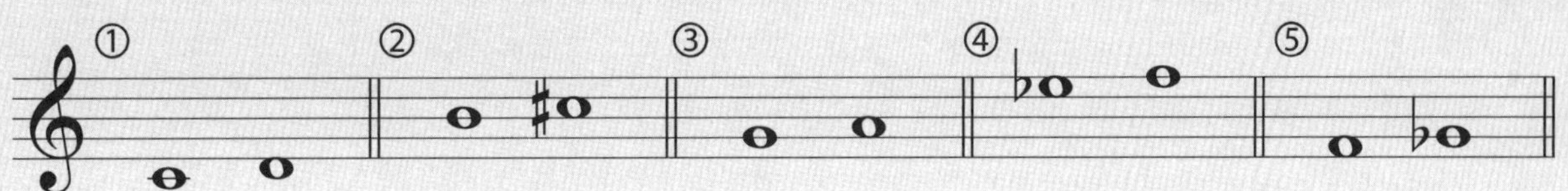

3. 다음 조표를 보고 장조(Major) 으뜸음을 그리고 조성(Key)을 아래 써보세요.

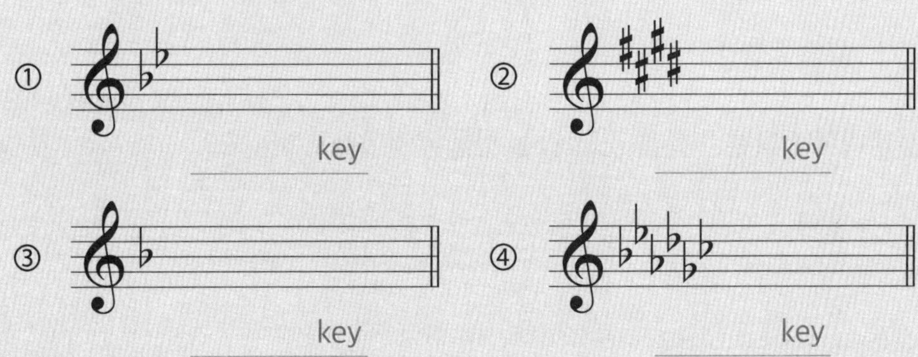

4. 다음 음이 으뜸음이 되는 단조의 조표를 그려보세요.

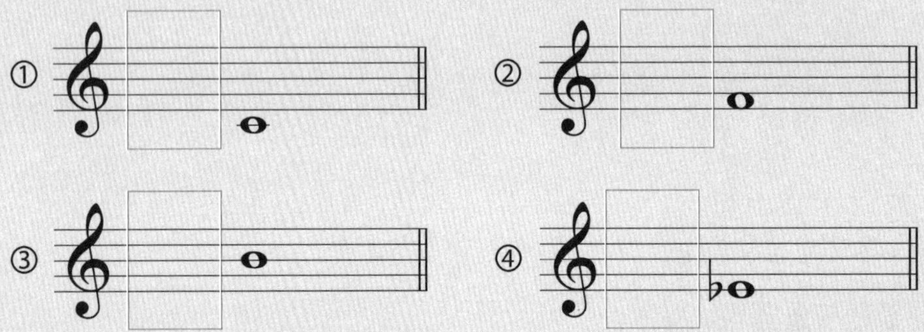

5. F Major Key의 나란한조는 무엇인지 골라보세요.

① A minor ② D minor ③ A♭ Major ④ F minor

6. 다음 주어진 멜로디를 완전 4도 높여서 조옮김 해보세요.

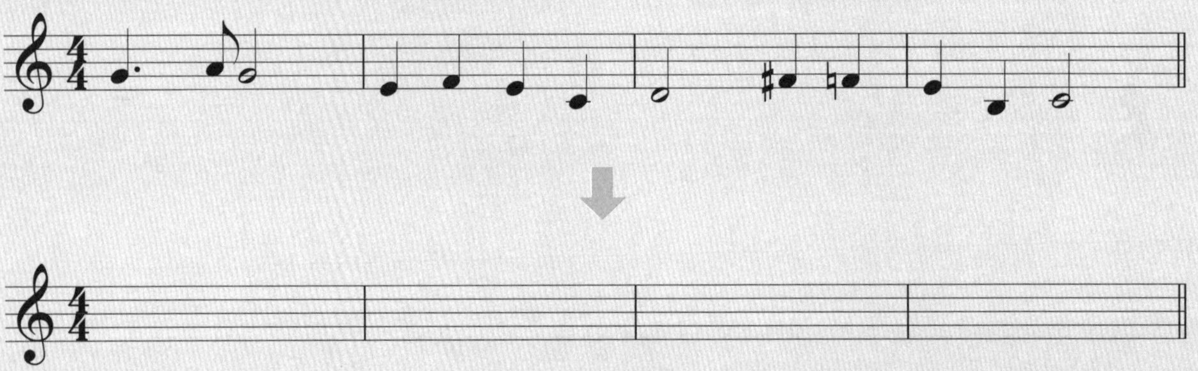

7. 같은 소리가 나는 음이지만 다른 이름을 갖고 있는 것을 무엇이라고 하나요?

8. 주어진 음 위로 제시된 음정이 되도록 그려보세요.

A) 완전5도　　B) 단2도　　C) 장6도　　D) 증4도

9. 주어진 음 아래로 제시된 음정이 되도록 그려보세요.

A) 단7도　　B) 장3도　　C) 감5도　　D) 단3도

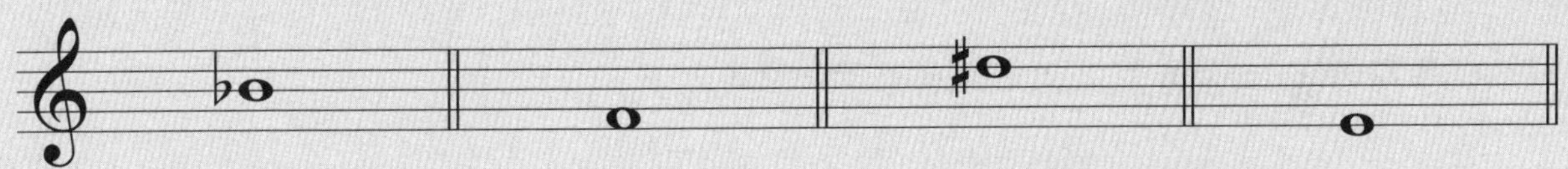

10. 다음 주어진 음들의 음정을 구해보세요.

A)　　B)　　C)　　D)

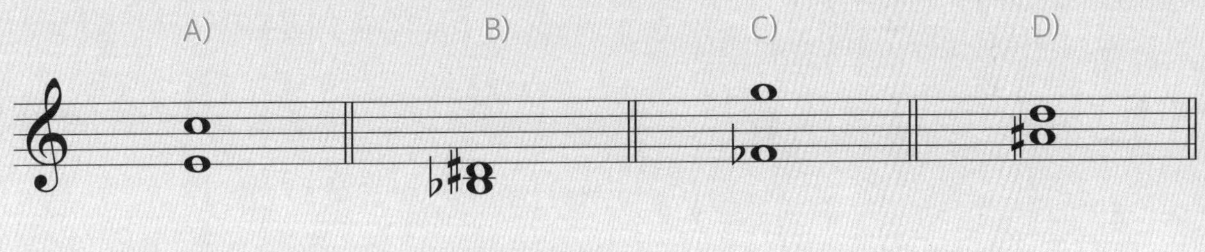

11. 다음 주어진 음들의 음정을 구해보세요.

A)　　B)　　C)　　D)

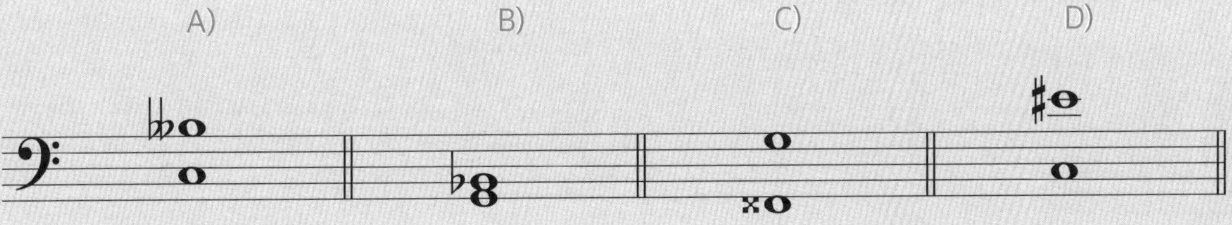

12. 다음 주어진 코드를 보고 3화음을 그려보세요.

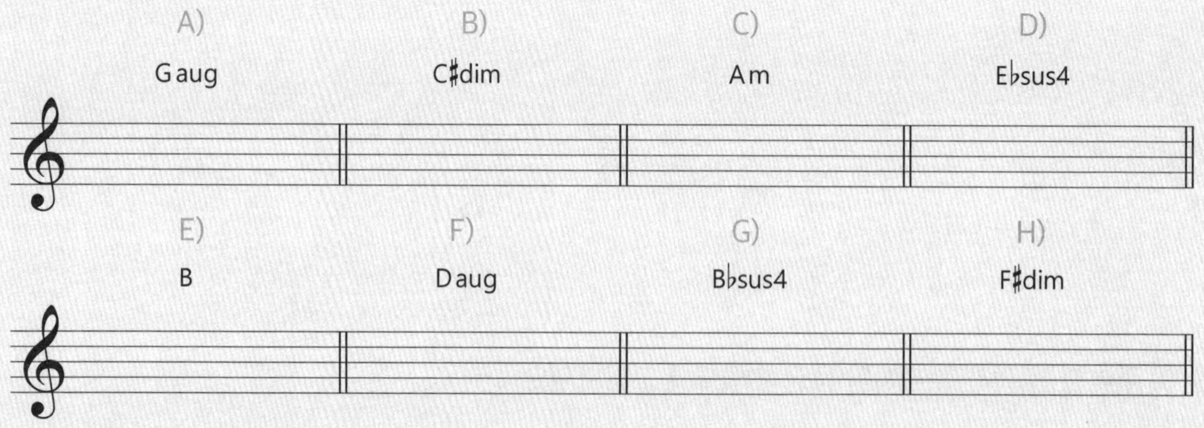

13. 다음 주어진 3화음을 보고 코드 이름을 적어보세요.

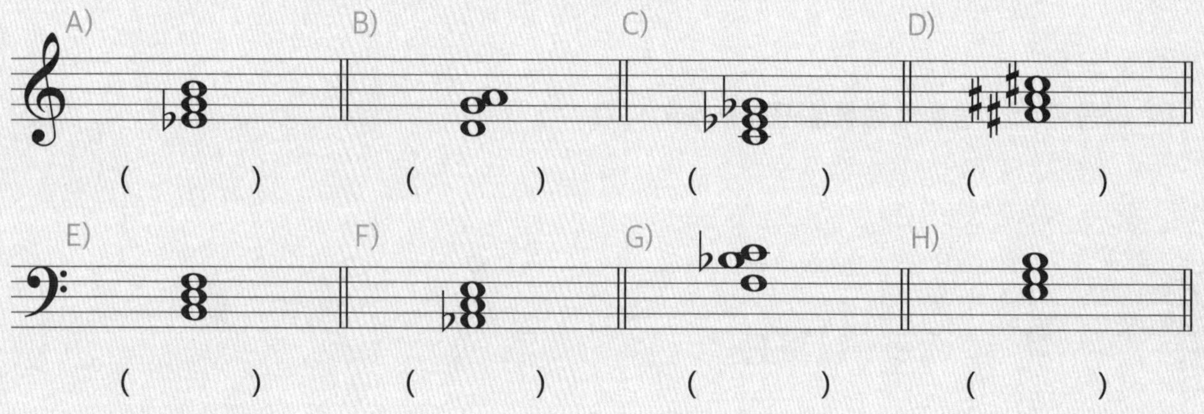

14. 다음 주어진 전위코드를 보고 3화음을 그려보세요.

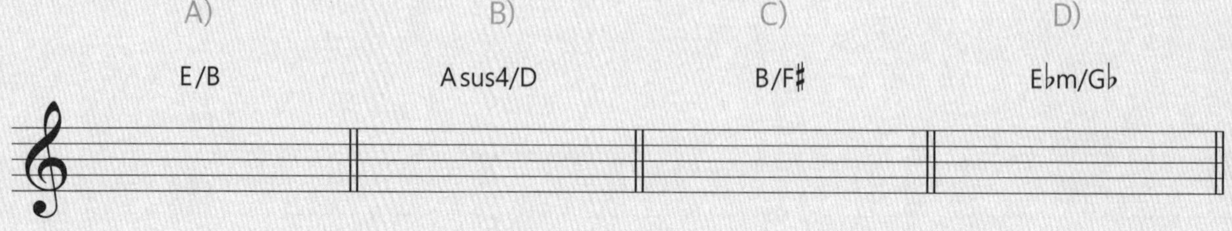

15. 다음 주어진 코드를 보고 7화음의 구성음을 그려보세요.

16. 다음 주어진 7화음을 보고 코드의 이름을 적어보세요.

17. 다음 주어진 전위코드를 보고 7화음을 그려보세요.

D7/C　　A♭dim7/C♭　　E7sus4/B　　B♭M7/A

18. A Major scale을 적어보세요. (임시표를 사용해서 그려보세요)

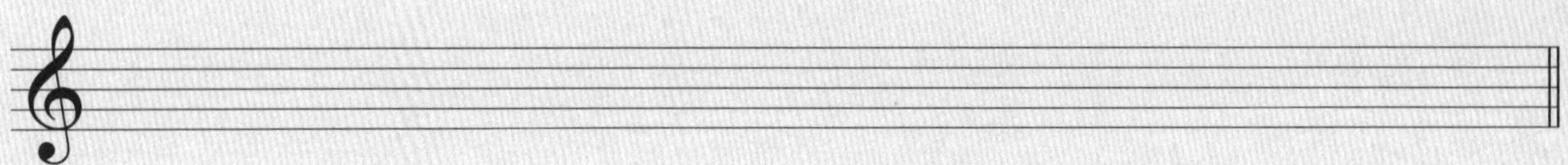

19. E♭ Melodic minor scale 상행을 적어보세요. (임시표를 사용해서 그려보세요)

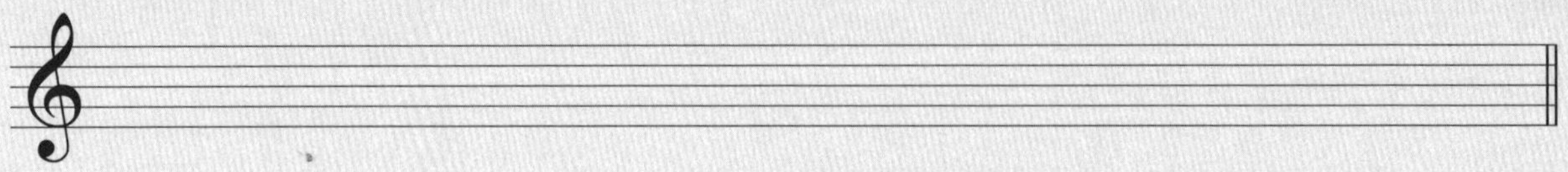

20. 다음 보기의 스케일 이름은 무엇인가요? ______________

21. F를 두 번째 음으로 하는 Natural Minor Scale(자연단음계)를 그리고, 스케일 이름도 적어보세요.
(임시표를 사용해서 그려보세요)

____

22. 다음 조표에 맞는 메이저 다이아토닉 코드들을 그려 넣어보세요.

(3화음 코드들을 그려 넣고 위에 각 코드의 이름도 기입해 보세요)

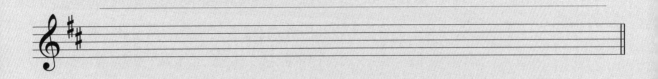

23. B♭ Harmonic minor 다이아토닉 코드에서 3번째 코드는 무엇입니까?

24. G Natural minor 3화음 다이아토닉이 아닌 것을 골라보세요.

① Adim ② E ③ B♭ ④ F

— 수고하셨습니다 —

7화음 다이아토닉 코드(Diatonic Seventh Chords)

3화음 다이아토닉 코드에서 언급했듯이, 다이아토닉 코드는 특정 조성(key)에서 만들어진 코드들이며, 기본적으로 메이저 스케일 또는 마이너 스케일을 기반으로 형성됩니다.
7화음 다이아토닉 코드란 스케일 내의 음들에 대해, 3도 간격으로 4개의 음을 쌓아올린 코드를 의미합니다.

A. 메이저(Major) 7화음 다이아토닉 코드

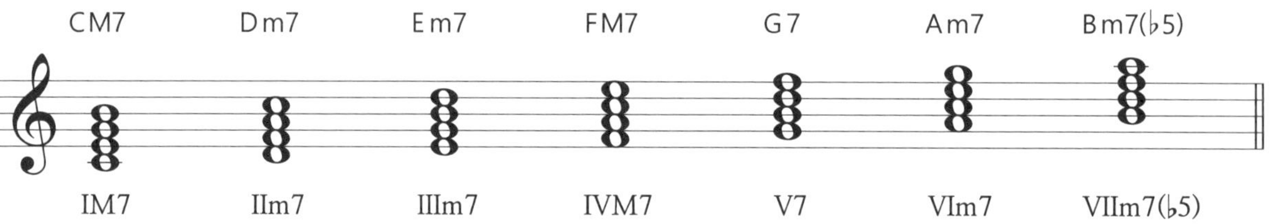

첫 번째부터 일곱 번째 음까지를 각 시작점으로 하여 일정한 순서를 가지고 화음이 만들어집니다. 각 코드를 보면 일정한 순서를 가지고 만들어져있습니다. 이 일정한 규칙들을 도수라고 부르며 로마숫자로 표기합니다.

*첫 번째 코드(IM7), 네 번째 코드(IVM7): Major 7th Chord(메이저 7 코드)
*두 번째 코드(IIm7), 세 번째 코드(IIIm7), 여섯 번째 코드(VIm7): Minor 7th Chord(마이너 7 코드)
*다섯 번째 코드(V7): Dominant 7th Chord(도미넌트 7 코드)
*일곱 번째 코드(VIIm7(♭5)): Minor♭5 Chord(마이너 세븐 플랫 파이브 코드)입니다.

도수의 규칙은 조성이 바뀌어도 달라지지 않으니 꼭 암기해 주세요(12 key 동일).
단 조성에 따라 조표에 해당하는 으뜸음 표기에 주의하세요.

F Key의 7화음 Diatonic Chord

FM7
Gm7
Am7
B♭M7
C7
Dm7
Em7(♭5)
IM7
IIm7
IIIm7
IVM7
V7
VIm7
VIIm7(♭5)

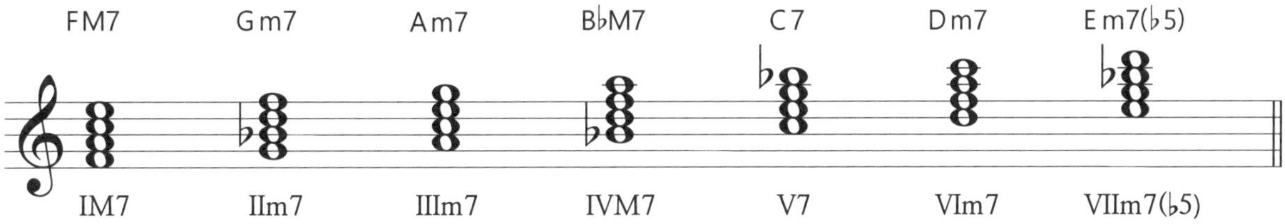

B♭ Key의 7화음 Diatonic Chord

B♭M7
Cm7
Dm7
E♭M7
F7
Gm7
Am7(♭5)
IM7
IIm7
IIIm7
IVM7
V7
VIm7
VIIm7(♭5)

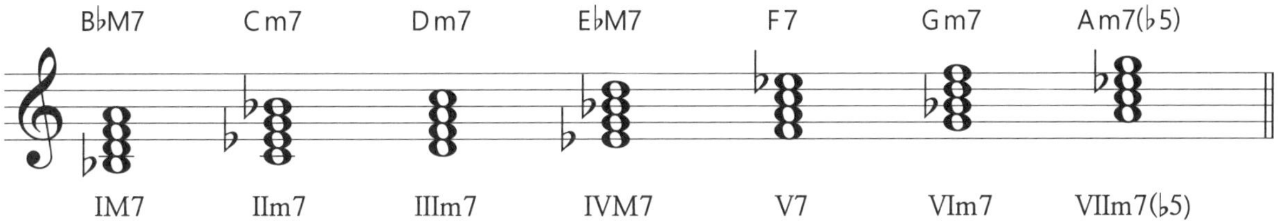

E♭ Key의 7화음 Diatonic Chord

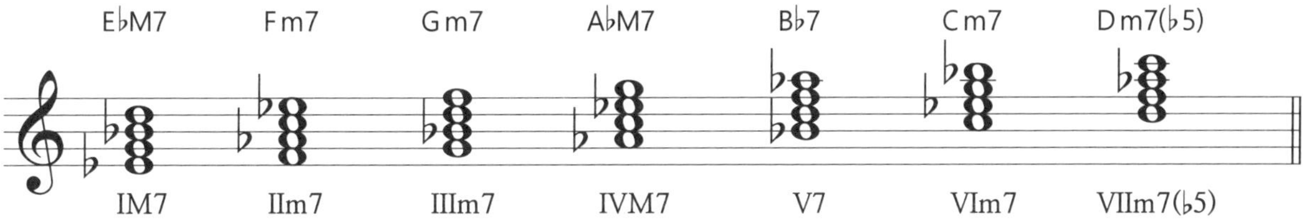

E♭M7
Fm7
Gm7
A♭M7
B♭7
Cm7
Dm7(♭5)
IM7
IIm7
IIIm7
IVM7
V7
VIm7
VIIm7(♭5)

A♭ Key의 7화음 Diatonic Chord

A♭M7
B♭m7
Cm7
D♭M7
E♭7
Fm7
Gm7(♭5)
IM7
IIm7
IIIm7
IVM7
V7
VIm7
VIIm7(♭5)

D♭ Key의 7화음 Diatonic Chord

D♭M7
E♭m7
Fm7
G♭M7
A♭7
B♭m7
Cm7(♭5)
IM7
IIm7
IIIm7
IVM7
V7
VIm7
VIIm7(♭5)

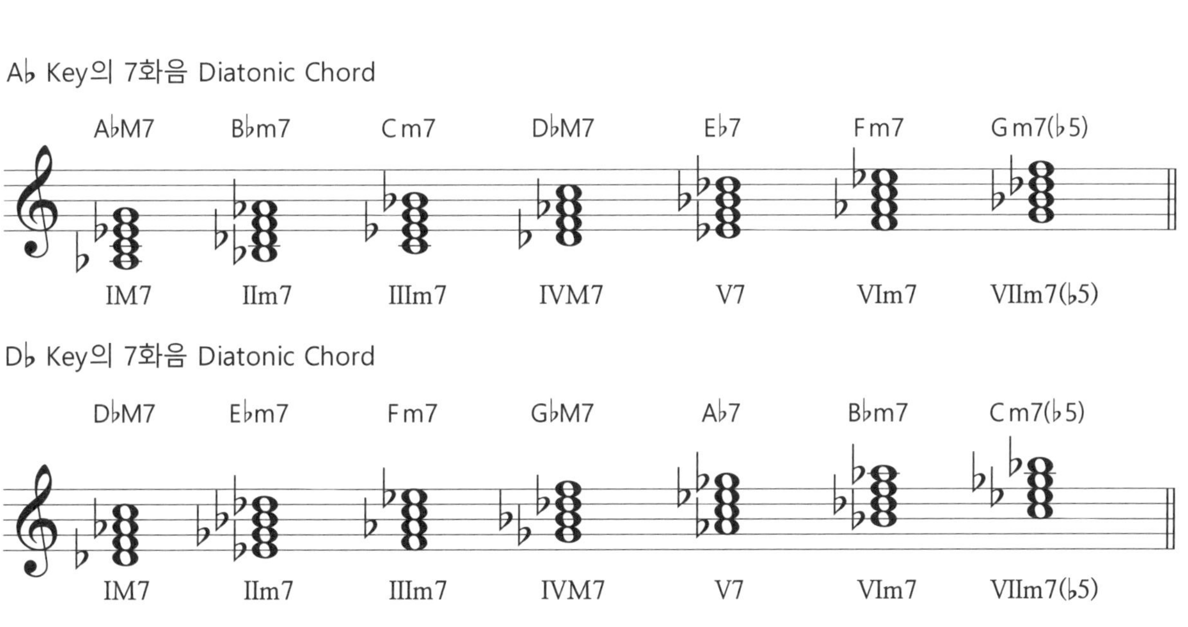

G♭ Key의 7화음 Diatonic Chord

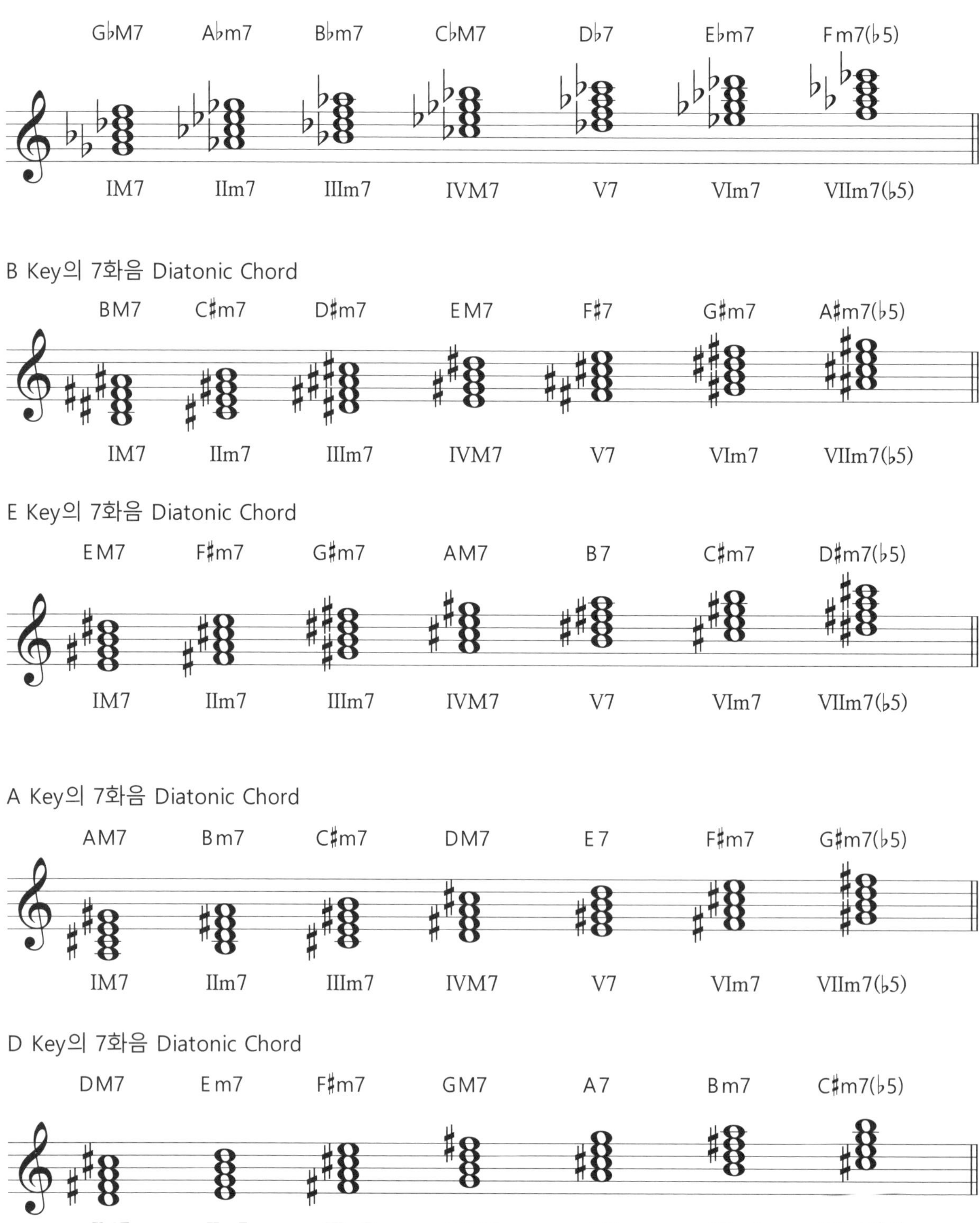
G♭M7 A♭m7 B♭m7 C♭M7 D♭7 E♭m7 Fm7(♭5)
IM7 IIm7 IIIm7 IVM7 V7 VIm7 VIIm7(♭5)
B Key의 7화음 Diatonic Chord
BM7 C♯m7 D♯m7 EM7 F♯7 G♯m7 A♯m7(♭5)
IM7 IIm7 IIIm7 IVM7 V7 VIm7 VIIm7(♭5)
E Key의 7화음 Diatonic Chord
EM7 F♯m7 G♯m7 AM7 B7 C♯m7 D♯m7(♭5)
IM7 IIm7 IIIm7 IVM7 V7 VIm7 VIIm7(♭5)
A Key의 7화음 Diatonic Chord
AM7 Bm7 C♯m7 DM7 E7 F♯m7 G♯m7(♭5)
IM7 IIm7 IIIm7 IVM7 V7 VIm7 VIIm7(♭5)
D Key의 7화음 Diatonic Chord
DM7 Em7 F♯m7 GM7 A7 Bm7 C♯m7(♭5)
IM7 IIm7 IIIm7 IVM7 V7 VIm7 VIIm7(♭5)

G Key의 7화음 Diatonic Chord

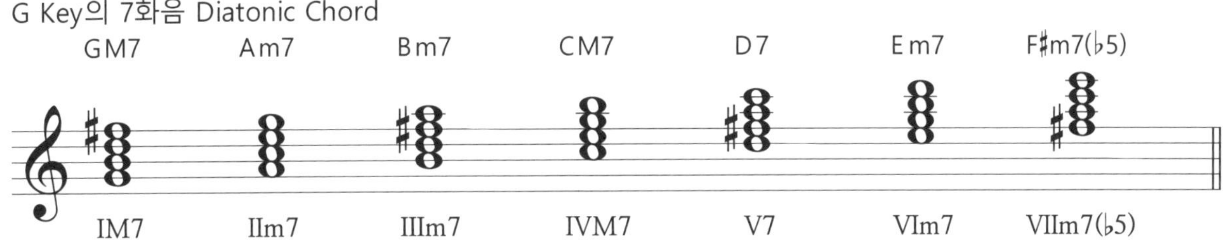

마이너(Minor) 7화음 다이아토닉 코드

week 8에서 배운 마이너(Minor) 3화음 다이아토닉 코드, 잘 기억하고 계시지요? 마이너 다이아토닉 코드에서 3도 간격으로 음 하나가 추가되어 4화음이 되면, 마이너 7화음 다이아토닉 코드가 됩니다. 단음계 스케일은 자연단음계(Natural minor scale), 화성단음계(Harmonic minor scale), 가락단음계(melodic minor scale) 총 3가지로 나누어집니다. 이러한 이유로 마이너 7화음 다이아토닉 코드도 3가지 종류로 나누어집니다.

B. Natural Minor(자연 단음계) 7화음 다이아토닉 코드

–자연단음계 스케일을 먼저 적습니다.

–스케일의 각 음을 루트로 하여 3도 간격으로 음을 쌓아 올려줍니다.

–자연단음계에 포함된 음들로만 사용하여 코드를 만들어줘야 합니다.

C Natural minor 7화음 Diatonic Chord

Cm7	Dm7(♭5)	E♭M7	Fm7	Gm7	A♭M7	B♭7
Im7	IIm7(♭5)	♭IIIM7	IVm7	Vm7	♭VIM7	♭VII7

F Natural minor 7화음 Diatonic Chord

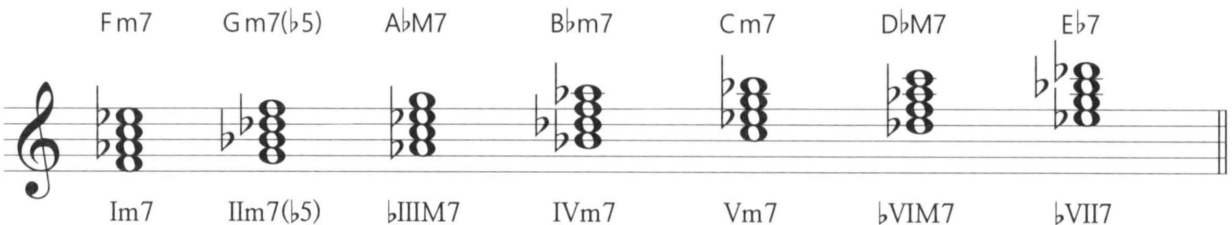

B♭ Natural minor 7화음 Diatonic Chord

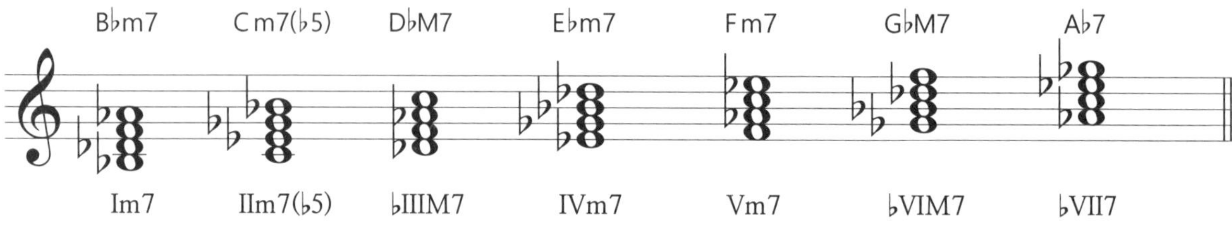

E♭ Natural minor 7화음 Diatonic Chord

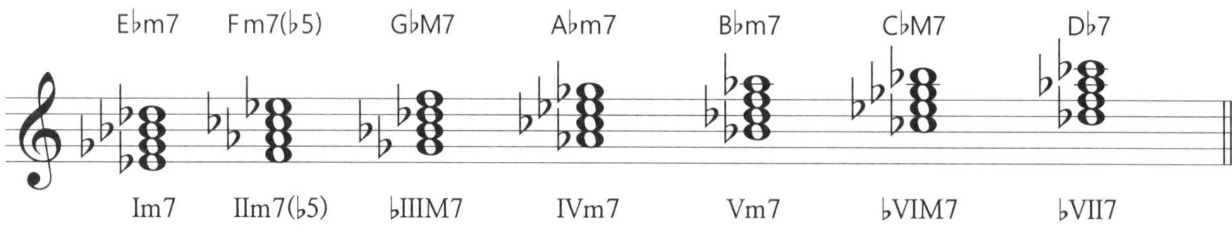

A♭ Natural minor 7화음 Diatonic Chord

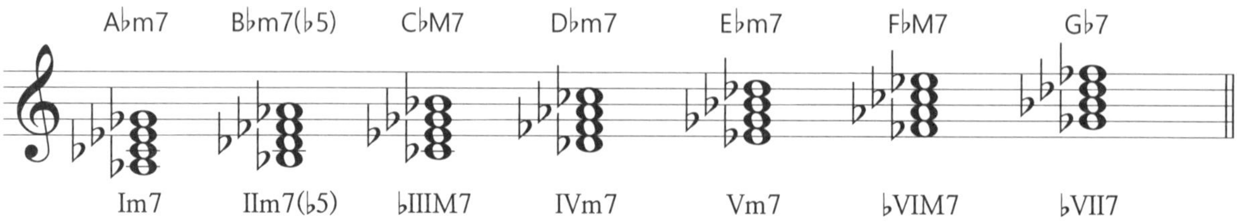

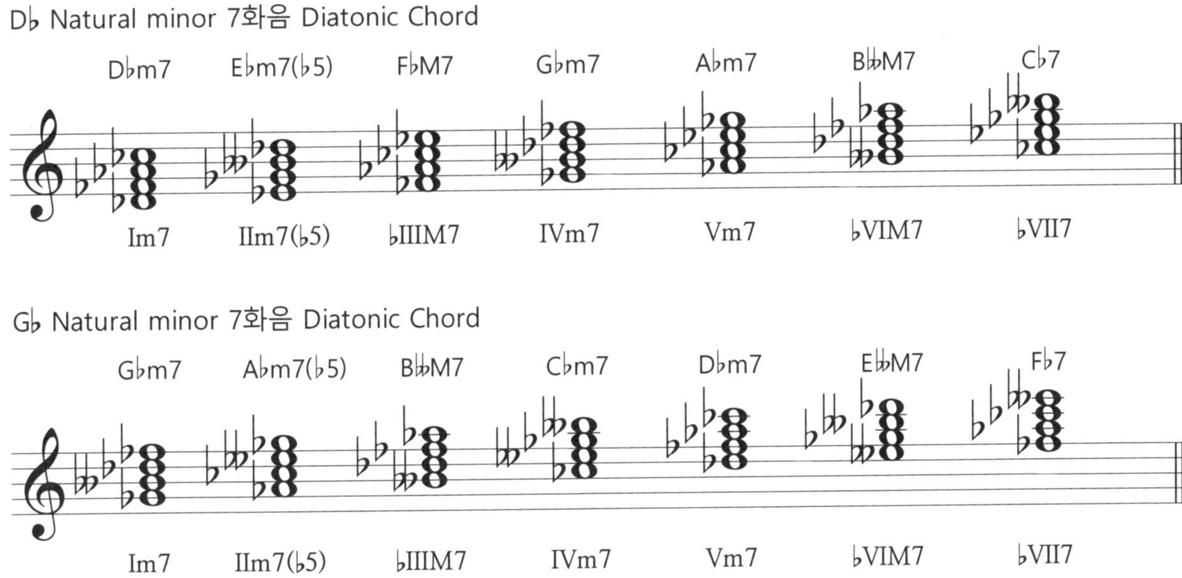

G♭ key 자체가 플랫이 많다 보니 Natural minor scale일 경우 그 위로 화음을 쌓으면 더블플랫이 많이 붙게 됩니다. 여기서 많은 분들이 어려움을 느낄 수 있고 보기에도 복잡하지만 이론적으로 봤을 때 이렇게 표기해 주는 것이 올바르므로 실수 없이 표기해 주세요.

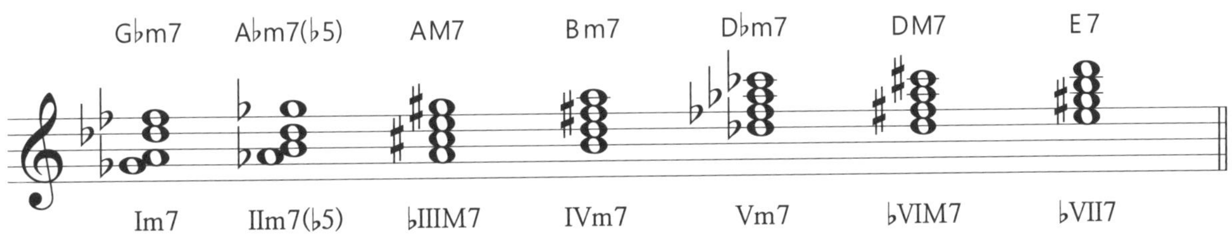

위의 예시는 여러분들의 빠른 이해를 돕기 위하여 보기 쉽게 이명동음을 이용해 표기하였습니다. 하지만 앞서 말했듯이 화성학에서의 표기는 더블 플랫들을 붙여줘야 올바른 표기라는 점 잊지 말아 주세요!

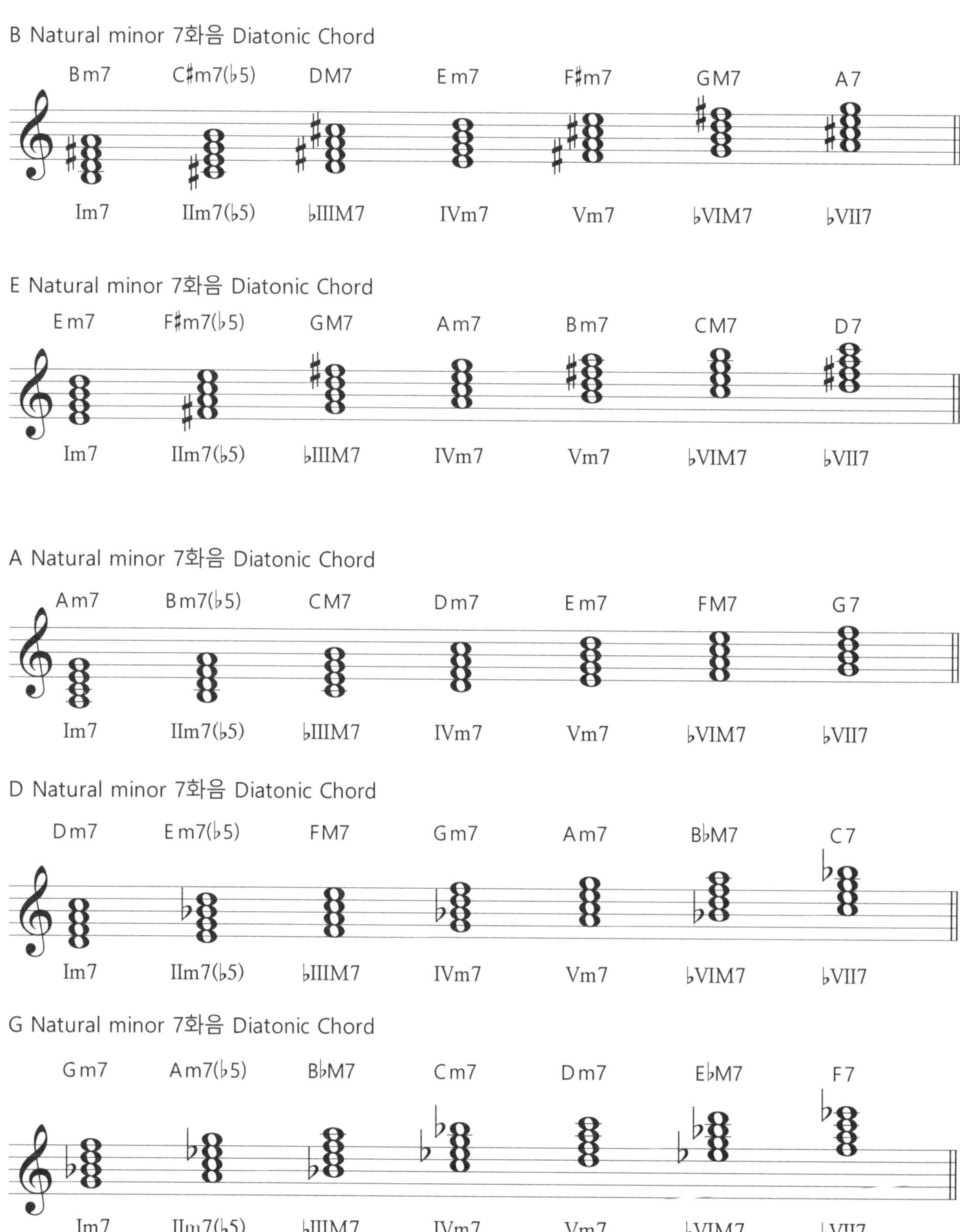
B Natural minor 7화음 Diatonic Chord
Bm7 C♯m7(♭5) DM7 Em7 F♯m7 GM7 A7
Im7 IIm7(♭5) ♭IIIM7 IVm7 Vm7 ♭VIM7 ♭VII7
E Natural minor 7화음 Diatonic Chord
Em7 F♯m7(♭5) GM7 Am7 Bm7 CM7 D7
Im7 IIm7(♭5) ♭IIIM7 IVm7 Vm7 ♭VIM7 ♭VII7
A Natural minor 7화음 Diatonic Chord
Am7 Bm7(♭5) CM7 Dm7 Em7 FM7 G7
Im7 IIm7(♭5) ♭IIIM7 IVm7 Vm7 ♭VIM7 ♭VII7
D Natural minor 7화음 Diatonic Chord
Dm7 Em7(♭5) FM7 Gm7 Am7 B♭M7 C7
Im7 IIm7(♭5) ♭IIIM7 IVm7 Vm7 ♭VIM7 ♭VII7
G Natural minor 7화음 Diatonic Chord
Gm7 Am7(♭5) B♭M7 Cm7 Dm7 E♭M7 F7
Im7 IIm7(♭5) ♭IIIM7 IVm7 Vm7 ♭VIM7 ♭VII7

C. Harmonic Minor(화성 단음계) 7화음 다이아토닉 코드

–화성단음계 스케일을 먼저 적습니다.

–스케일의 각 음을 루트로 하여 3도 간격으로 음을 쌓아 올려줍니다.

–화성단음계에 포함된 음들로만 사용하여 코드를 만들어줘야 합니다.

C Harmonic minor 7화음 Diatonic Chord

CmM7	Dm7(♭5)	E♭augM7	Fm7	G7	A♭M7	Bdim7
ImM7	IIm7(♭5)	♭IIIaugM7	IVm7	V7	♭VIM7	VIIdim7

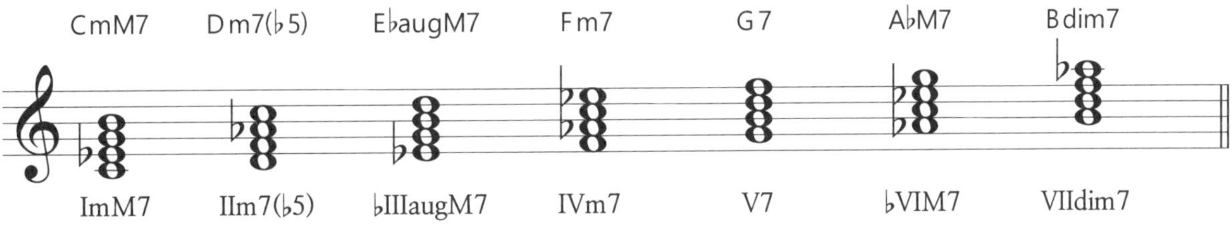

F Harmonic minor 7화음 Diatonic Chord

FmM7	Gm7(♭5)	A♭augM7	B♭m7	C7	D♭M7	Edim7
ImM7	IIm7(♭5)	♭IIIaugM7	IVm7	V7	♭VIM7	VIIdim7

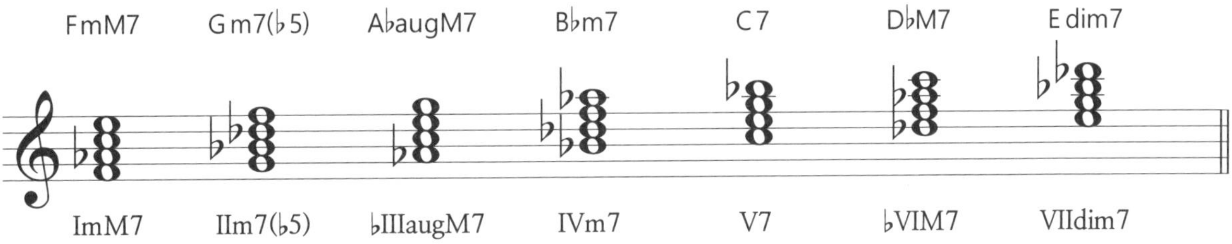

B♭ Harmonic minor 7화음 Diatonic Chord

B♭mM7	Cm7(♭5)	D♭augM7	E♭m7	F7	G♭M7	Adim7
ImM7	IIm7(♭5)	♭IIIaugM7	IVm7	V7	♭VIM7	VIIdim7

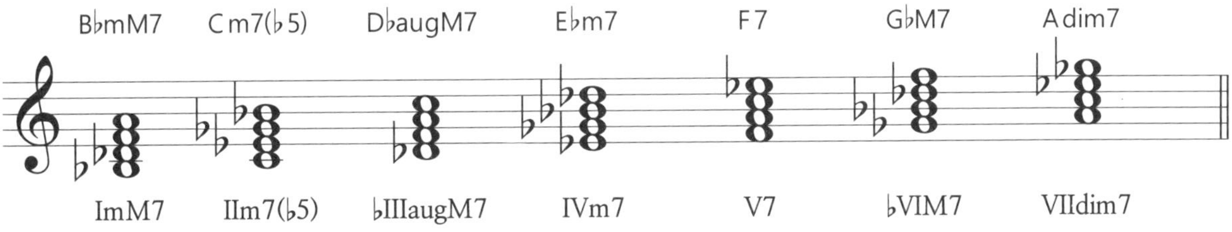

E♭ Harmonic minor 7화음 Diatonic Chord

E♭mM7	Fm7(♭5)	G♭augM7	A♭m7	B♭7	C♭M7	Ddim7
ImM7	IIm7(♭5)	♭IIIaugM7	IVm7	V7	♭VIM7	VIIdim7

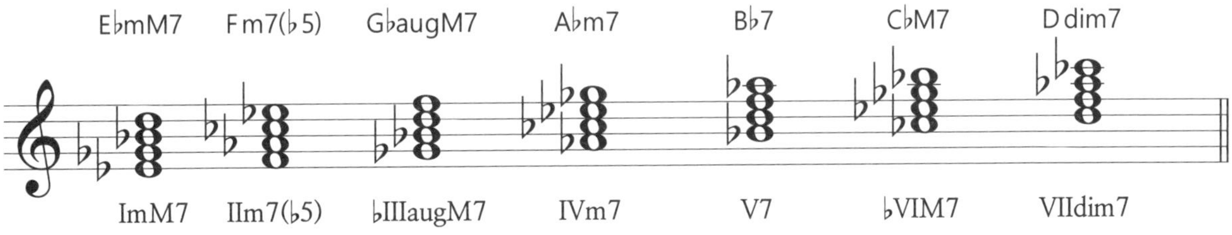

A♭ Harmonic minor 7화음 Diatonic Chord

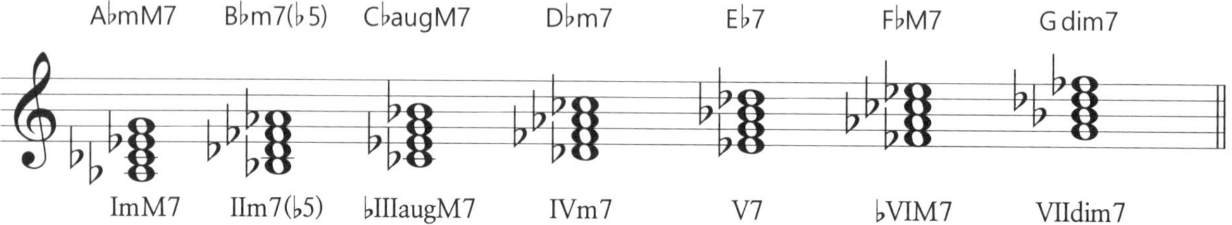

D♭ Harmonic minor 7화음 Diatonic Chord

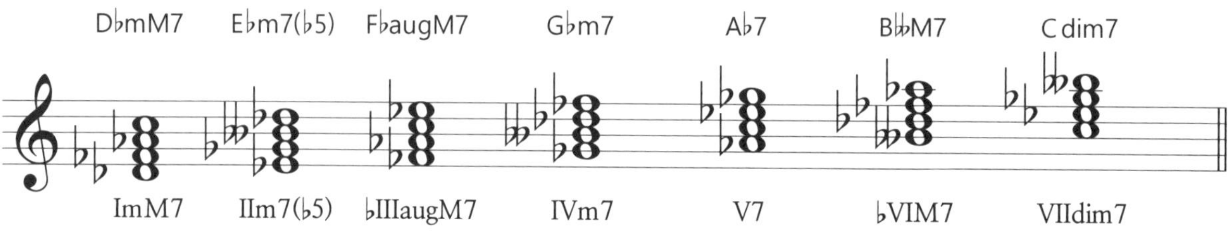

G♭ Harmonic minor 7화음 Diatonic Chord

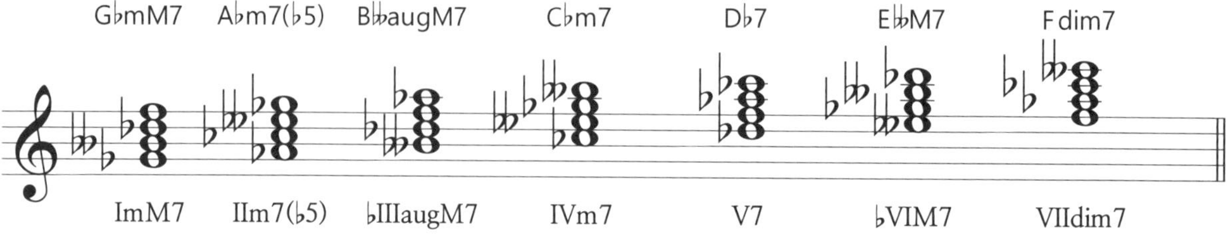

다음 예시는 여러분들의 빠른 이해를 돕기 위하여 보기 쉽게 더블플랫들을 빼고 이명동음을 이용해 표기하였습니다. 하지만 앞서 말했듯이 화성학에서의 표기는 위의 예시로 해주어야 올바른 표기라는 점 잊지 말아 주세요!

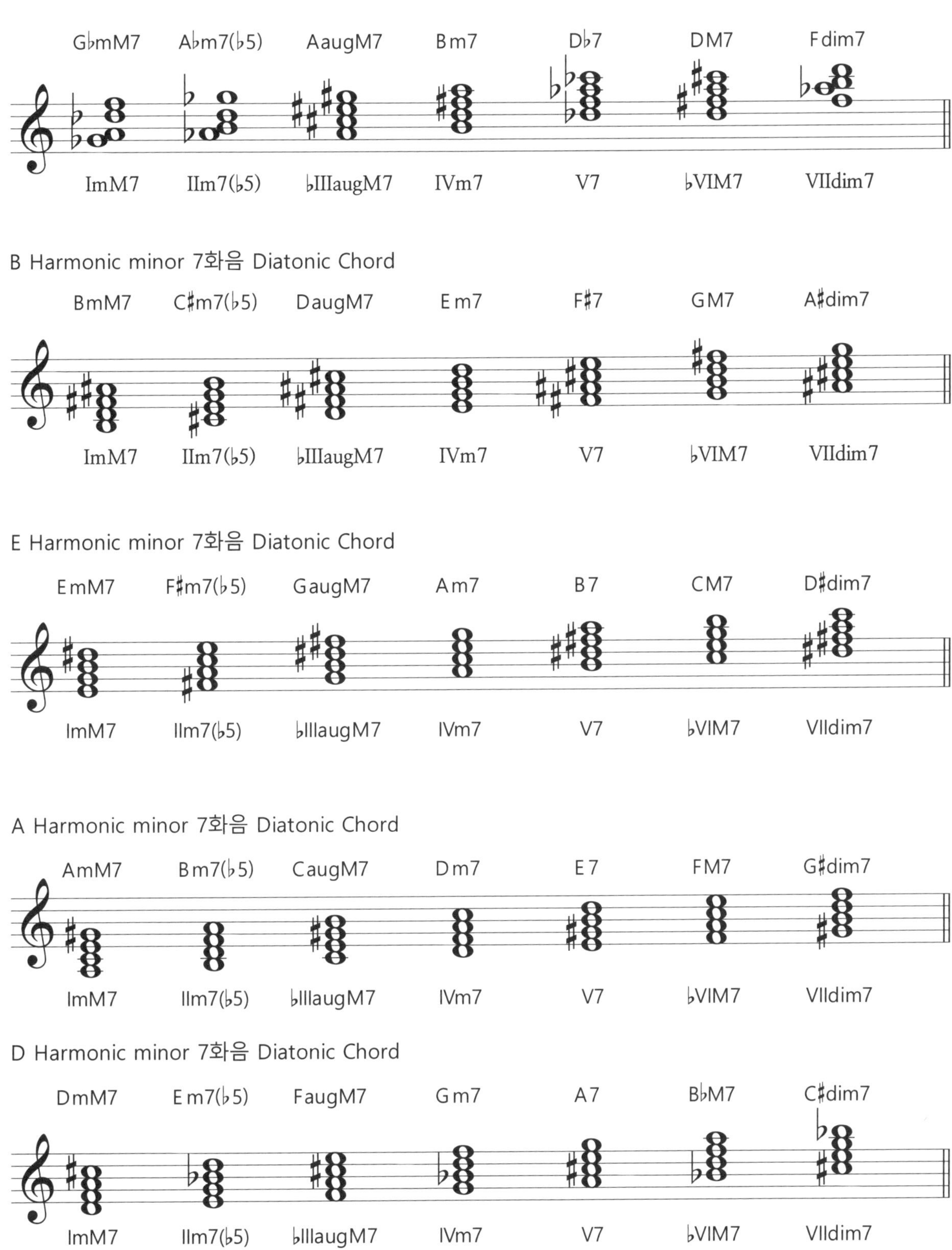
G♭mM7 A♭m7(♭5) AaugM7 Bm7 D♭7 DM7 Fdim7
ImM7 IIm7(♭5) ♭IIIaugM7 IVm7 V7 ♭VIM7 VIIdim7
B Harmonic minor 7화음 Diatonic Chord
BmM7 C♯m7(♭5) DaugM7 Em7 F♯7 GM7 A♯dim7
ImM7 IIm7(♭5) ♭IIIaugM7 IVm7 V7 ♭VIM7 VIIdim7
E Harmonic minor 7화음 Diatonic Chord
EmM7 F♯m7(♭5) GaugM7 Am7 B7 CM7 D♯dim7
ImM7 IIm7(♭5) ♭IIIaugM7 IVm7 V7 ♭VIM7 VIIdim7
A Harmonic minor 7화음 Diatonic Chord
AmM7 Bm7(♭5) CaugM7 Dm7 E7 FM7 G♯dim7
ImM7 IIm7(♭5) ♭IIIaugM7 IVm7 V7 ♭VIM7 VIIdim7
D Harmonic minor 7화음 Diatonic Chord
DmM7 Em7(♭5) FaugM7 Gm7 A7 B♭M7 C♯dim7
ImM7 IIm7(♭5) ♭IIIaugM7 IVm7 V7 ♭VIM7 VIIdim7

G Harmonic minor 7화음 Diatonic Chord

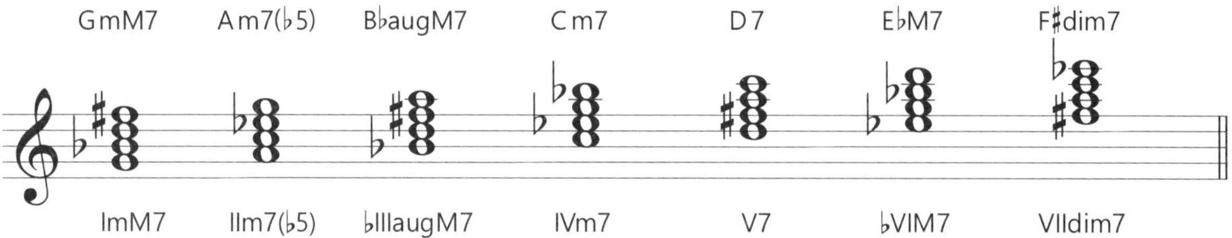

D. Melodic Minor(가락 단음계) 7화음 다이아토닉 코드

-가락단음계 스케일을 먼저 적습니다.

-스케일의 각 음을 루트로 하여 3도 간격으로 음을 쌓아 올려줍니다.

-가락단음계에 포함된 음들로만 사용하여 코드를 만들어줘야 합니다.

C Melodic minor 7화음 Diatonic Chord

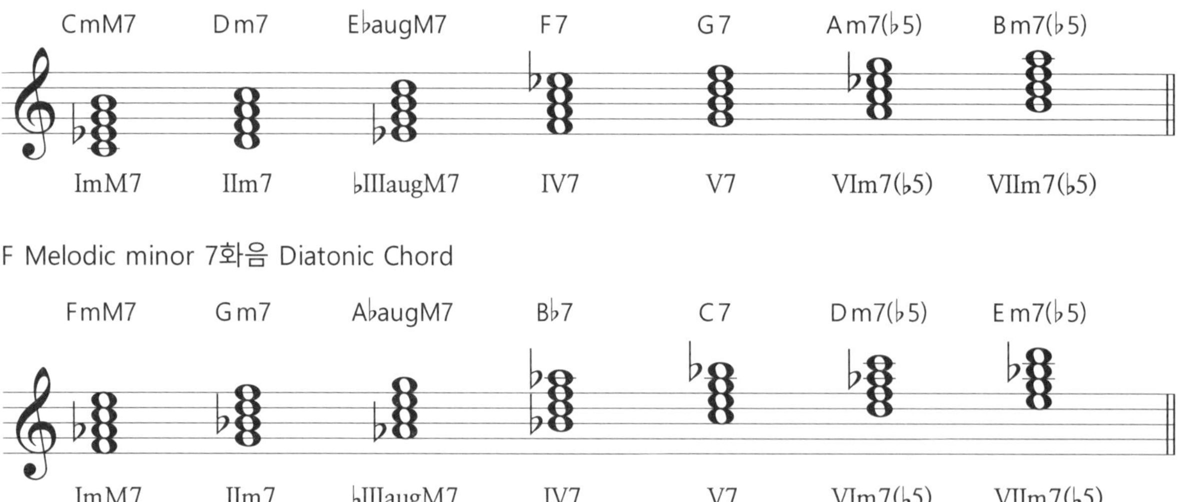

B♭ Melodic minor 7화음 Diatonic Chord

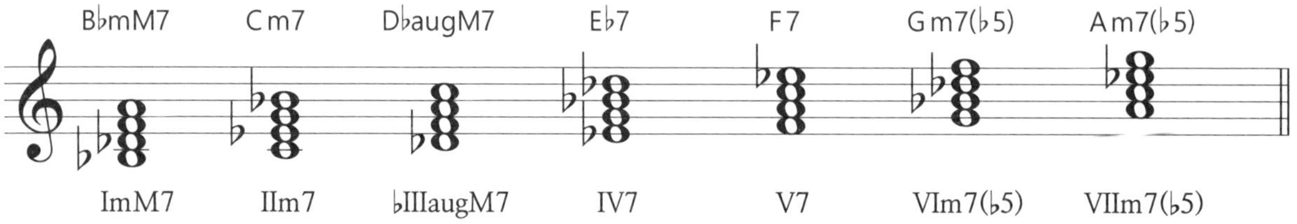

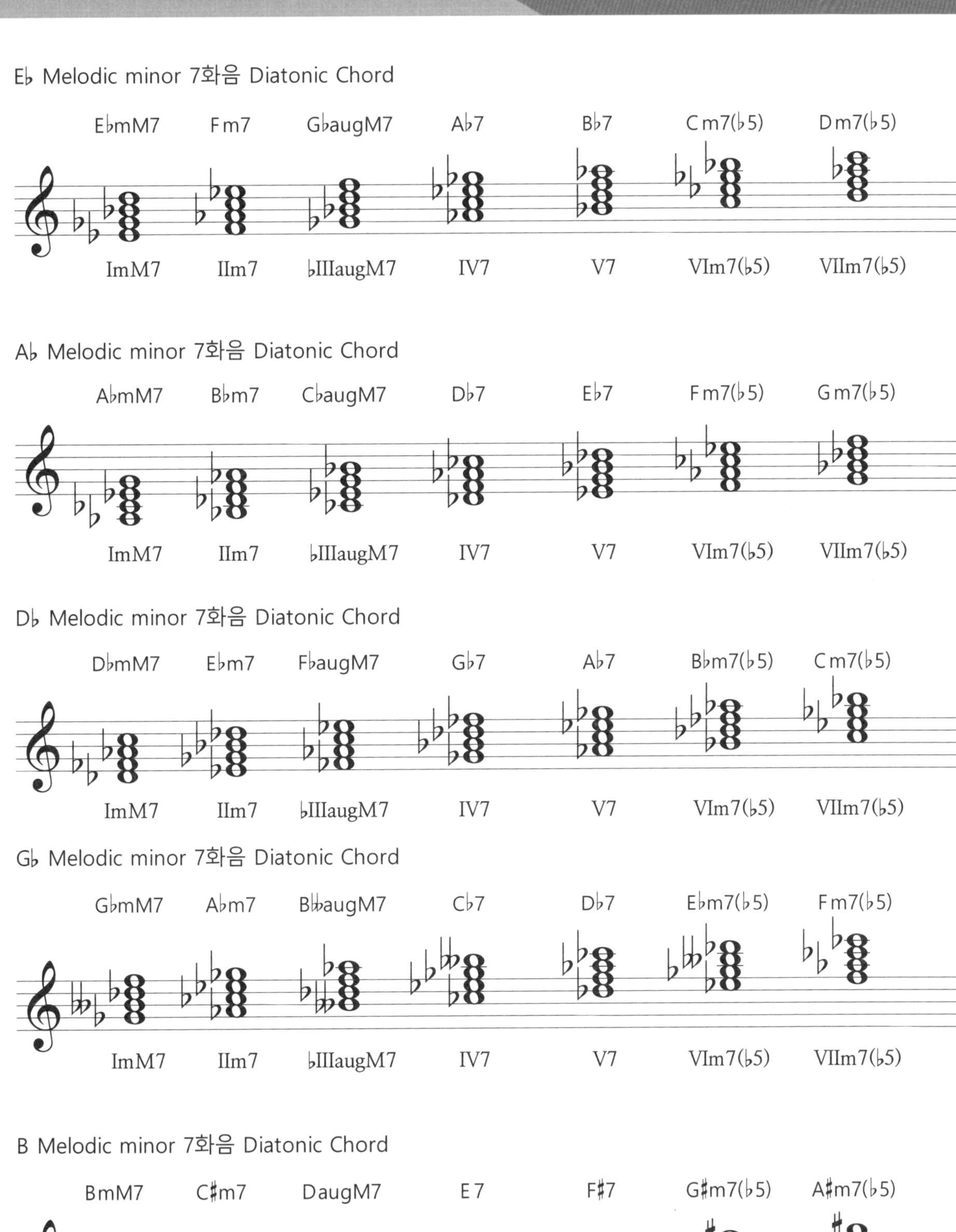
E♭ Melodic minor 7화음 Diatonic Chord
E♭mM7 Fm7 G♭augM7 A♭7 B♭7 Cm7(♭5) Dm7(♭5)
ImM7 IIm7 ♭IIIaugM7 IV7 V7 VIm7(♭5) VIIm7(♭5)
A♭ Melodic minor 7화음 Diatonic Chord
A♭mM7 B♭m7 C♭augM7 D♭7 E♭7 Fm7(♭5) Gm7(♭5)
ImM7 IIm7 ♭IIIaugM7 IV7 V7 VIm7(♭5) VIIm7(♭5)
D♭ Melodic minor 7화음 Diatonic Chord
D♭mM7 E♭m7 F♭augM7 G♭7 A♭7 B♭m7(♭5) Cm7(♭5)
ImM7 IIm7 ♭IIIaugM7 IV7 V7 VIm7(♭5) VIIm7(♭5)
G♭ Melodic minor 7화음 Diatonic Chord
G♭mM7 A♭m7 B𝄫augM7 C♭7 D♭7 E♭m7(♭5) Fm7(♭5)
ImM7 IIm7 ♭IIIaugM7 IV7 V7 VIm7(♭5) VIIm7(♭5)
B Melodic minor 7화음 Diatonic Chord
BmM7 C♯m7 DaugM7 E7 F♯7 G♯m7(♭5) A♯m7(♭5)
ImM7 IIm7 ♭IIIaugM7 IV7 V7 VIm7(♭5) VIIm7(♭5)

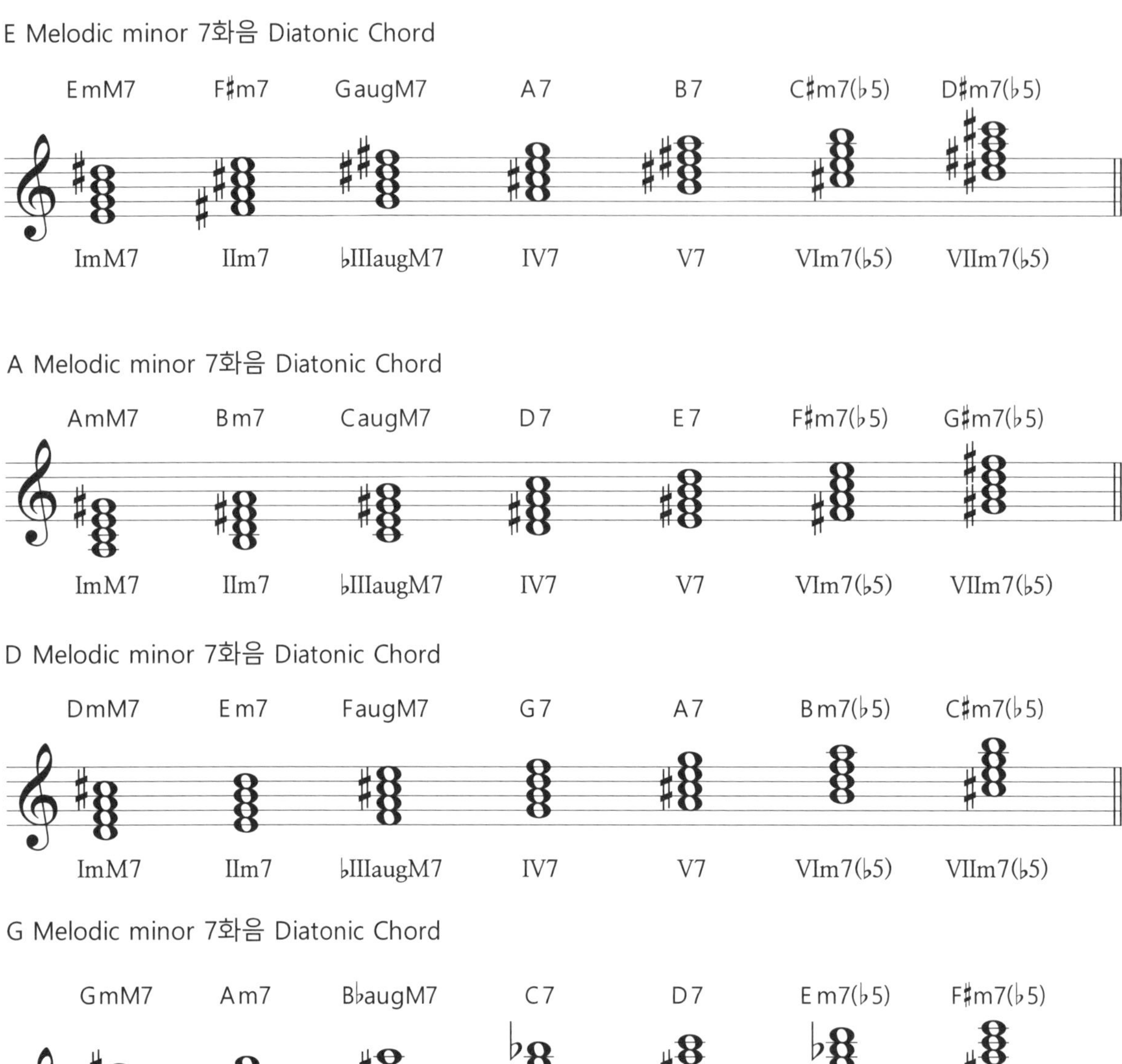
E Melodic minor 7화음 Diatonic Chord
EmM7 F♯m7 GaugM7 A7 B7 C♯m7(♭5) D♯m7(♭5)
ImM7 IIm7 ♭IIIaugM7 IV7 V7 VIm7(♭5) VIIm7(♭5)
A Melodic minor 7화음 Diatonic Chord
AmM7 Bm7 CaugM7 D7 E7 F♯m7(♭5) G♯m7(♭5)
ImM7 IIm7 ♭IIIaugM7 IV7 V7 VIm7(♭5) VIIm7(♭5)
D Melodic minor 7화음 Diatonic Chord
DmM7 Em7 FaugM7 G7 A7 Bm7(♭5) C♯m7(♭5)
ImM7 IIm7 ♭IIIaugM7 IV7 V7 VIm7(♭5) VIIm7(♭5)
G Melodic minor 7화음 Diatonic Chord
GmM7 Am7 B♭augM7 C7 D7 Em7(♭5) F♯m7(♭5)
ImM7 IIm7 ♭IIIaugM7 IV7 V7 VIm7(♭5) VIIm7(♭5)

E. 연습문제

1. 아래 예시와 같이 마이너(Minor) 7화음 다이아토닉 코드와 로마숫자를 그려보세요.

(임시표를 이용해서 그려보세요).

EX) C Harmonic minor 7화음 다이아토닉 코드

C Harmonic minor 7화음 Diatonic Chord

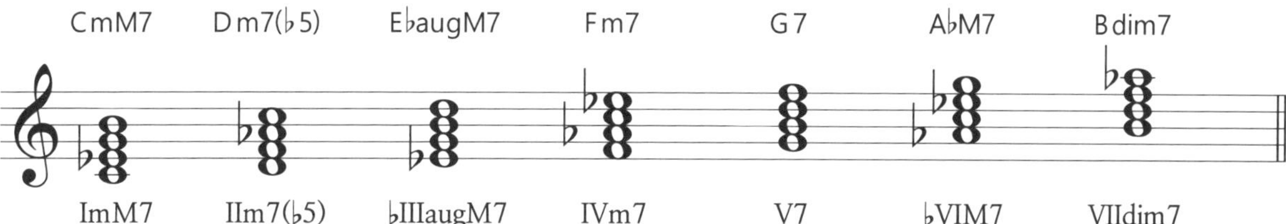

1-1) G Natural minor 7화음 다이아토닉 코드

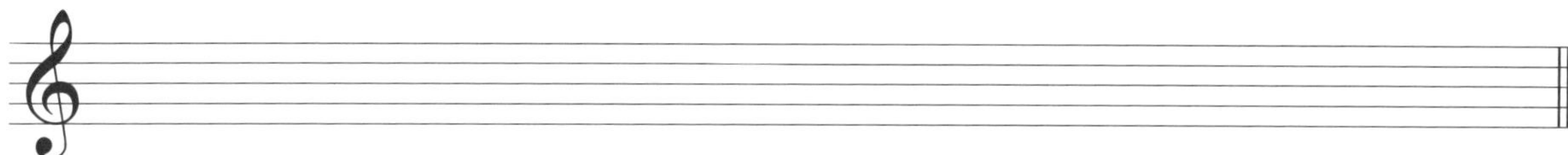

1-2) B♭ Harmonic minor 7화음 다이아토닉 코드

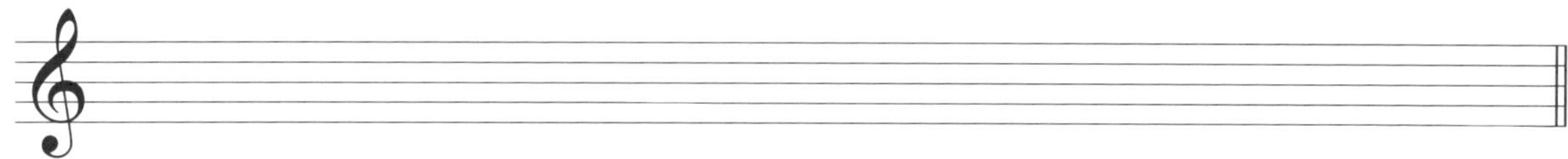

1-3) D Melodic minor 7화음 다이아토닉 코드 (상행)

1-4) F Harmonic minor 7화음 다이아토닉 코드

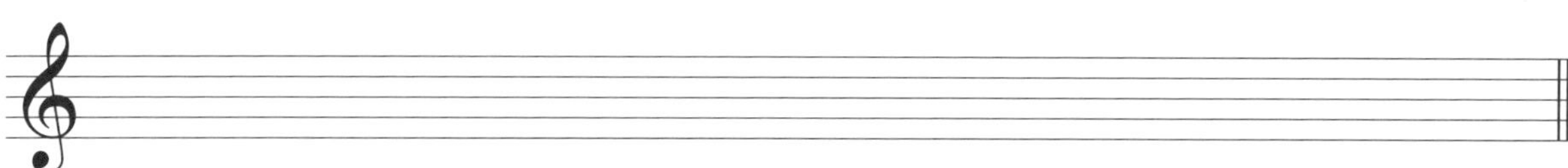

2. 다음 주어진 로마숫자를 보고 알맞은 코드 이름을 적어보세요.

2-1) E minor key

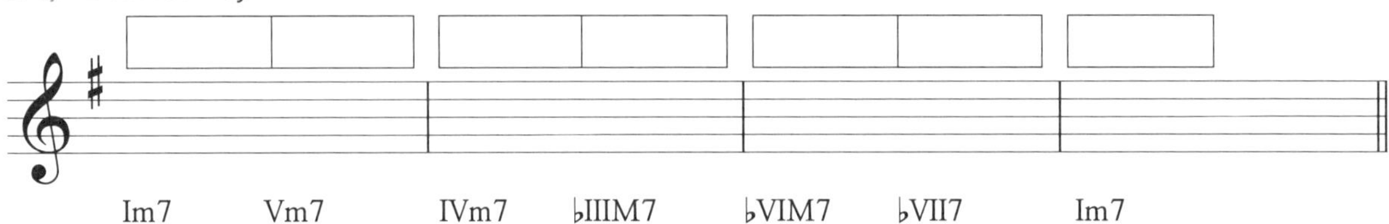

2-2) B♭ minor key

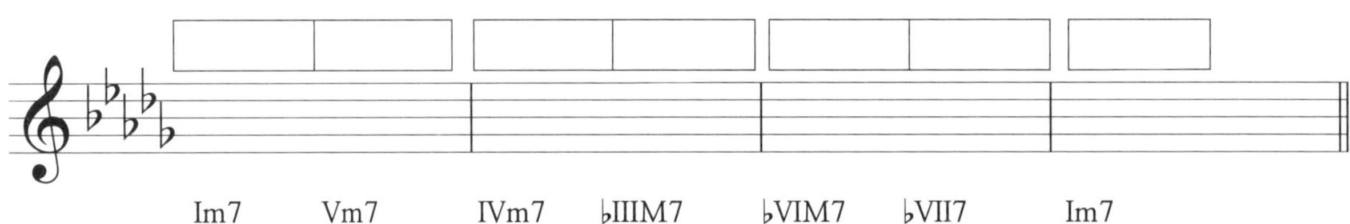

2-3) G minor key

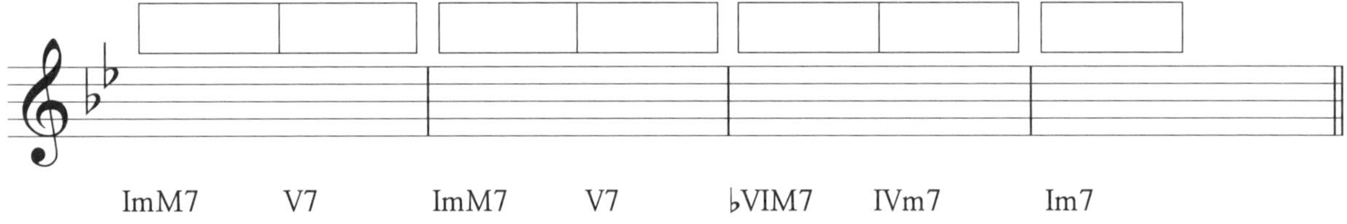

2-4) A minor key

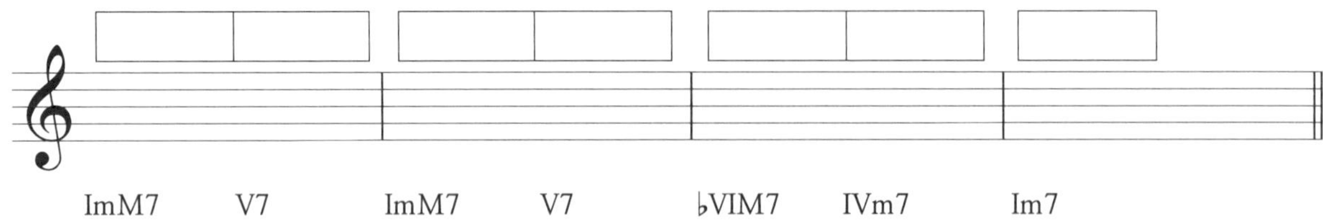

2-5) F minor key

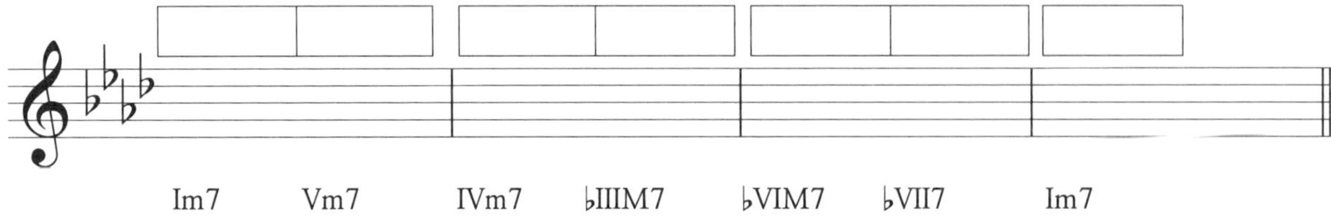

3. 다음 코드를 보고 알맞은 조표를 그리고 오선 안에 코드톤을 그려 넣어보세요.
(오선 아래에 로마숫자도 적어보세요)

Fm7 | D♭M7 B♭m7 | Gm7(♭5) C7 | FmM7

4. 다음 보기 중에 A♭ Natural minor 7화음 다이아토닉이 아닌 것을 고르세요.

① B♭m7(♭5) ② D♭m7 ③ FM7 ④ G♭7

5. 다음 보기 중에 E Harmonic minor 7화음 다이아토닉이 아닌 것을 고르세요.

① Em(M7) ② GM7 ③ B7 ④ D♯dim7

6. 다음 보기 중에 D♭ Melodic minor 7화음 다이아토닉 코드인 것을 고르세요.

① E♭m(M7) ② G♭m7 ③ B♭m7 ④ Cm7(♭5)

7. 다음 보기 중에 B Harmonic minor 7화음 다이아토닉 코드인 것을 고르세요.

① C♯m7(♭5) ② D♭aug(M7) ③ F♯m7 ④ A♯m7(♭5)

8. 주어진 조표를 보고 나란한조를 찾아 으뜸음과 키를 적어보세요. 그리고 그 조성에 맞는 <u>Natural minor 7화음 다이아토닉 코드</u>들을 빈칸에 적어보세요.

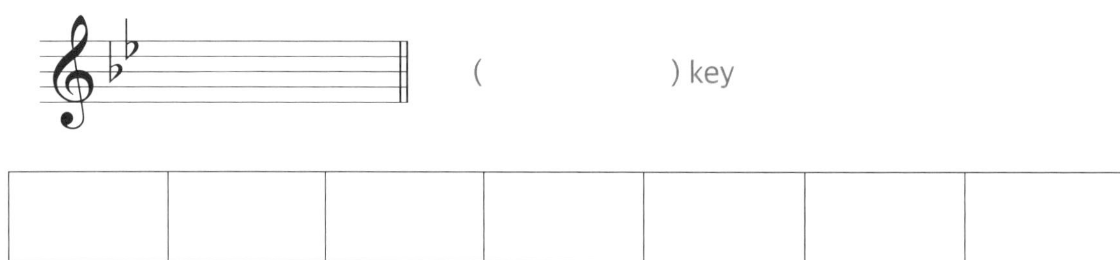

9. 주어진 조표를 보고 나란한조를 찾아 으뜸음과 키를 적어보세요. 그리고 그 조성에 맞는 <u>Harmonic minor 7화음 다이아토닉 코드</u>들을 빈칸에 적어보세요.

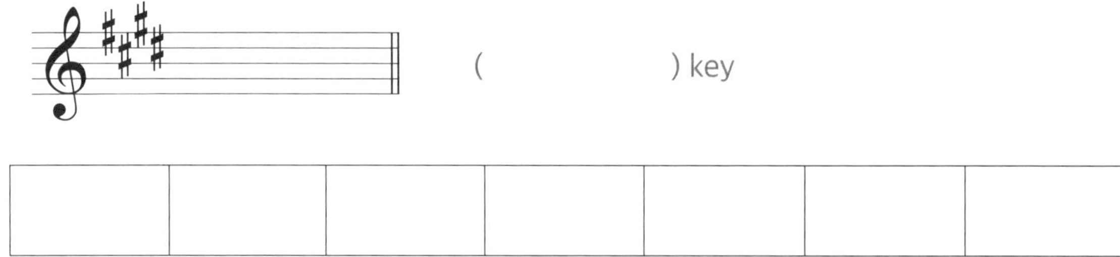

10. 주어진 조표를 보고 나란한조를 찾아 으뜸음과 키를 적어보세요. 그리고 그 조성에 맞는 <u>Melodic minor 7화음 다이아토닉 코드</u>들을 빈칸에 적어보세요.

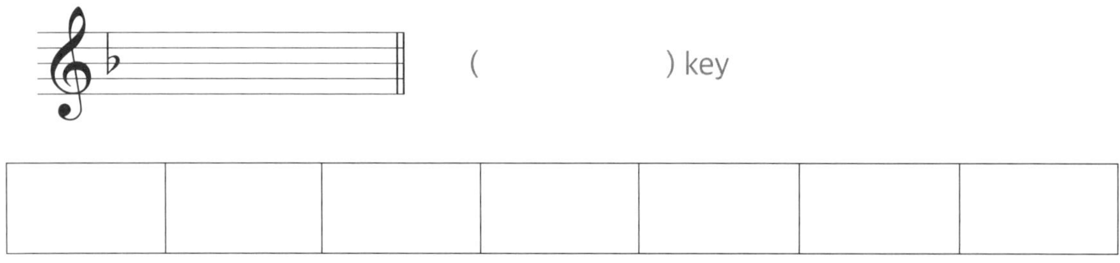

뉴욕언니와
모두의
재즈화성학

메이저 키의 다이아토닉 코드 진행

Major Key의 다이아토닉 리하모니제이션

멜로디를 유지한 상태에서 기존의 코드들을 다른 코드들로 바꾸어 사운드를 좀 더 흥미롭게 만드는 코드 진행을 리하모니제이션이라고 합니다.

A. 다이아토닉 코드들의 기능 분류

조성음악에서 화음의 기능은 크게 3가지로 분류됩니다.

Tonic, Subdominant, Dominant

•Tonic(T)의 기능

Tonic은 조(Key)의 출발점에 해당하는 I도로서, 조성확립의 기초가 되고 모든 음 중에서 가장 안정적인 음입니다. Tonic의 기능을 하는 코드들은 I도, III도, VI도 화음이 있습니다. 이 코드들은 아래 그림과 같이 I도와 공통음을 같이 갖고 있다는 점에서 같은 기능을 공유한다고 볼 수 있습니다. 이러한 이유로, 코드 진행에서 서로 대체 가능하며, 자연스럽게 연결될 수 있습니다.

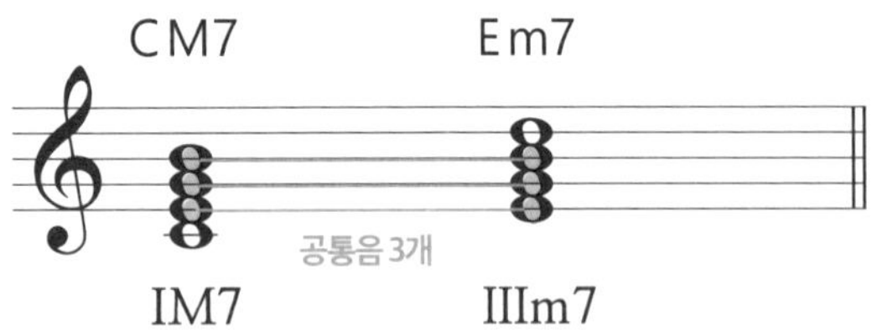

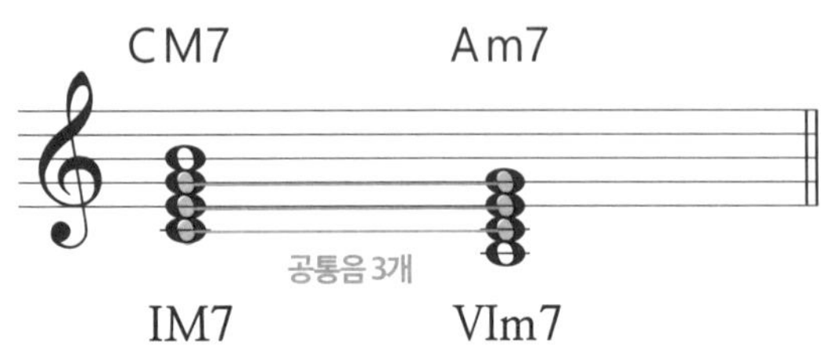

• Subdominant(SD)의 기능

Subdominant 기능을 하는 코드들은 II도, IV도 화음이 있습니다. 이 코드들도 서로 공통음을 같이 갖고 있다는 점에서 같은 기능을 공유한다고 볼 수 있습니다. 코드 진행에서 서로 대체 가능하며, 도미넌트(V)로 자연스럽게 연결되는 역할을 합니다.

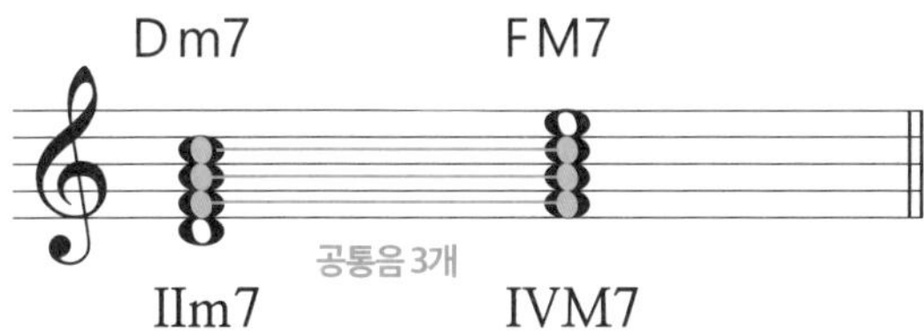

• Dominant(D)의 기능

Dominant 기능을 하는 코드는 V도 화음뿐입니다.

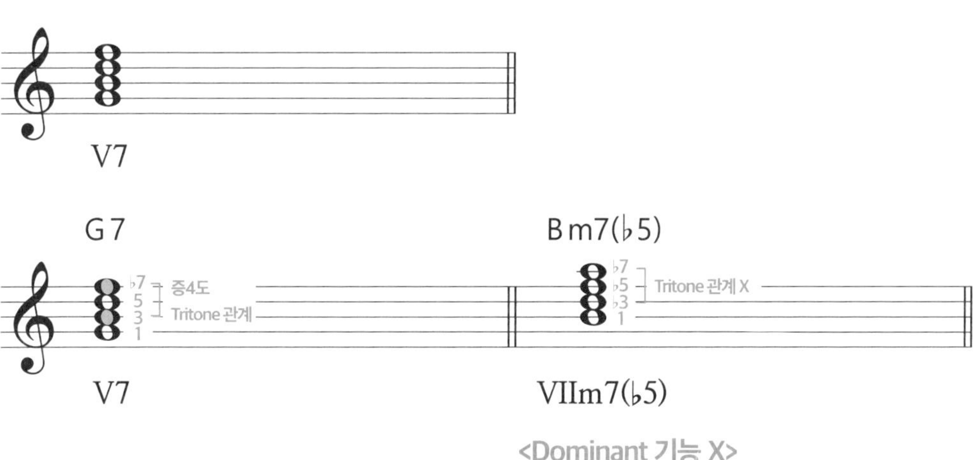

<Dominant 기능 X>

도미넌트 코드인 V7 코드는 3음과 ♭7음 사이의 간격이 증4도이기 때문에 사운드가 불안정하여 토닉으로 향하는 강한 해결감을 유도하는 성질이 필요합니다. 하지만 메이저 키의 VIIm7(♭5)는 증4도 즉 트라이톤이 3음과 7음이 아닌 루트와 5음 사이에 위치하여 해결감이 상대적으로 약합니다. 그래서 VIIm7(♭5)는 오히려 도미넌트 기능보다 서브 도미넌트 계열 코드로 더 자주 사용되며, 주로 IIm7의 대체 코드로 사용되어 도미넌트로 연결되는 경우가 많습니다.

위의 예시에서 보았듯이 Dominant 코드는 I도로 진행하려는 성질이 무척 강합니다.

B. 다이아토닉 코드에서 가능한 진행

• 5도 진행(5th down motion)

5도 진행 중에서도 특히 V에서 I로 가는 완전5도 하행 진행이 가장 강력한 진행입니다.
완전 5도 하행 진행은 모든 코드에서 사용 가능합니다.

ex C → F → B♭ → E♭ → A♭ → D♭ → G♭ → B → E → A → D → G

• 2도 진행(Step 진행)

5도 진행 다음으로 강력한 진행은 2도 상행이나 2도 하행으로 가는 2도 진행입니다
(장2도 상하행, 단2도 상하행 포함).

ex I → IIm7, IIm7 → IIIm7, VIm7 → V7, I → VIIm7(♭5), IVM7 → V7 등

- **토닉 코드의 진행(Tonic motion)**

토닉 코드는 그 key 안에서 가장 중요하고 안정적인 코드이므로 그 뒤에는 어떠한 코드도 올 수 있습니다.

ex I → IIm, I → IIIm7, I → IVM7, I → V, I → VIm, I → VIIdim

- **서브도미넌트 코드 진행(Subdominant motion)**

서브도미넌트 코드는 토닉의 완전4도 위로 위치하고 있는데 도미넌트 코드나 토닉 코드로 진행할 수 있습니다. IV 코드에서 I도로 가는 진행은 서브도미넌트 종지라고도 부르고 IV 코드에서 V로 가는 진행은 서브도미넌트 모션이라고 부릅니다.

ex IV → I, IV → V, IV → V7

- **II-V 진행**

코드 진행 V7 부분에서, 앞에 IIm7도를 넣어줌으로써 화음을 분할하기도 합니다. 또한 서브도미넌트 진행 IV-V-I 진행에서 IV도의 대리코드 기능으로 II도가 쓰이기도 하는데 이를 II-V-I 진행이라고 부릅니다. II-V-I 진행은 재즈에서 자주 쓰이는 진행입니다.

ex IIm7 → V7

EX) 아래 코드 진행들을 보시면 위의 예시들이 다 들어있습니다.

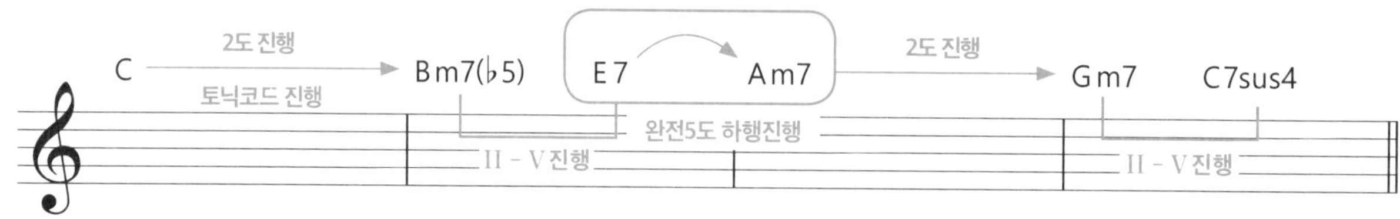

•같은 기능의 연속 진행

같은 기능을 하는 코드들이 주화음의 대리코드를 연속하여 사용하는 것을 말합니다.

토닉 코드의 연속진행(T)

ex I → I, I → IIIm, I → IIIm7, I → VIm, I → VIm7, IIIm7 → VIm7 등

서브도미넌트 코드의 연속진행(SD)

ex IIm → IV, IIm7 → IVM7, IV → IVM7, IV → IIm7

도미넌트 코드의 연속진행(D)

ex V7 → V7, V7 → V7sus4

EX) 아래 코드 진행들을 보시면 위의 예시들이 다 들어있습니다.

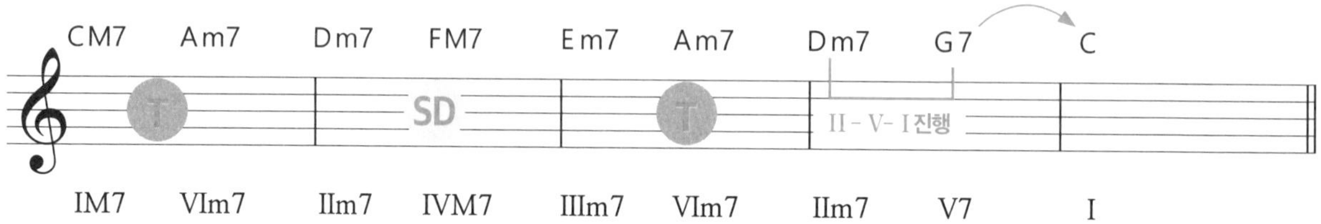

C. 코드 진행의 사운드 특징

코드 진행은 단순한 코드의 나열이 아니라, 화음의 긴장과 이완이 반복되면서 만들어지는 흐름입니다. 코드 진행을 만들 때 너무 어렵다고 생각하지 마시고 코드의 기능과 연결 방법을 잘 생각하면서 사운드를 들어보면 좀 더 쉬워질 것입니다. 각 기능 그룹 간의 이동은 음악의 분위기와 감정을 조절하는 중요한 역할을 합니다.

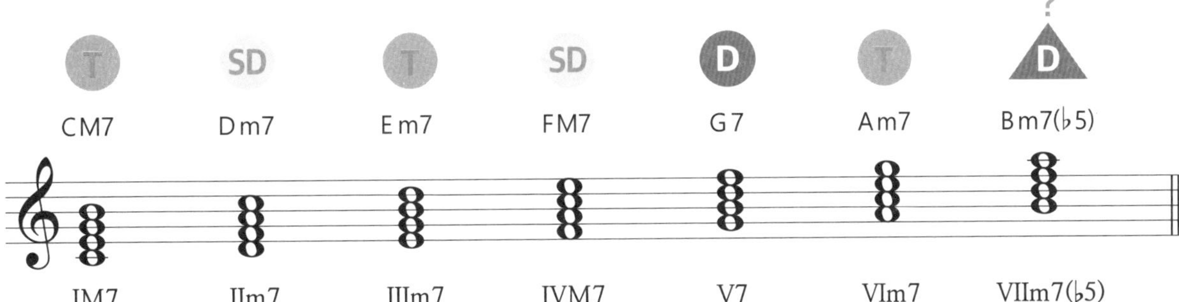

다이아토닉 코드에서 1도, 3도, 6도는 토닉코드이며 안정감 있는 소리입니다. 2도와 4도는 서브도미넌트 코드이며 토닉코드보다는 살짝 불안한 소리입니다. 도미넌트 코드는 5도로 가장 불안한 소리입니다. 가장 불안한 도미넌트는 토닉으로 가려는 성질이 매우 강하며(D → T) 나머지 토닉과 서브도미넌트는 모든 곳으로 진행 가능합니다

(T → SD, T → D, SD → T, SD → D)

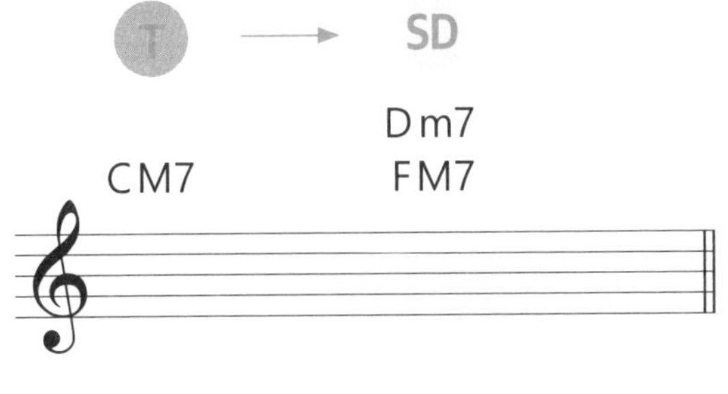

Tonic이 Sub Dominant로 가면서 사운드가 안정된 상태에서 약간의 긴장감으로 이동하는 것을 느낄 수 있습니다. 부드럽고 따뜻하며 변화를 예고하는 사운드입니다.

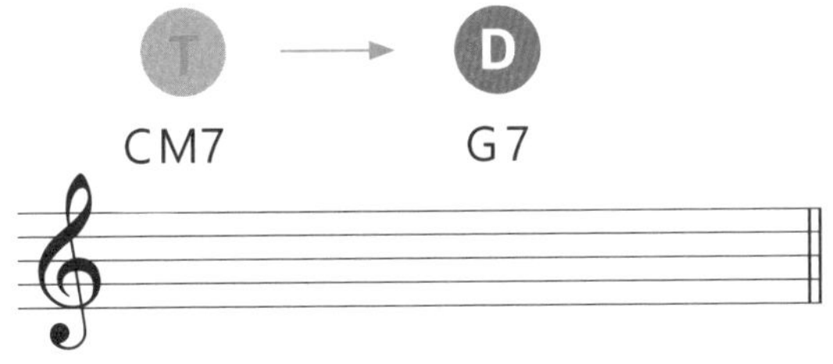

Tonic이 Dominant로 가면서 사운드가 안정된 상태에서 강한 긴장감으로 이동하는 것을 느낄 수 있습니다. 비교적 강한 대비감을 주고, 기대감을 형성합니다. 코러스나 후렴 부분을 강조할 때 많이 사용됩니다.

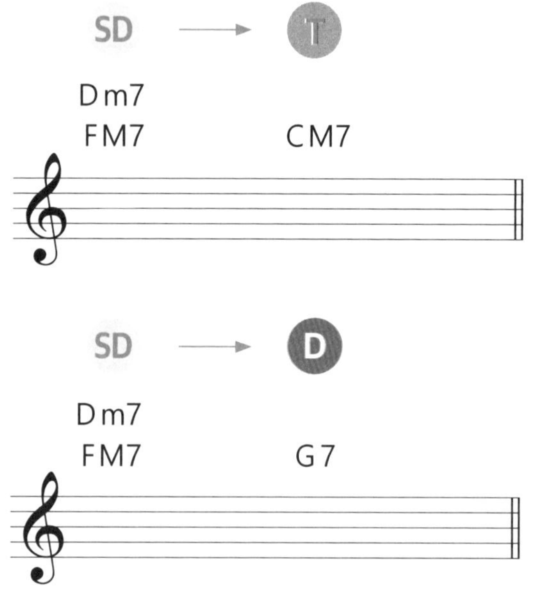

Sub dominant가 Tonic으로 가면서 살짝 긴장감 있던 사운드가 안정된 사운드로 돌아오는 부드러운 해결감을 느낄 수 있습니다.

Sub dominant가 Dominant로 진행되면서 좀 더 긴장감이 점점 커지는 효과를 느낄 수 있고, 다음 코드로 해결될 것을 기대하게 만듭니다. 음악을 발전시키는 중요한 연결 코드 역할입니다.

D. 다이아토닉 코드 안에서의 리하모니제이션

대리코드를 활용하여 코드 진행에 변화를 줄 수 있습니다. 원곡의 흐름은 유지하면서 곳곳에 사운드의 변화를 줄 수 있기 때문에 효과가 좋습니다. 아래의 표를 보면서 코드들의 기능을 익혀주시기 바랍니다.

Tonic(T)	IM7, IIIm7, VIm7 (1, 3, 6)
Sub dominant(SD)	IIm7, IVM7 (2, 4)
Dominant(D)	V7, VIIm7(♭5) (5, △7)

*익숙하고 쉬운 동요 〈학교 종〉을 가지고 예시를 들어보도록 하겠습니다.

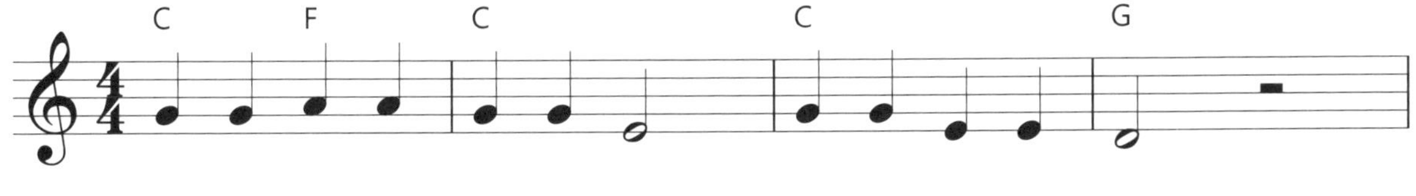

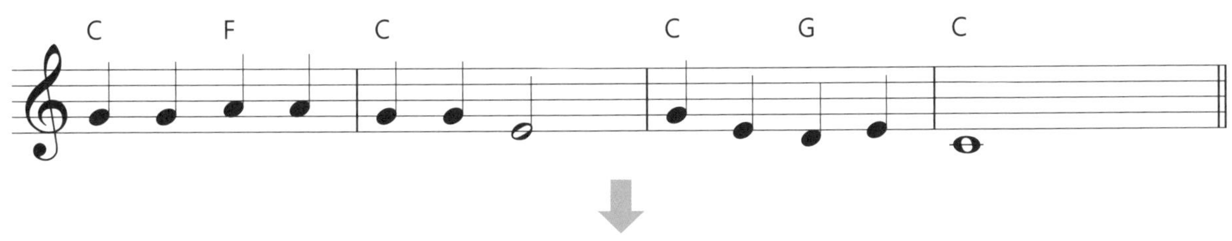

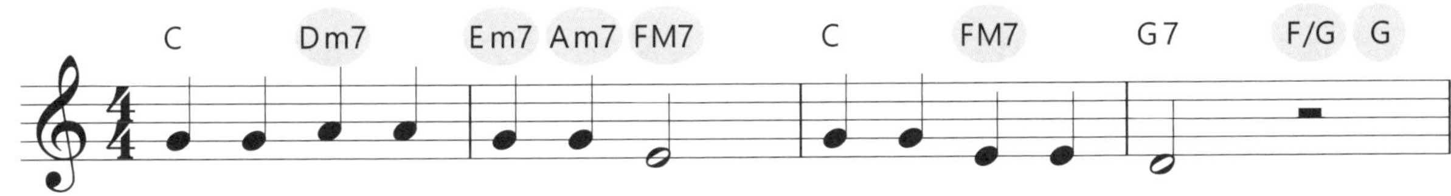

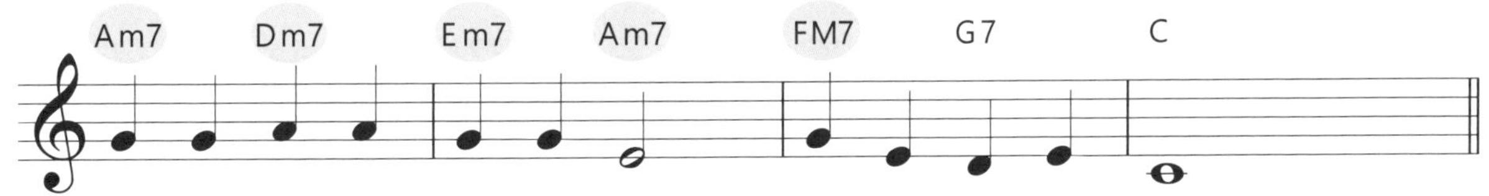

1. 첫 번째 마디: 3번째 비트의 F코드를 동일한 SD 기능을 가진 Dm7으로 대체하였습니다. **이를 통해 보다 부드러운 보이싱 연결이 가능해졌으며** F코드의 메이저 3화음보다, Dm7의 7화음적 특성이 **멜로디와의 조화를 더욱 세련되게 만들며 코드의 색채가 풍부해졌습니다.**

2. 두 번째 마디: C코드는 동일한 토닉 기능을 갖는 Em7과 Am7을 추가하고, **SD(Sub Dominant) 코드의 FM7을 포함하여 코드 진행의 리듬을 세분화하였습니다.** 이는, 코드 간의 움직임을 점진적으로 변화하면서 **다층적인 하모닉 모션을 형성하여 보다 흥미로운 사운드를 제공합니다.**

3. 세 번째 마디: SD의 FM7을 넣어 T 기능만 있는 마디에 **SD의 사운드를 첨가하여 사운드를 다채롭게 하였습니다.**

4. 네 번째 마디: V7의 D의 기능은 유지하되, 그 안에서 V7sus4를 넣어 **사운드에 미묘한 변화를 주었습니다. 이는 도미넌트 코드의 긴강감을 유지하면서도, 완전한 해결을 잠시 유보하는 효과를 만들어, 곡의 흐름을 더욱 자연스럽게 만들고 세련된 하모닉 컬러도 추가합니다.**

5. 다섯번째 마디와 여섯 번째 마디: 첫 번째 마디와 두 번째 마디의 멜로디와 코드가 **다섯 번째, 여섯 번째 마디와 같기 때문에 사운드가 단조롭게 들립니다.** 그래서 2비트에 한 개씩 같은 기능을 하는 그룹의 코드들로 **대체하여 사운드가 풍부해졌습니다.**

6. 일곱 번째 마디: IV - V - I 즉 서브 도미넌트 종지를 이용하였습니다.

도미넌트 종지(V-I)는 강한 긴장감과 해소를 만들어내지만 **IV-V-I는 IV가 먼저 나옴으로써 자연스럽게 상승하는 진행감을 만들어서, 곡의 마무리를 더욱 따뜻하고 서정적으로 느끼게 만듭니다.** 이렇게 간단한 리하모니제이션을 통해, **메이저 다이아토닉 코드 안에서도 사운드의 변화를 다양하게 줄 수 있습니다.**

E. 연습문제

1. A♭ Major 키에서 D♭M7을 대신할 수 있는 코드는 무엇인가요?

① B♭m7　② Cm7　③ FM7　④ Gm7(♭5)

2. E Diantonic chord에서 Tonic 기능을 가진 코드를 모두 고르세요.

① B7　② G♯m7　③ AM7　④ C♯m7

3. F Diantonic chord에서 Sub Dominant 기능을 가진 코드를 모두 고르세요.

① Gm7　② Am7　③ C7　④ B♭M7

4. B Major 키에서 D♯m7을 대신할 수 있는 코드는 무엇인가요?

① F7　② Cm7(♭5)　③ G♯m7　④ EM7

5. 다음 II - V - I 진행에서 괄호 안에 들어가야 할 Chord는 무엇인가요?

(　　　　) - B7 - EM7

① GM7　② A♯m7　③ F♯m7　④ Dm7(♭5)

6. 다음 보기에서 서브도미넌트 모션 진행은 무엇인가요? (D Key)

① DM7 → GM7　② Em7 → A7　③ F♯m7 → GM7　④ GM7 → A7

7. 다음 예시는 G Diatonic 코드 진행입니다. 빈칸에 II - V - I 진행을 만들어보세요.

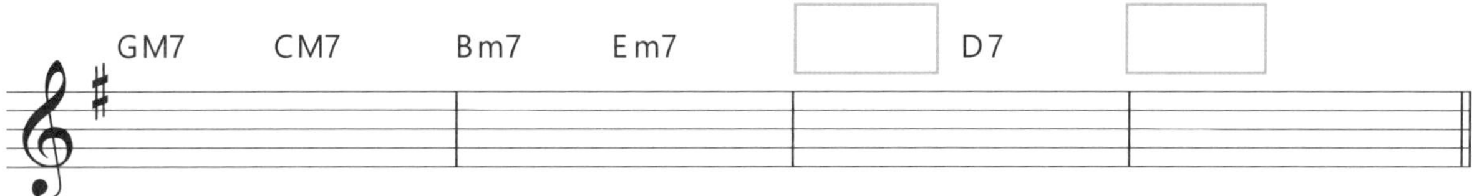

8. D♭ 메이저 Diatonic chord에서 I - VI - II - V - I 진행은 무엇인가요?

① D♭M7 - G♭m7 - E♭m7 - A♭m7 - D♭M7

② D♭m7 - Cm7 - E♭M7 - A♭7 - D♭M7

③ D♭M7 - B♭m7 - E♭m7 - A♭7 - D♭M7

④ D♭m7 - B♭m7 - E♭m7 - A♭7- D♭m7

9. A 메이저 Diatonic chord에서 III - IV - V - I의 대리코드로 사용 가능한 진행을 고르세요.

① F♯m7 - Bm7 - E7 - AM7

② DM7 - Cm7 - E7 - AM7

③ F♯7 - BM7 - C7 - AM7

④ C♯m7 - Bm7 - Em7- DM7

10. B♭ Key의 II - V - I 코드 진행을 빈칸에 적어보세요.

WEEK 12 텐션(Tensions)

A. 텐션의 정의

텐션이란 7화음 코드에서 코드톤(Chord Tone) 이외에 다른 음들을 추가해서 만든 화음입니다. 텐션의 사전적 의미는 '긴장감'입니다. 말 그대로 텐션음들을 사용함으로 기본화음에 긴장감을 주며 더 풍부한 사운드를 표현할 수 있습니다. 텐션은 7화음 코드톤 위로 3도씩 쌓아서 올리는 구조를 가집니다.

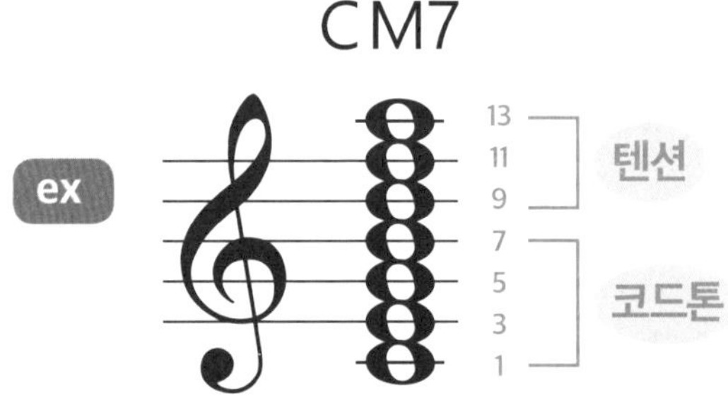

B. 텐션의 종류

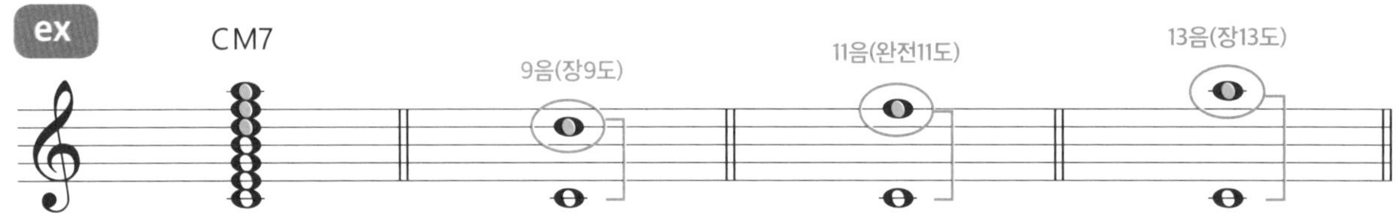

보통 7화음 코드는 세 가지 텐션음을 갖습니다.

1. 근음에서 장9도 올린 9음
2. 근음에서 완전11도 올린 11음
3. 근음에서 장13도 올린 13음

음정 계산이 어려우신 분들은 근음에서 장2도 위를 9음, 근음에서 완전4도 위를 11음, 근음에서 장6도 위를 13음이라 생각하면 쉽습니다. 3화음 코드에서는 텐션 9음이라 하지 않고 add2로 많이 표기합니다.

9, 11, 13음들 중에는 코드톤과 조화를 이루어 사용 가능한 텐션이 될 수도 있고, 혹은 코드톤과 부딪히거나 화성을 파괴해서 사용할 수 없는 음이 될 수도 있습니다. 이럴 경우에는 텐션이라 하지 않고 Avoid Note(어보이드 노트)라고 부릅니다. Avoid Note는 사전적 의미로 '피하다'라는 뜻을 가지고 있습니다. 그렇다면 Avoid Note를 구분할 줄 알아야 피할 수 있겠지요?

C. 텐션 코드 구하는 법

1음
9음은 근음을 기준으로 합니다.
3음
11음은 3음을 기준으로 합니다
5음
13음은 5음을 기준으로 합니다

이때 음과 음 사이의 간격이 장9도이면 사용 가능한 텐션이 되고 단9도가 발생하면 Avoid Note(어보이드 노트)가 됩니다.

주의 1: 코드가 메이저 키의 II−7의 기능을 한다면, 13음은 텐션으로 사용되지 못하고 Avoid Note (어보이드 노트)가 됩니다. 그 이유는 5음과 13음 사이 간격이 장 9도가 되어도 코드를 이루는 중요한 코드톤 ♭3음이 13음 간격과 불안정한 음정 관계인 증4도가 발생하기 때문에 화성을 파괴하는 소리가 나기 때문입니다. 또한 C 메이저 키의 II − V − I 진행에서 Dm7은 G7으로 자연스럽게 연결되는데, 만약 Dm7에 B음(6th)을 넣으면 G7으로 가기도 전에 이미 도미넌트 느낌이 나버려서 진행의 흐름을 방해하기 때문입니다. 그래서 텐션음으로 사용할 수 없기 때문에 13음이라 부르지 않고 Avoid Note(어보이드 노트) 6음이라 합니다.

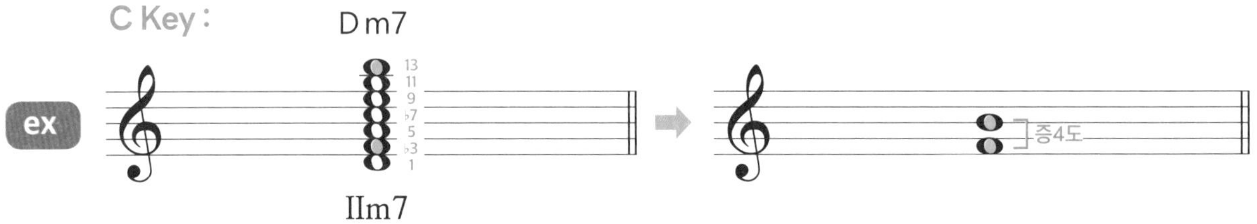

주의 2: 메이저 코드가 그 키의 IM7으로 기능을 한다면, 토닉코드로서 가장 안정적인 사운드를 만들어야 하는데, 4음이 추가되면 3음과 반음 간격 충돌이 일어나 불협화음이 발생하고 또 4음 때문에 sus4 같이 들리기 때문에 코드의 성격을 바꿔버리는 기능적 문제가 일어나서 어보이드 음으로 간주하는 큰 이유이기도 합니다. 하지만 메이저 코드가 Key의 IVM7의 기능을 한다면 ♯11음이라는 Non−Diatonic 음이 텐션으로 사용됩니다. 단9도가 발생한 음에 임시표를 사용하여 장9도로 만들어 텐션음으로 사용한 것입니다.

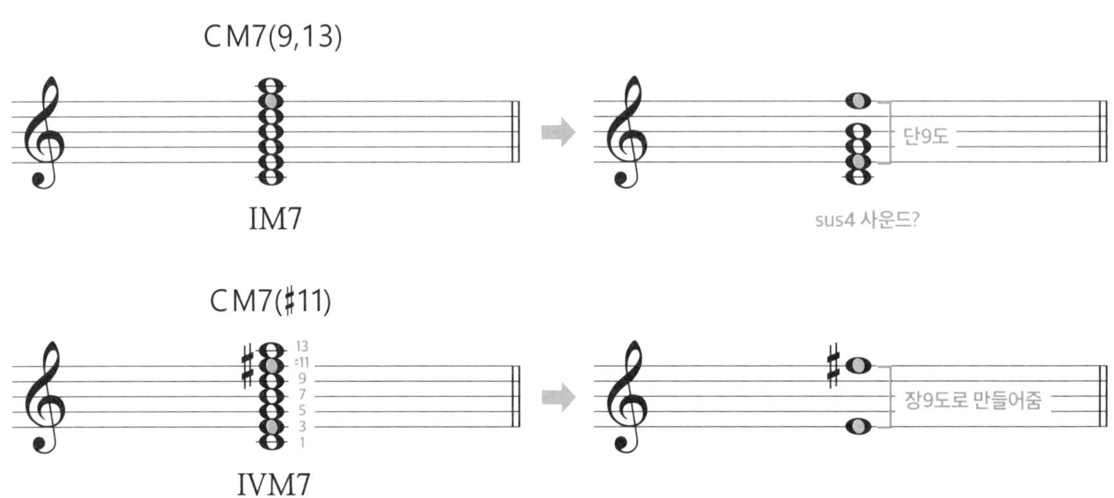

• 다이아토닉 7화음 코드에서 사용 가능한 다이아토닉 텐션

*Major 7 화음 코드에서 사용할 수 있는 텐션

메이저 다이아토닉 코드에서 기능이 IM7면 사용할 수 있는 텐션들은 9, 13음입니다. 어보이드 노트는 4음입니다. 텐션이 될 수 없는 이유는 앞 주의 2에 나와있습니다.

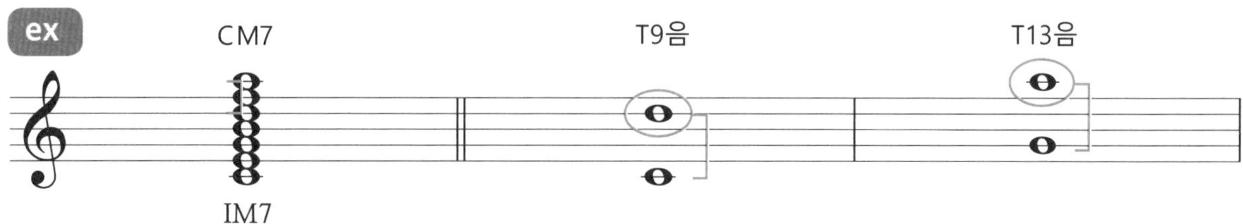

메이저 다이아토닉 코드에서 기능이 IVM7이라면 사용할 수 있는 텐션들은 9, ♯11, 13음입니다. IVM7에서는 어보이드 노트가 없습니다.

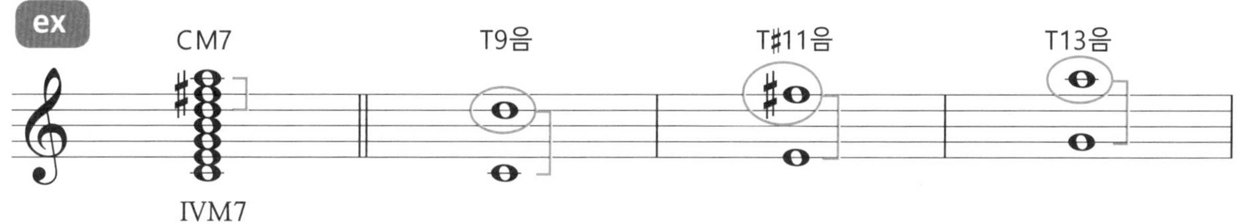

*Minor 7 화음 코드에서 사용할 수 있는 텐션

Minor 7 화음 코드에서 사용할 수 있는 텐션들은 9, 11음입니다(코드 기능이 IIm7일 때). 13음이 텐션이 될 수 없는 이유는 주의 1에 나와 있습니다. IIm7과 VIm7은 일반적인 마이너 코드로서, 9, 11음을 텐션으로 사용합니다.

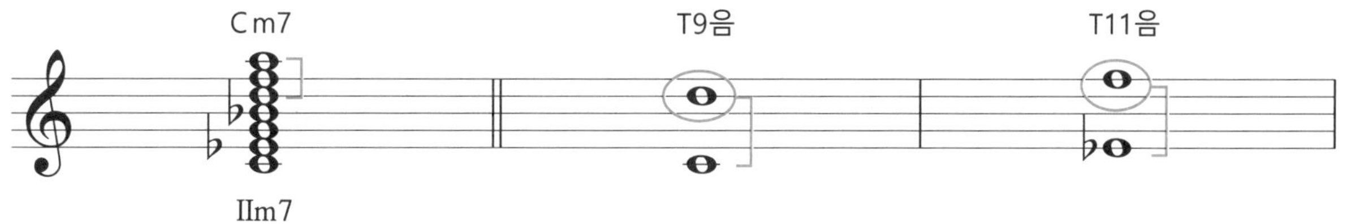

하지만 메이저 다이아토닉 코드에서 기능이 IIIm7이라면, 사용할 수 있는 텐션은 11음입니다. 근음과 9음, 5음과 13음 사이의 반음 간격 충돌이어서 불협화음이 발생하는 이유도 있고, 9음을 추가하게 되면 Dorian과 같은 사운드가 나기 때문에 코드의 기능이 불명확해지는 큰 이유도 있습니다.

*Minor Major 7 화음 코드에서 사용할 수 있는 텐션

Minor Major 7 화음 코드에서 사용할 수 있는 텐션들은 9, 11, 13음입니다.

Minor Major 7 화음 코드에서 Melodic minor scale을 사용할 경우 근음과 9음, 3음과 11음, 5음과 13음 사이가 장9도이기 때문에 텐션으로 사용 가능하기 때문입니다.

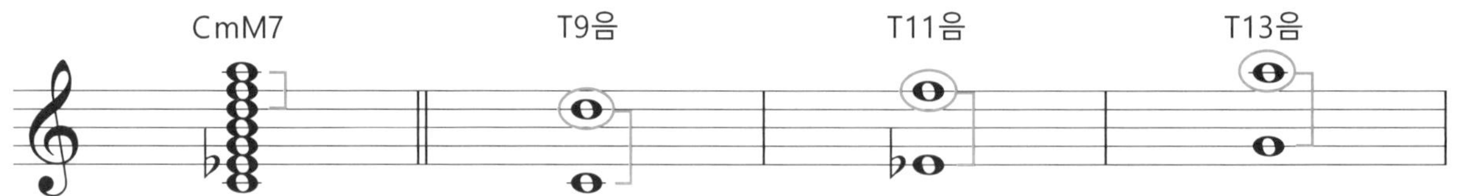

*Dominant 7 화음 코드에서 사용할 수 있는 텐션

Dominant 7 화음 코드에서 사용할 수 있는 텐션은 9, 13음입니다.

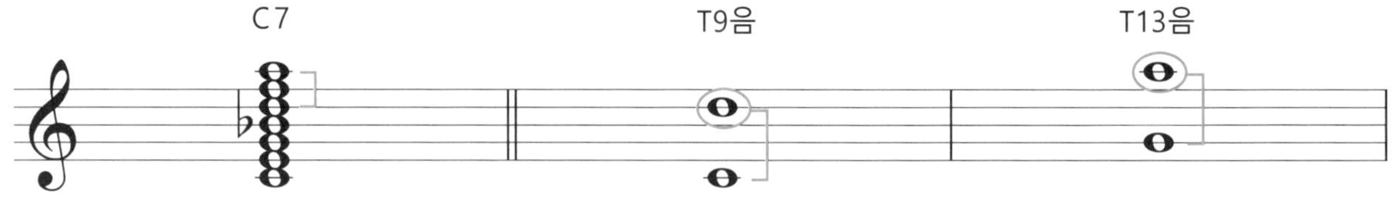

Dominant 7 화음 코드에서 3음과 11음은 단9도를 발생하기 때문에 텐션으로 사용할 수 없습니다.

Avoid Note 4음입니다.

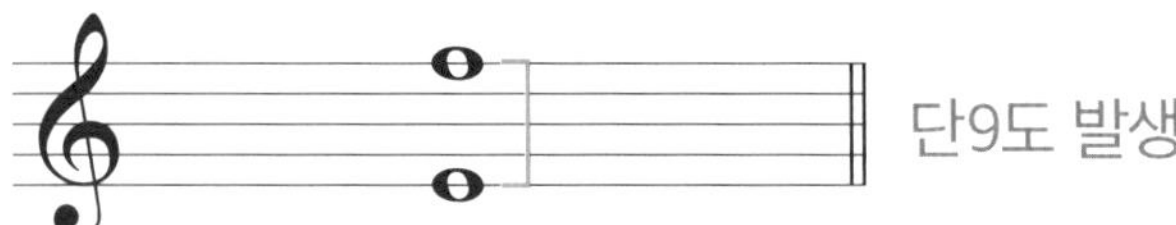

*Minor 7b5 코드에서 사용할 수 있는 텐션

Minor 7♭5 코드에서 사용할 수 있는 텐션들은 11, ♭13음입니다. 어보이드 노트는 ♭2음입니다.

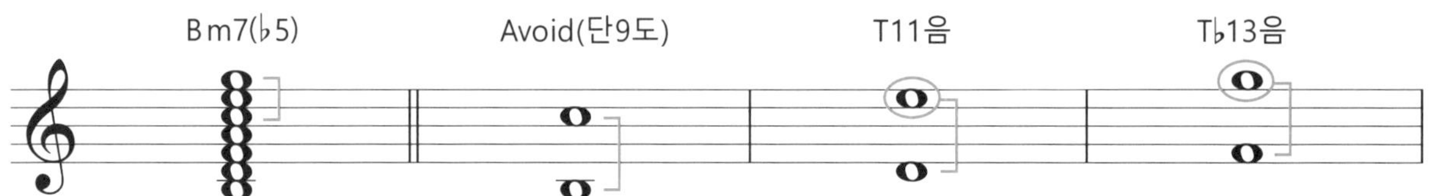

• 다이아토닉 7화음 코드들에서 사용 가능한 텐션들입니다.

각 코드의 색칠된 음은 Avoid Note입니다.

C Key :

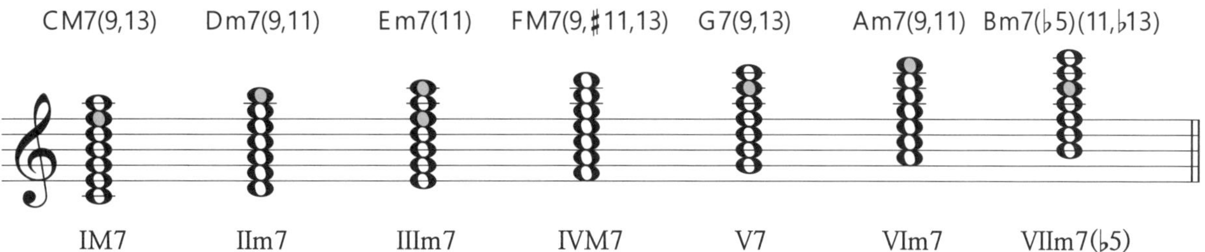

*Diminish 7화음 코드에서 사용할 수 있는 텐션

Diminish 7코드에서 사용할 수 있는 텐션들은 9, 11, ♭13, 7음입니다.

Point: 디미니쉬 코드는 코드톤이 1, ♭3, ♭5, ♭♭7이라서 7음이 텐션으로 사용 가능하다는 특징이 있습니다(WEEK 14 디미니쉬 코드 스케일(w–h)에서 구성음을 확인해 주세요).

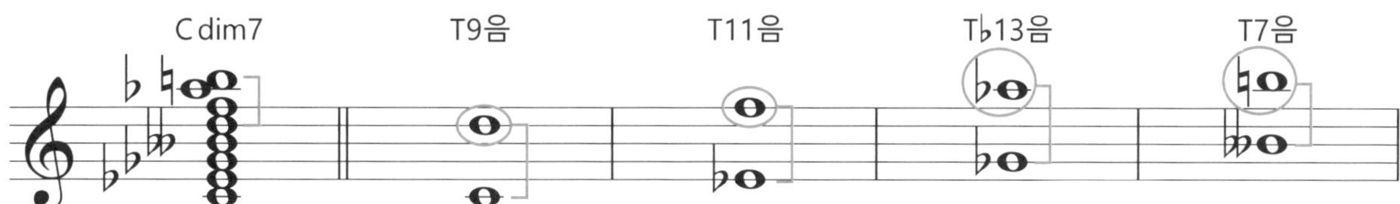

D. 도미넌트 코드의 변형 텐션들

♭9, ♯9, ♯11, ♭13음입니다. 표기는 C7(♭9), C7(♯9), C7(♯11), C7(♭13)으로 합니다.

주의: 도미넌트 7 코드는 본래 해결해야 할 긴장감을 가지고 있어서 불안정한 코드입니다. 따라서 T♭9음이 근음과 반음 충돌이 있다 해도, 음향적으로 보면 오히려 긴장감이 더욱 커져서, 해결될 때 더 극적인 효과를 줍니다. 도미넌트 7 코드는 V – I 기능을 유지하는 한도 내에서는 텐션을 추가해도 허용됩니다.

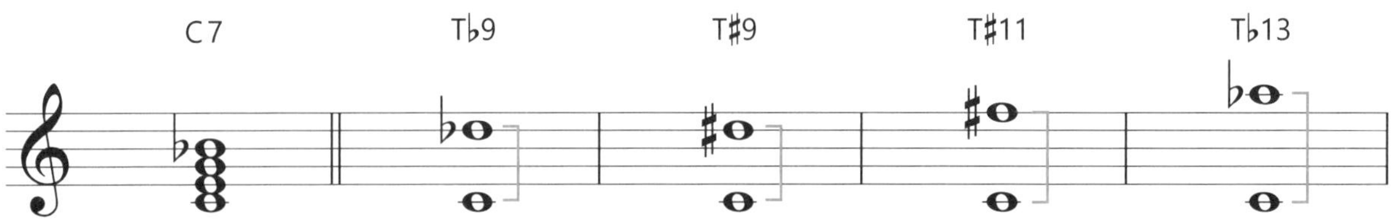

*** 아래의 표는 다이아토닉 코드에서 사용 가능한 텐션음들입니다. 꼭 암기해 주세요.**

Diatonic 7th Chords	IM7	IIm7	IIIm7	IVM7	V7	VIm7	VIIm7(♭5)
사용 가능한 텐션음	9	9	X	9	9	9	X
	X	11	11	♯11	X	11	11
	13	X	X	13	13	X	♭13

여기서 잠깐!!

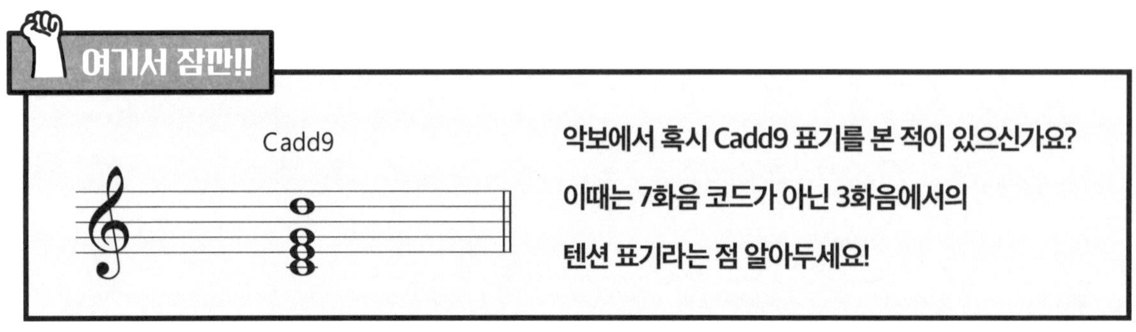

악보에서 혹시 Cadd9 표기를 본 적이 있으신가요?
이때는 7화음 코드가 아닌 3화음에서의
텐션 표기라는 점 알아두세요!

E. 연습문제

1. 다음 제시된 악보를 보고 코드의 이름과 텐션을 적어보세요(예시 참고).

EX)

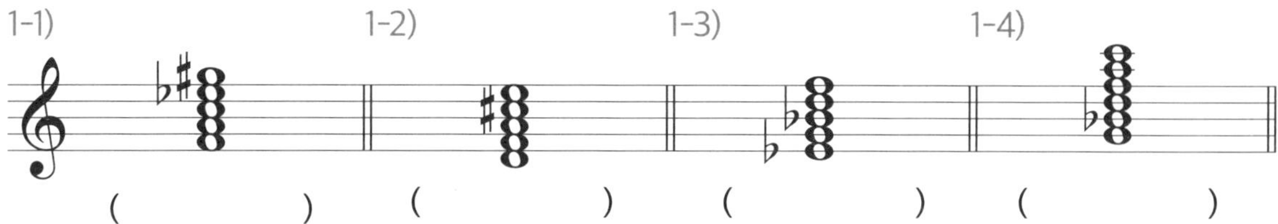

2. 다음 주어진 코드를 보고 예시와 같이 코드톤과 텐션음을 적어보세요.

EX)

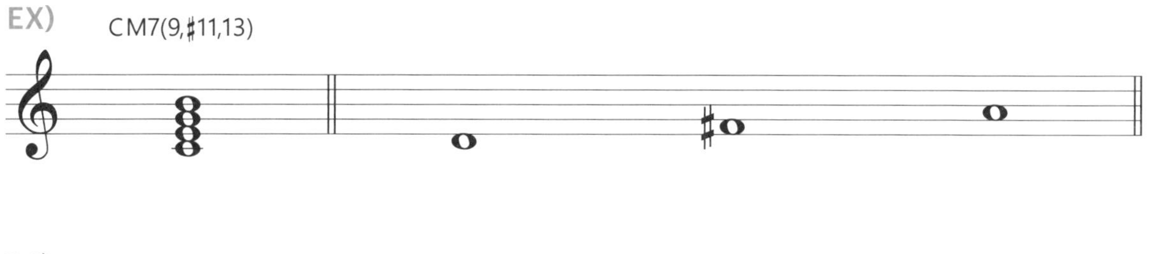

2-1)

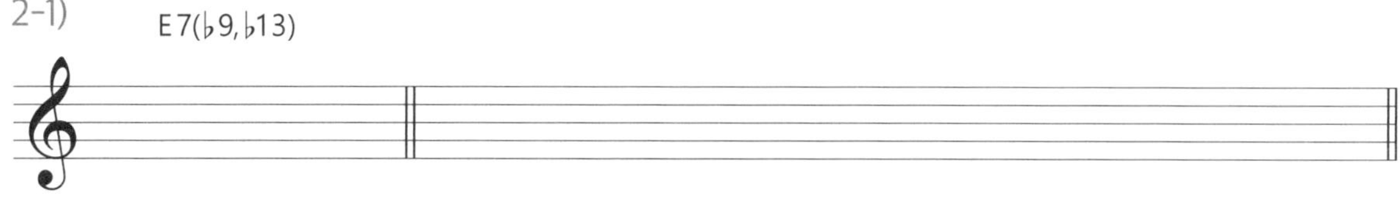

2-2)

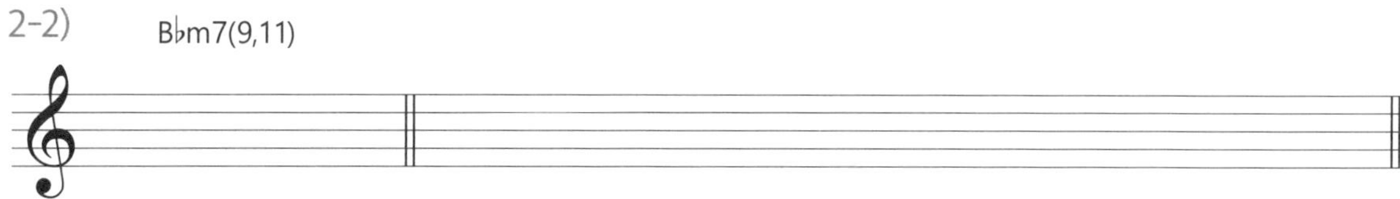

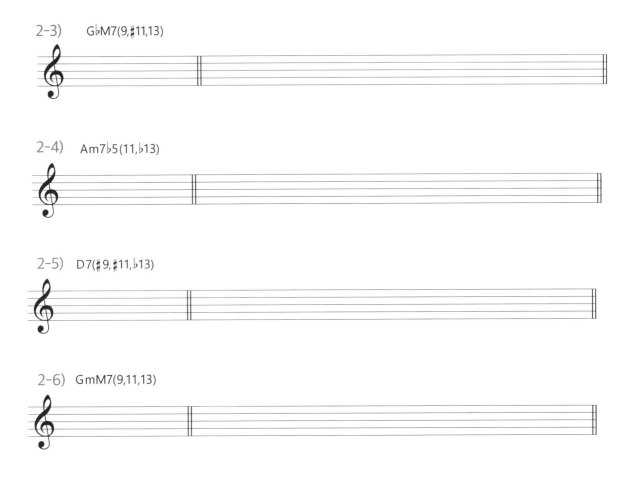

2-3) G♭M7(9,♯11,13)

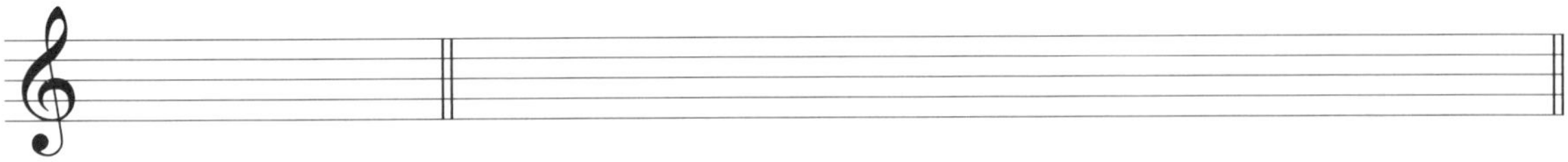

2-4) Am7♭5(11,♭13)

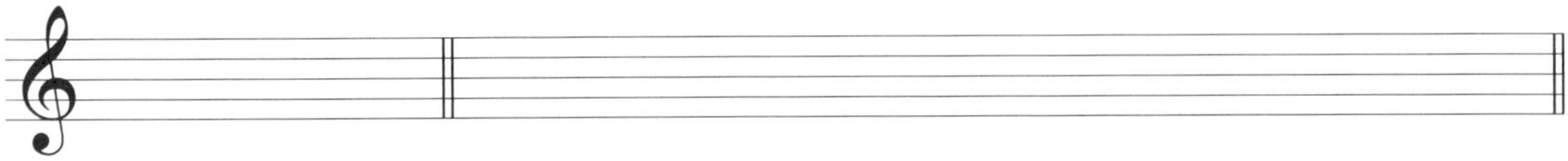

2-5) D7(♯9,♯11,♭13)

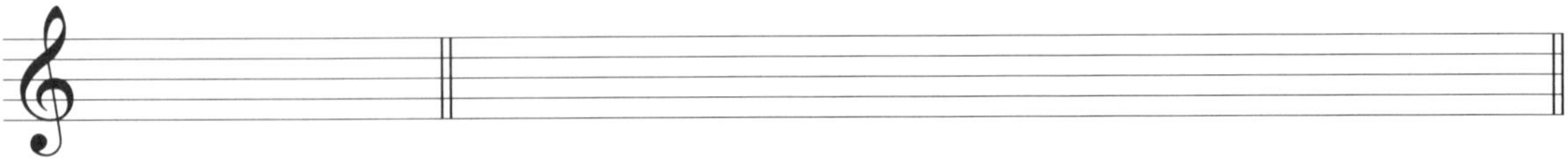

2-6) GmM7(9,11,13)

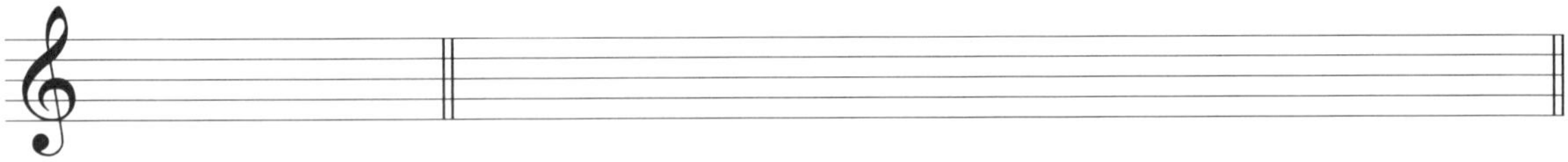

3. 다음 제시된 그림을 보고 코드의 이름과 텐션을 적어보세요. 각 코드의 맨 밑에 있는 음이 그 코드의 근음입니다. 주어진 문제 중에 5음이 생략된 코드도 있으니 주의해서 보세요 (예시 참고).

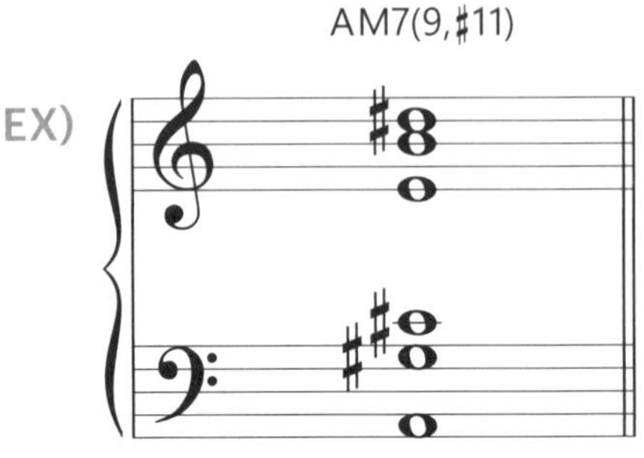

3-1) (　　　　) (　　　　) (　　　　) (　　　　)

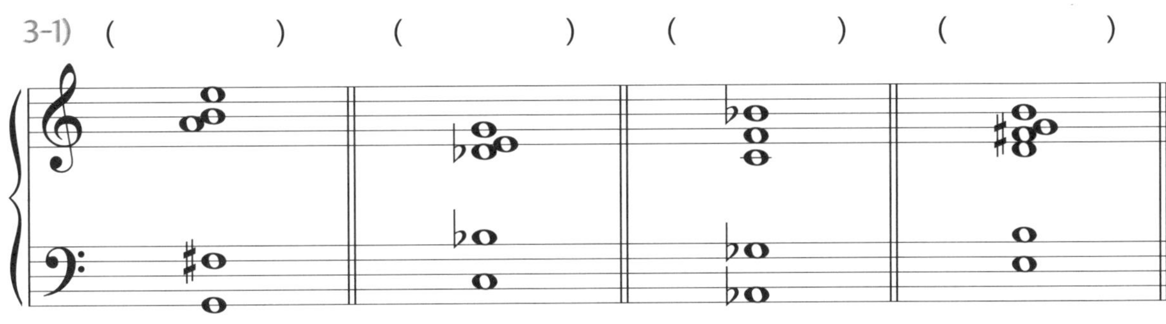

3-2) (　　　　) (　　　　) (　　　　) (　　　　)

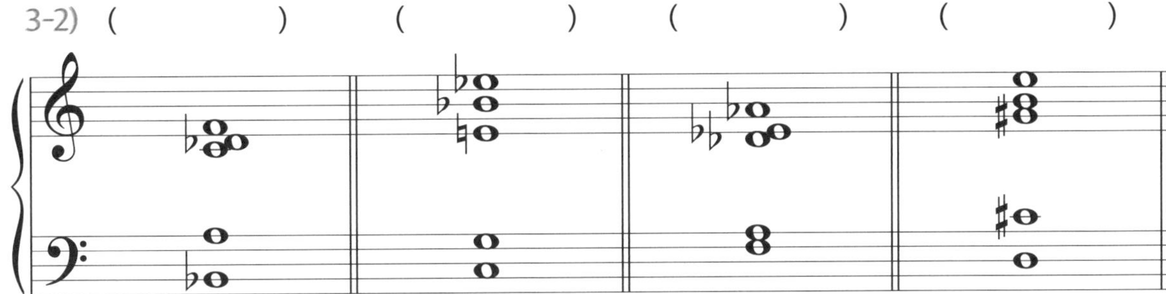

4. 다음 주어진 질문에 알맞은 답을 적어보세요(이명동음도 가능).

4-1) E-7의 11음은 무엇입니까? ....

4-2) F♯M7의 9음은 무엇입니까? ....

4-3) Db-7♭5의 ♭13음은 무엇입니까? ....

4-4) CM7의 ♯11음은 무엇입니까? ....

4-5) A♭dim7의 9음은 무엇입니까? ....

4-6) E♭7의 ♯9음은 무엇입니까? ....

4-7) FmM7의 13음은 무엇입니까? ....

WEEK 13

모드(Modes)

A. 모드의 종류

모드는 중세 교회음악에서 발전한 선법에서 유래되었습니다. 메이저 스케일의 각음을 시작음(Tonic)으로 하여 동일하게 음계를 유지하면서, 시작 위치에 따라 반음과 온음의 음계 배열이 달라지는 구조를 가지며 7개의 모드가 만들어집니다. 이러한 모드를 Diatonic Modes라고 부르며, 각각 고유한 사운드적 특징이 있습니다.

• 7가지 모드의 종류

① 아이오니안(Ionian): 메이저 스케일의 1번째 음을 기준으로 형성됨. 주요 코드: IM7

② 도리안(Dorian): 메이저 스케일의 2번째 음을 기준으로 형성됨. 주요 코드: IIm7

③ 프리지안(Phrygian): 메이저 스케일의 3번째 음을 기준으로 형성됨. 주요 코드: IIIm7

④ 리디안(Lydian): 메이저 스케일의 4번째 음을 기준으로 형성됨. 주요 코드: IVM7

⑤ 믹소리디안(Mixo-Lydian): 메이저 스케일의 5번째 음을 기준으로 형성됨. 주요 코드: V7

⑥ 에올리안(Aeolian): 메이저 스케일의 6번째 음을 기준으로 형성됨. 주요 코드: VIm7

⑦ 로크리안(Locrian): 메이저 스케일의 7번째 음을 기준으로 형성됨, 불안정한 긴장간을 형성하는 사운드. 주요 코드: VIIm7(♭5)

C Major Scale

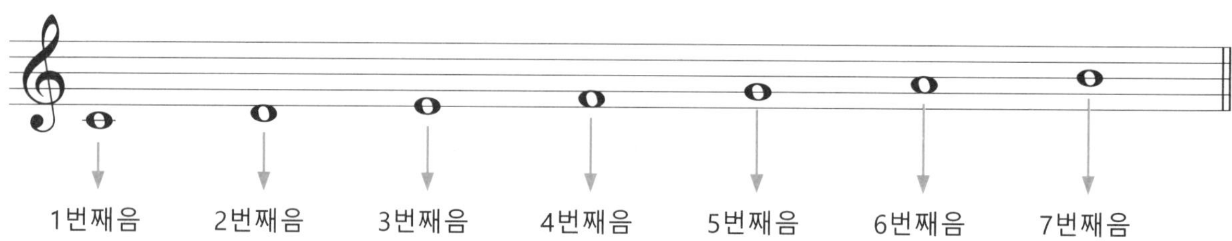

• Mode scale

C key

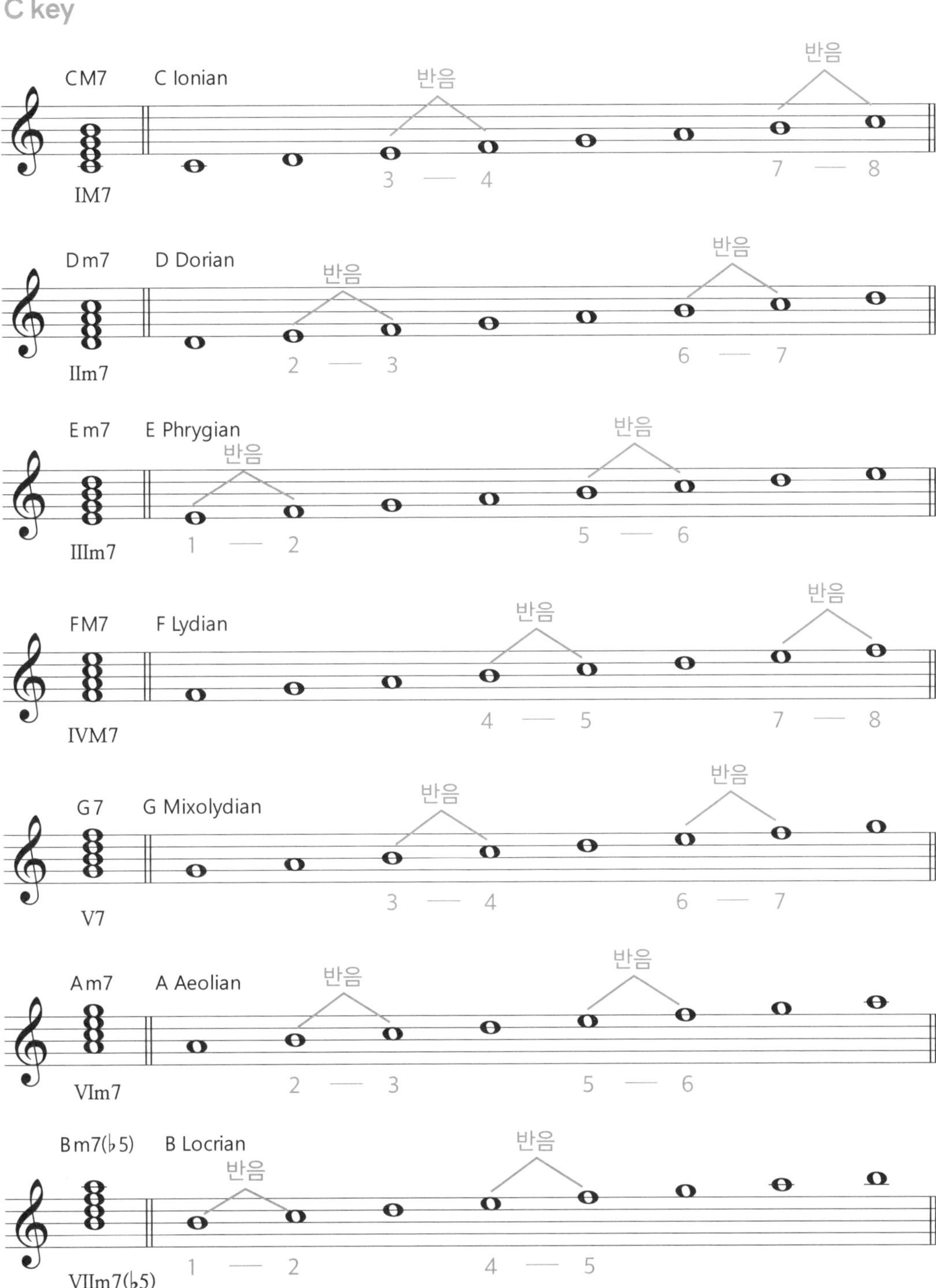

B. 메이저 계열과 마이너 계열의 모드

스케일의 3번째 음이 근음과 장3도 간격의 관계를 가지면 메이저 계열로 생각하고, 단3도 관계를 가지면 마이너 계열로 생각하면 쉽습니다. 메이저 계열의 모드는 아이오니안, 리디안, 믹소리디안이 있고, 마이너 계열의 모드에는 도리안, 프리지안, 에올리안, 로크리안이 있습니다.

• 메이저 계열의 모드

* 아이오니안(Ionian): 메이저 스케일과 동일한 구조를 가집니다. '아~ 밝다, 기분 좋다'의 안정적인 사운드입니다.

* 리디안(Lydian): 메이저 스케일의 4번째 음을 반음 올립니다. 공중에 떠오르는듯한 느낌의 몽환적이고 신비로운 사운드입니다.

* 믹소리디안(Mixolydian) : 메이저 스케일의 7번째 음을 반음 내립니다. 도미넌트 코드에서 일반적으로 사용되고 록, 블루스, 펑크에서 주요한 역할을 하며 거칠고 자유로운 느낌과 살짝 웅장한 사운드도 느껴집니다.

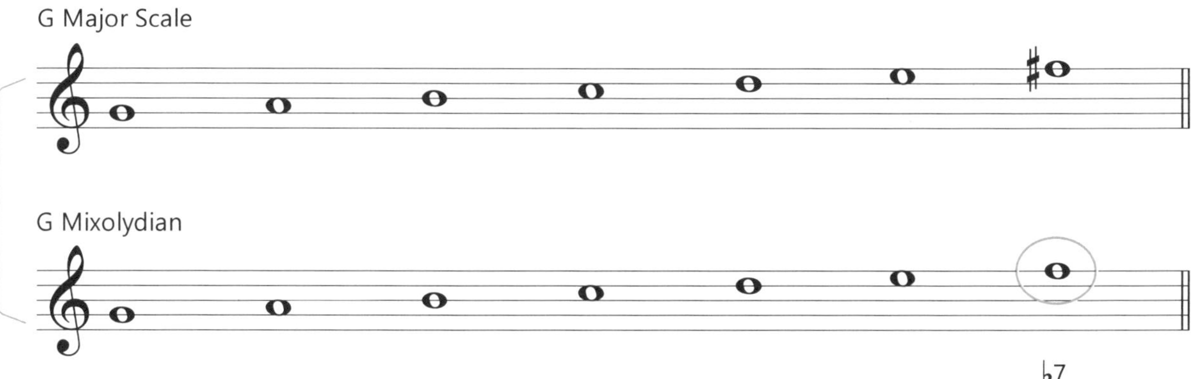

• 마이너 계열의 모드

*도리안(Dorian): 메이저 스케일의 3번째, 7번째 음을 반음 내려줍니다. 마이너 계열의 모드지만 밝고 부드러운 느낌입니다.

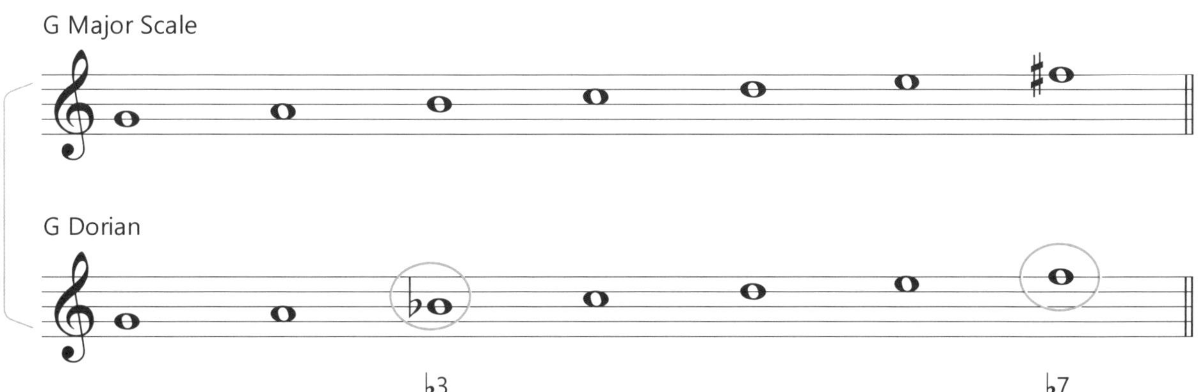

*프리지안(Phrygian): 메이저 스케일의 2, 3, 6, 7번째 음을 반음 내려줍니다. 스페인풍의 사운드가 나고 어두우면서 비극적인 느낌이랄까요? 강한 긴장감도 형성합니다.

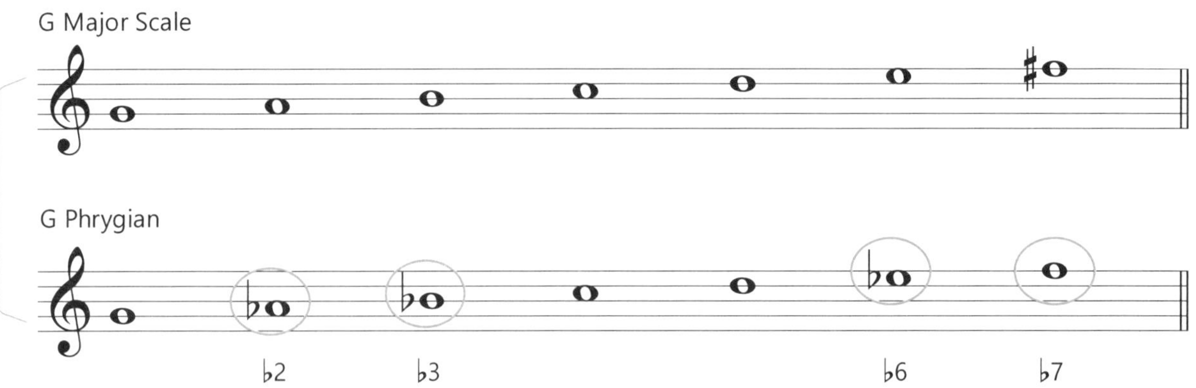

*에올리안(Aeolian): 메이저 스케일의 3, 6, 7번째 음을 반음 내려줍니다. 내추럴 마이너 스케일과 동일한 구조를 가집니다. 사운드가 어둡지만 몽글몽글 애틋하면서 서정적인 느낌입니다.

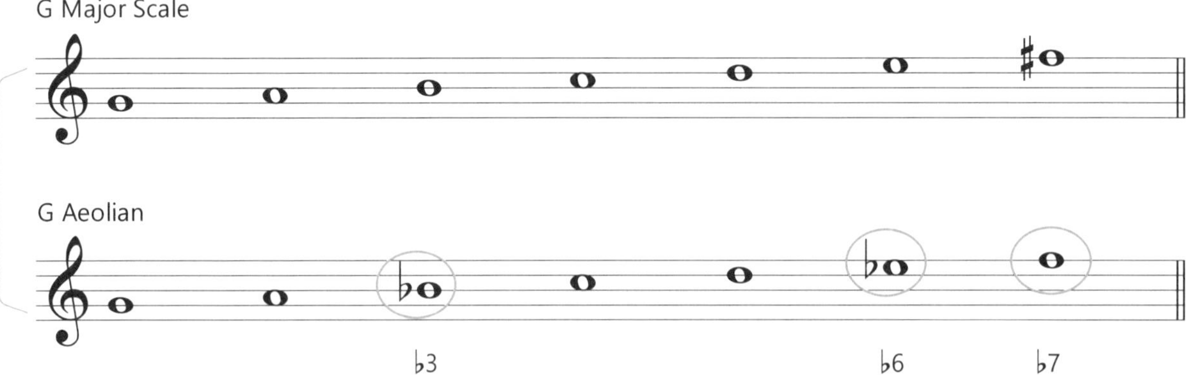

*로크리안(Locrian): 메이저 스케일의 2, 3, 5, 6, 7번째 음을 반음 내려줍니다. 반음을 내린 음들이 많지요? 강한 긴장감을 형성하며 불길한 느낌이랄까요?

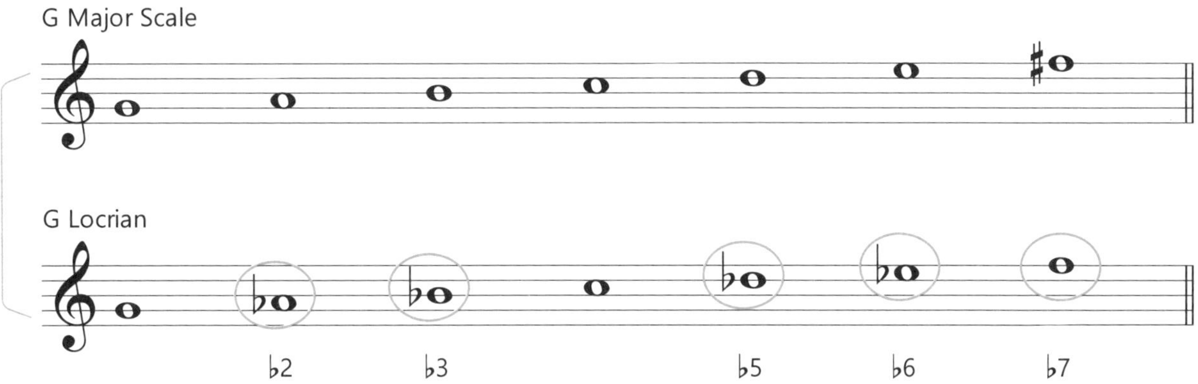

모드스케일의 느낌은 개인적으로 다 다르게 들릴 수 있으니 여러분도 각 모드스케일을 천천히 연주해보거나 따라 부르면서 그 느낌들을 익혀보세요.

***앞에서 배운 내용을 토대로 스케일의 밝기 정도를 표로 나타내보았습니다.**

Brightness of Scale

Lydian Ionian Mixolydian Dorian Aeolian Phrygian Locrian

〈 〈 〈 〈 〈 Bright Dark 〈 〈 〈 〈 〈 〈

***각 모드 스케일의 임시표가 어느 위치에 붙는지 표로 만들어보았습니다.**
12key 모두 동일하니 암기해 주세요.

Mode	음정 관계	Lydian	♯4
Ionian	메이저 스케일과 동일	MixoLydian	♭7
Dorian	♭3, ♭7	Aeolian	♭3, ♭6, ♭7
Phrygian	♭2, ♭3, ♭6, ♭7	Locrian	♭2, ♭3, ♭5, ♭6, ♭7

C. 각 모드 스케일의 텐션과 어보이드

–텐션(Tension)은 코드의 근음으로부터의 음정 관계에 따라, 그 이름을 정합니다.

–일반적으로 코드톤(1, 3, 5, 7음) 이외에 9음, 11음, 13음과 같이 확장된 음들이 텐션으로 사용됩니다.

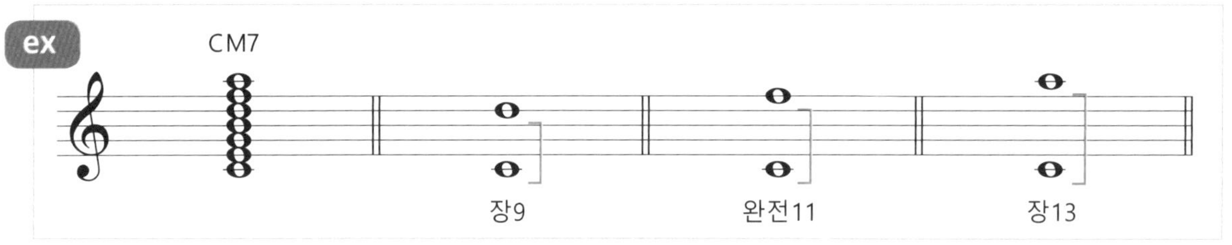

가능한 텐션(Available Tensions) 구하는 법

코드스케일 안에서 바로 앞에 있는 코드톤과 온음 관계(장2도)일 때 사용 가능합니다.

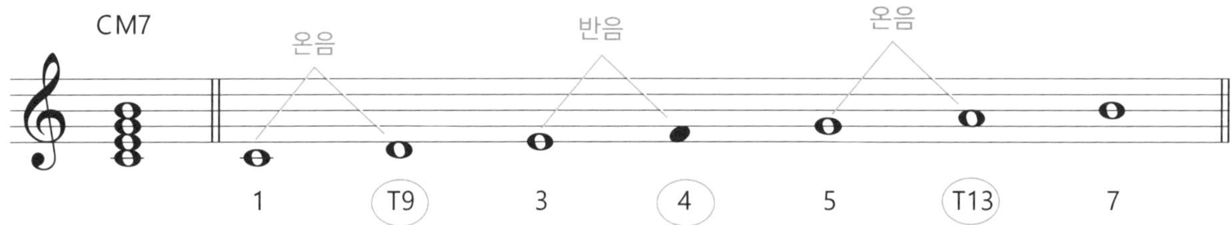

바로 앞에 있는 코드톤과 반음 관계일 때는 화성적으로 불협화음이 발생되므로, 텐션으로 사용하지 않고 **어보이드 노트(Avoid Note)**라고 부릅니다. 위의 예시를 보면 코드톤 3음과 뒤의 4음이 반음 관계인 것을 볼 수 있습니다. 이때는 텐션이 될 수 없고 어보이드 노트라고 부르며, 그것을 음계 안에 있는 4번째 음이라고 하여 'S4(Scale 4)'라고 식별합니다. 단 코드가 메이저 키에서 II–7 기능을 한다면, 위의 경우와는 다르게 해석해야 합니다. WEEK 12의 **주의 1**을 참고하여 다시 한번 확인하시기 바랍니다. 어보이드 노트는 피해야 하는 음이지만 멜로디로 passing tone(지나가는 음)이나 neighbor tone(이웃음)으로는 사용 가능합니다.

여기서 잠깐!!

어보이드 노트는 단순히 바로 앞의 코드톤과 반음 충돌 때문에 피해야 하는 음이라고 생각하지만, 사실은 코드의 화성적 기능이 다른 것으로 바뀌기 때문인 이유가 더 크다고 앞 WEEK 12 텐션(Tensions)에서 자세히 설명해 드렸습니다. 리하모니제이션이나 모달 하모니에서는 의도적으로 활용하여 새로운 화성적 색깔을 만들기도 하기 때문에, 어보이드 노트는 절대적인 불협화음이 아니고 진행의 흐름이 다르면 허용될 수도 있다는 점을 유의해 주세요!

C Key에서 사용하는 모드 스케일과 가능한 텐션들

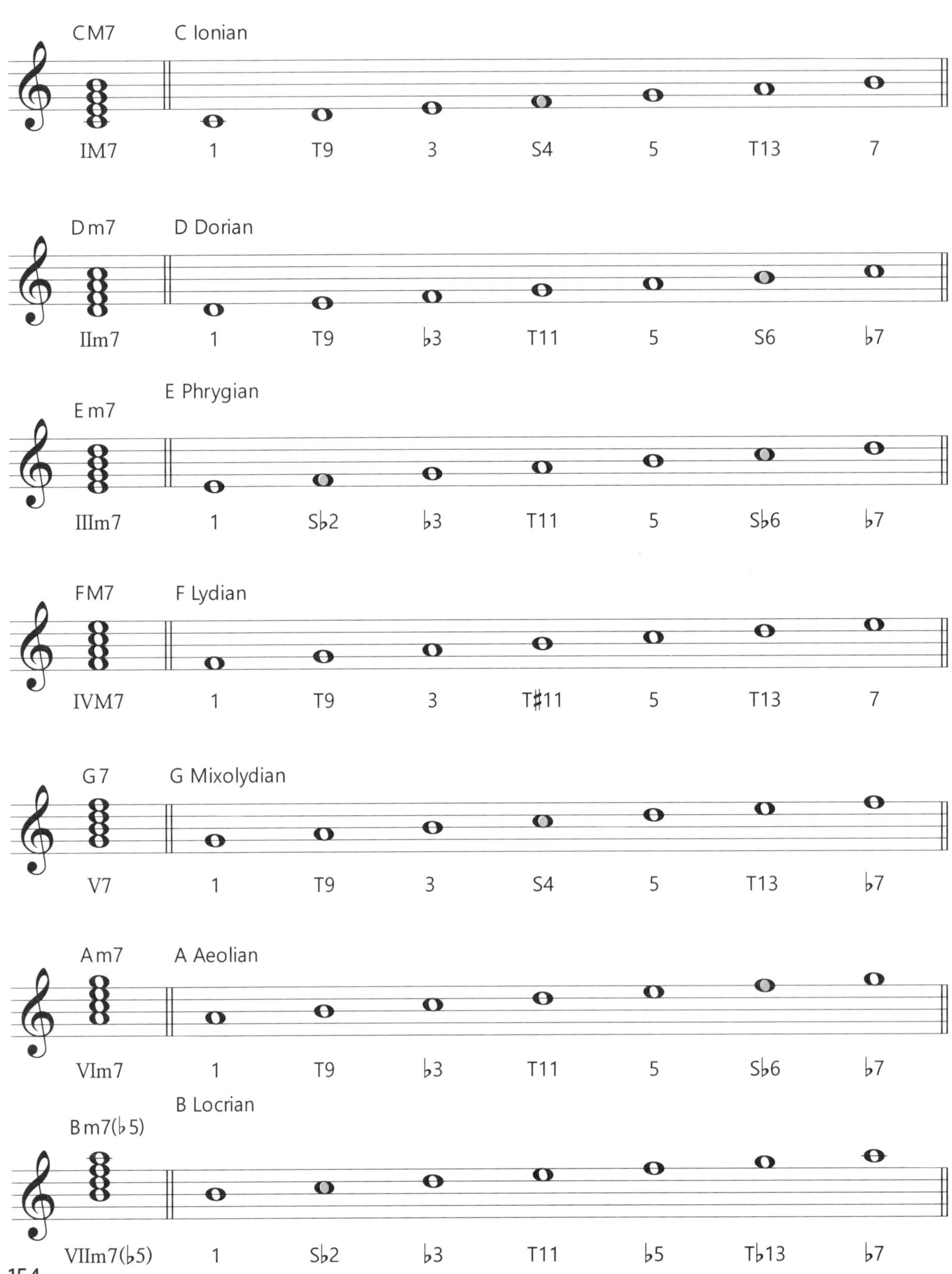

F Key에서 사용하는 모드 스케일과 가능한 텐션들

FM7 — F Ionian

IM7	1	T9	3	S4	5	T13	7

Gm7 — G Dorian

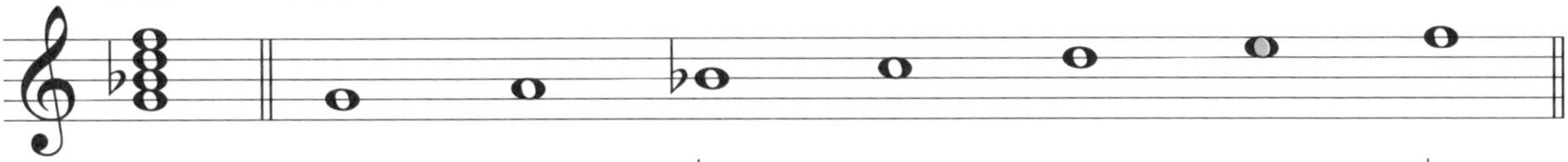

IIm7	1	T9	♭3	T11	5	S6	♭7

Am7 — A Phrygian

IIIm7	1	S♭2	♭3	T11	5	S♭6	♭7

B♭M7 — B♭ Lydian

IVM7	1	T9	3	T♯11	5	T13	7

C7 — C Mixolydian

V7	1	T9	3	S4	5	T13	♭7

Dm7 — D Aeolian

VIm7	1	T9	♭3	T11	5	S♭6	♭7

Em7(♭5) — E Locrian

VIIm7(♭5)	1	S♭2	♭3	T11	♭5	T♭13	♭7

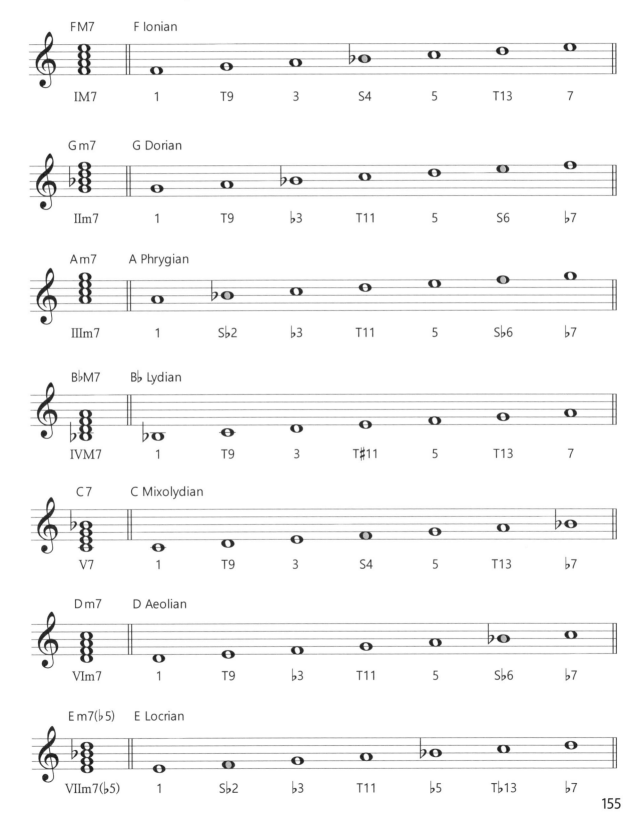

B♭ Key에서 사용하는 모드 스케일과 가능한 텐션들

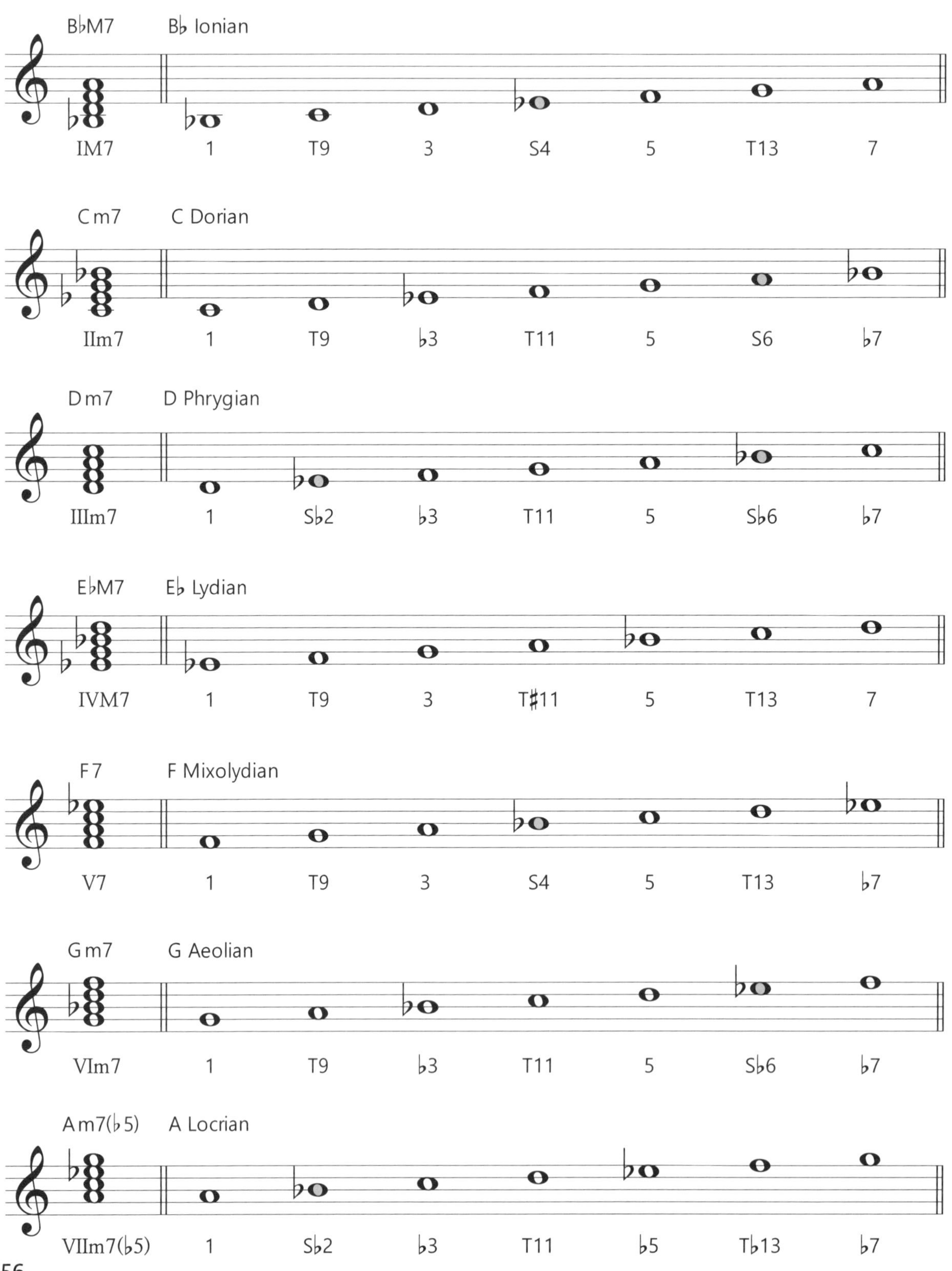

E♭ Key에서 사용하는 모드 스케일과 가능한 텐션들

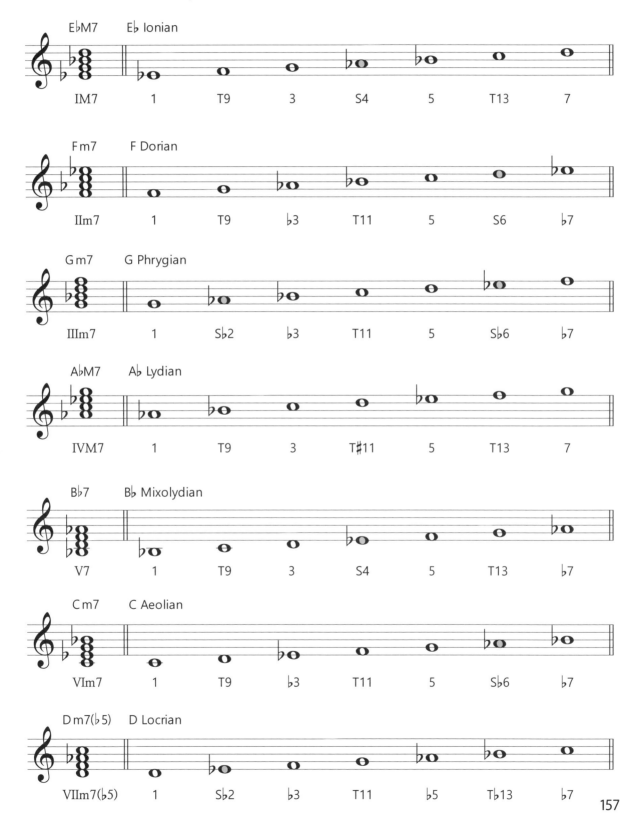

E♭M7 E♭ Ionian

IM7 1 T9 3 S4 5 T13 7

Fm7 F Dorian

IIm7 1 T9 ♭3 T11 5 S6 ♭7

Gm7 G Phrygian

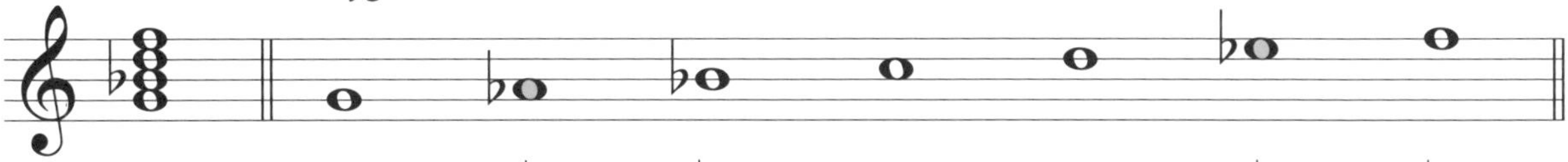

IIIm7 1 S♭2 ♭3 T11 5 S♭6 ♭7

A♭M7 A♭ Lydian

IVM7 1 T9 3 T♯11 5 T13 7

B♭7 B♭ Mixolydian

V7 1 T9 3 S4 5 T13 ♭7

Cm7 C Aeolian

VIm7 1 T9 ♭3 T11 5 S♭6 ♭7

Dm7(♭5) D Locrian

VIIm7(♭5) 1 S♭2 ♭3 T11 ♭5 T♭13 ♭7

A♭ Key에서 사용하는 모드 스케일과 가능한 텐션들

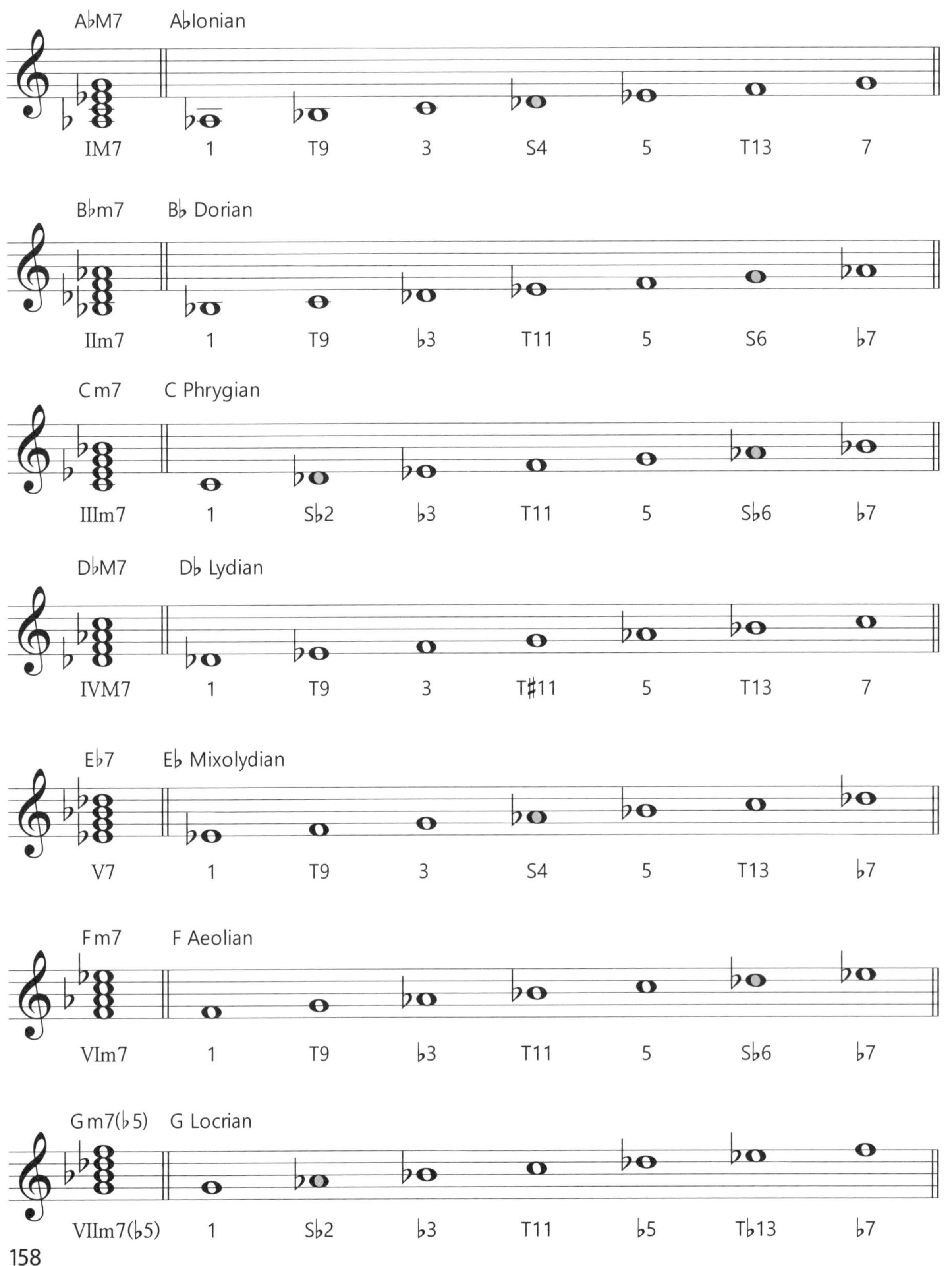

D♭ Key에서 사용하는 모드 스케일과 가능한 텐션들

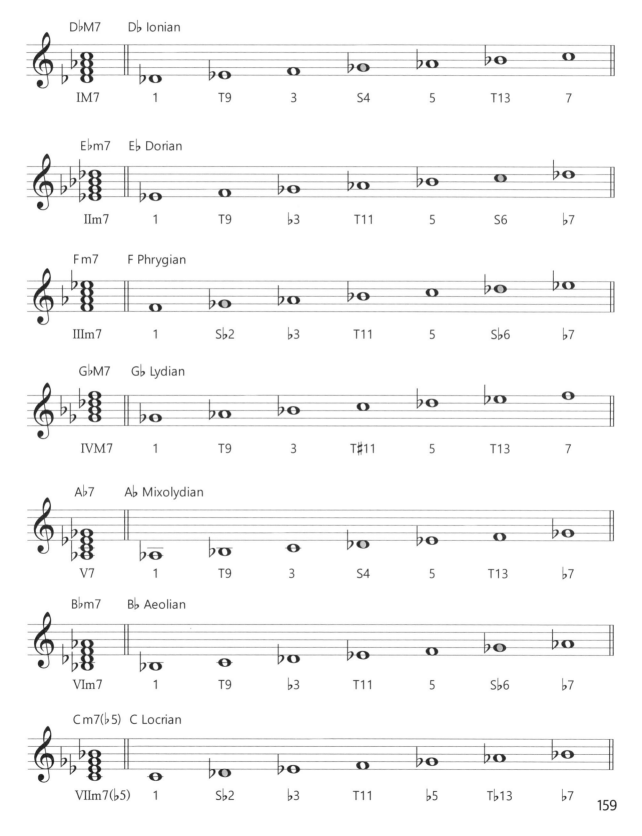

D♭M7　D♭ Ionian

IM7　1　T9　3　S4　5　T13　7

E♭m7　E♭ Dorian

IIm7　1　T9　♭3　T11　5　S6　♭7

Fm7　F Phrygian

IIIm7　1　S♭2　♭3　T11　5　S♭6　♭7

G♭M7　G♭ Lydian

IVM7　1　T9　3　T♯11　5　T13　7

A♭7　A♭ Mixolydian

V7　1　T9　3　S4　5　T13　♭7

B♭m7　B♭ Aeolian

VIm7　1　T9　♭3　T11　5　S♭6　♭7

Cm7(♭5)　C Locrian

VIIm7(♭5)　1　S♭2　♭3　T11　♭5　T♭13　♭7

G♭ Key에서 사용하는 모드 스케일과 가능한 텐션들

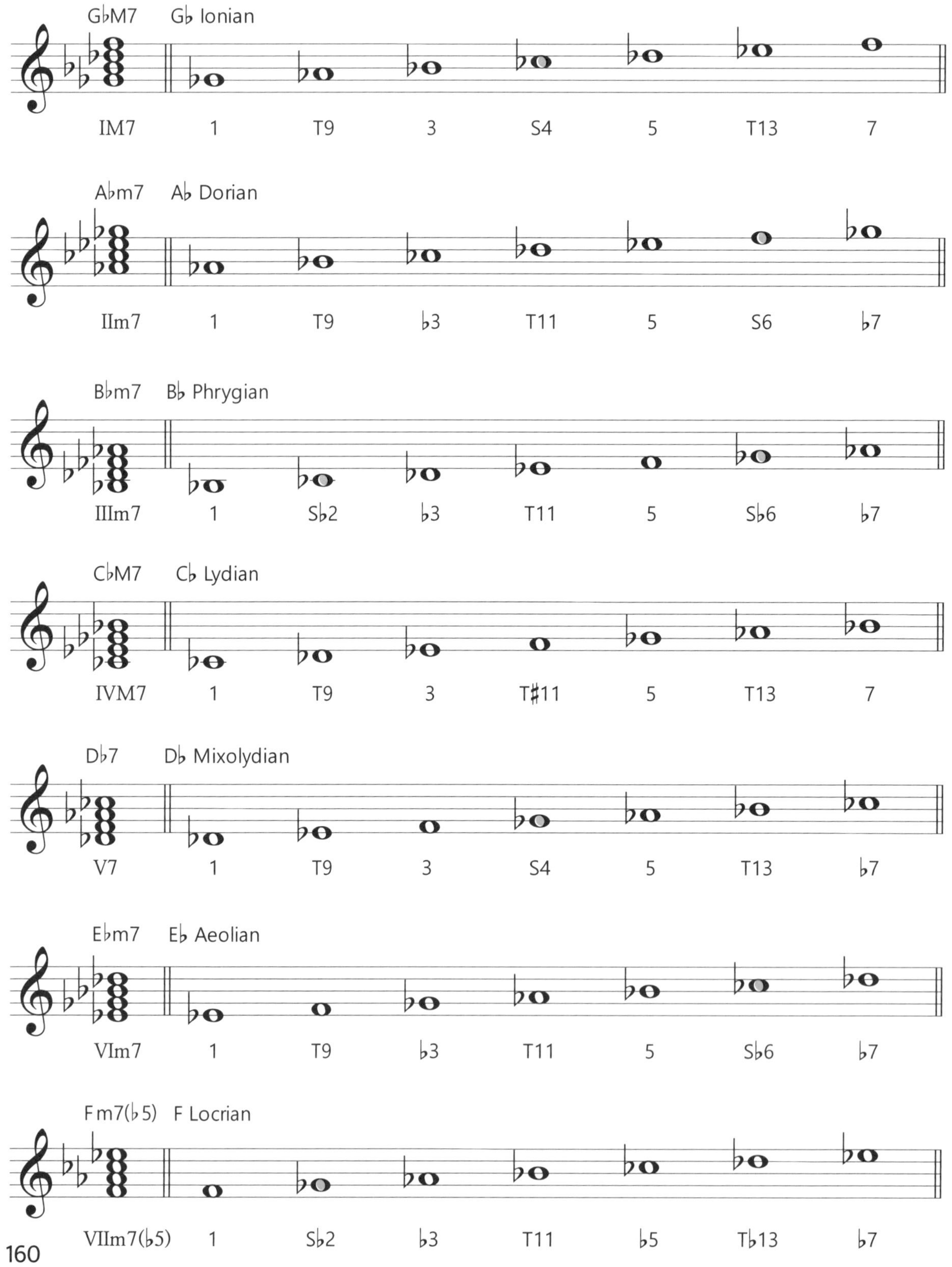

B Key에서 사용하는 모드 스케일과 가능한 텐션들

BM7 — B Ionian

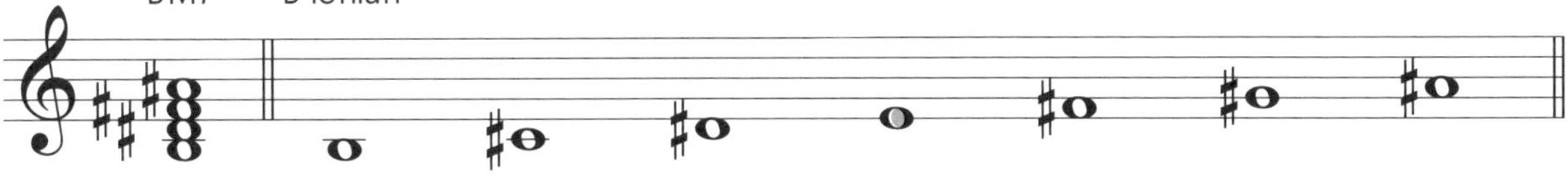

IM7	1	T9	3	S4	5	T13	7

C♯m7 — C♯ Dorian

IIm7	1	T9	♭3	T11	5	S6	♭7

D♯m7 — D♯ Phrygian

IIIm7	1	S♭2	♭3	T11	5	S♭6	♭7

EM7 — E Lydian

IVM7	1	T9	3	T♯11	5	T13	7

F♯7 — F♯ Mixolydian

V7	1	T9	3	S4	5	T13	♭7

G♯m7 — G♯ Aeolian

VIm7	1	T9	♭3	T11	5	S♭6	♭7

A♯m7(♭5) — A♯ Locrian

VIIm7(♭5)	1	S♭2	♭3	T11	♭5	T♭13	♭7

E Key에서 사용하는 모드 스케일과 가능한 텐션들

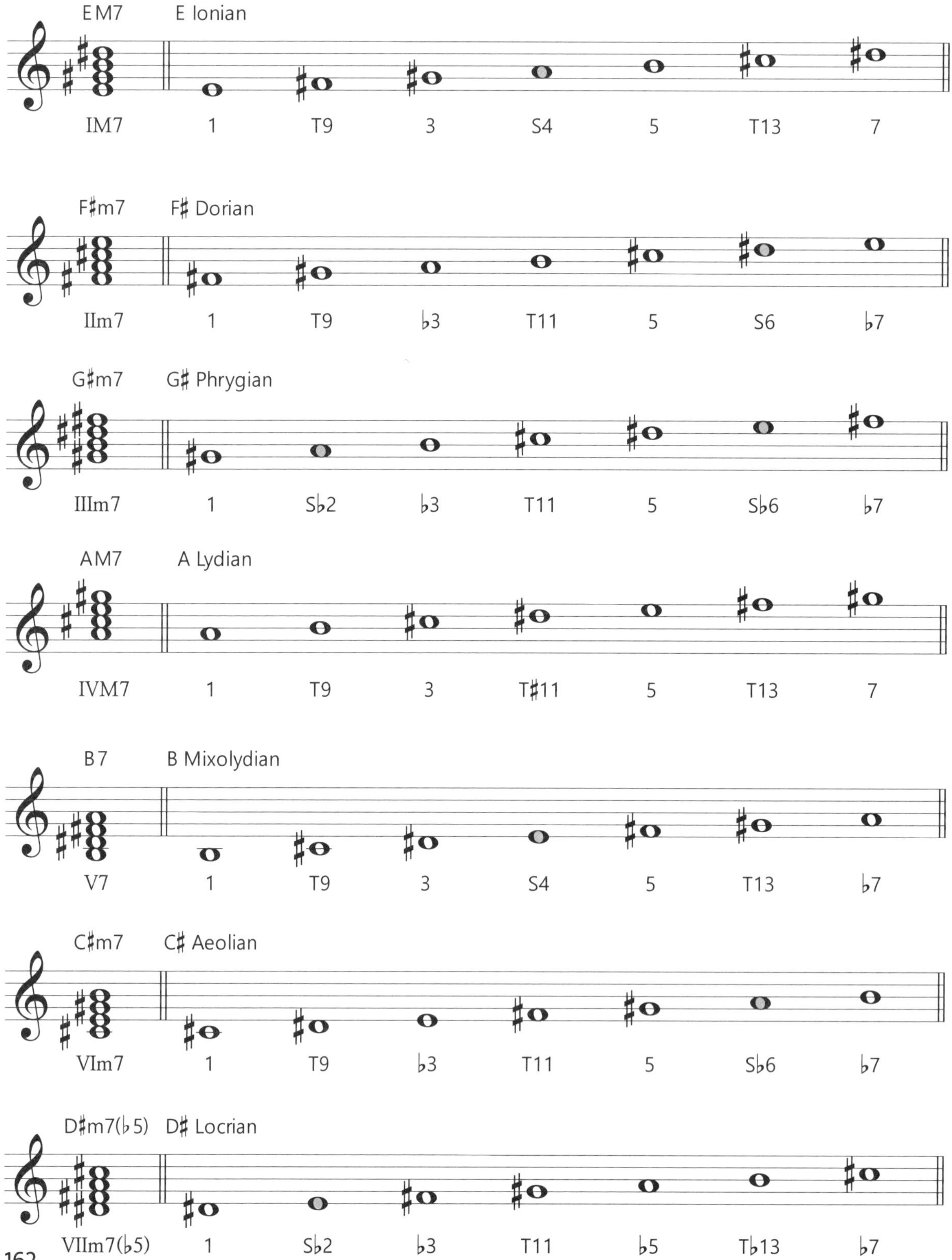

A Key에서 사용하는 모드 스케일과 가능한 텐션들

AM7	A Ionian						
IM7	1	T9	3	S4	5	T13	7

Bm7	B Dorian						
IIm7	1	T9	♭3	T11	5	S6	♭7

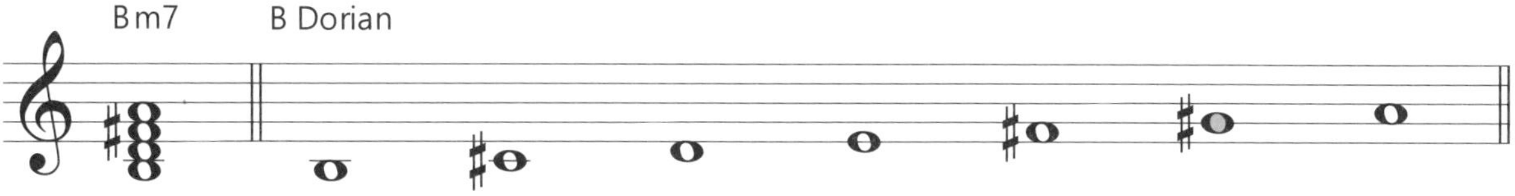

C♯m7	C♯ Phrygian						
IIIm7	1	S♭2	♭3	T11	5	S♭6	♭7

DM7	D Lydian						
IVM7	1	T9	3	T♯11	5	T13	7

E7	E Mixolydian						
V7	1	T9	3	S4	5	T13	♭7

F♯m7	F♯ Aeolian						
VIm7	1	T9	♭3	T11	5	S♭6	♭7

G♯m7(♭5)	G♯ Locrian						
VIIm7(♭5)	1	S♭2	♭3	T11	♭5	T♭13	♭7

D Key에서 사용하는 모드 스케일과 가능한 텐션들

*이번 모드스케일은 여러분이 해보시기 바랍니다. 몸이 고생을 해야 비로소 자신의 것이 된답니다. 앞부분의 모드스케일을 잘 복습하고 도전해 보세요!

G Key에서 사용하는 모드 스케일과 가능한 텐션들

이번 모드스케일도 해보시고 각 모드스케일의 임시표가 어느 위치에 붙는지 외워주세요!

아래의 표는 다이아토닉 코드 안에서 가능한 텐션들과 어보이드 노트들입니다.
12key 모두 변화 없이 똑같으니 꼭 암기해 주세요.

Diatonic Chords	Cmaj7	Dm7	Em7	Fmaj7	G7	Am7	B-7♭5
Roman Numerals	IM7	IIm7	IIIm7	IVM7	V7	VIm7	VIIm7(♭5)
Modes	Ionian	Dorian	Phrygian	Lydian	Mixo-Lydian	Aeolian	Locrian
Available Tensions	9, 13	9, 11	11	9, ♯11, 13	9, 13	9, 11	11, ♭13
Avoid Notes	S4	S6	S♭2, S♭6	없음	S4	S♭6	S♭2

D. 연습문제

1. 다음 제시된 모드스케일의 이름을 보고 알맞게 적어보세요.

1-7) B Aeolian

1-8) A Locrian

1-9) D♭ Mixolydian

1-10) G Lydian

1-11) F♯ Ionian

1-12) C Phrygian

2. 다음 예시를 보고 알맞은 모드스케일을 그리고 가능한 텐션도 적어보세요.

EX) F key의 IIIm7은? A Phrygian / T11

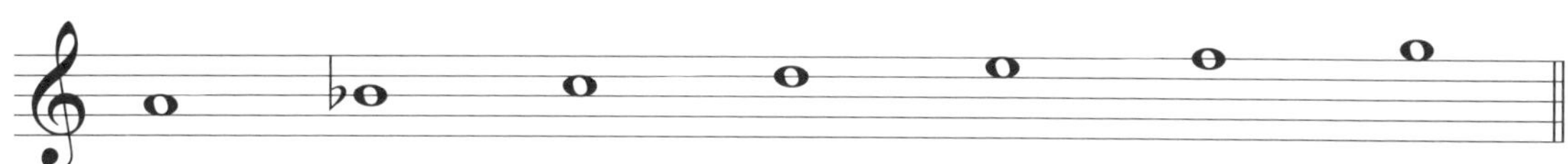

2-1) E key의 IVM7은? ______________________

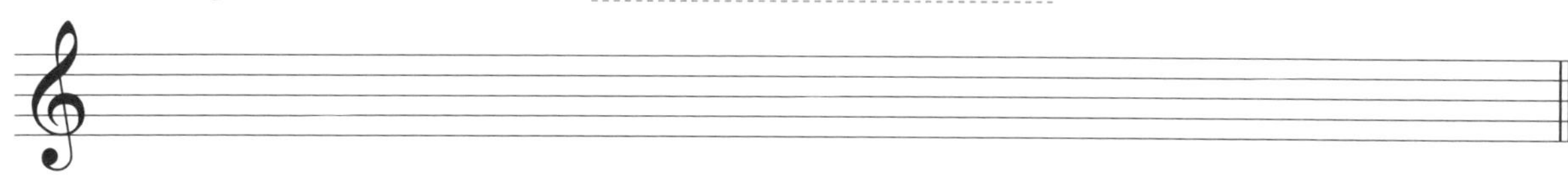

2-2) B♭ key의 IIm7은? ______________________

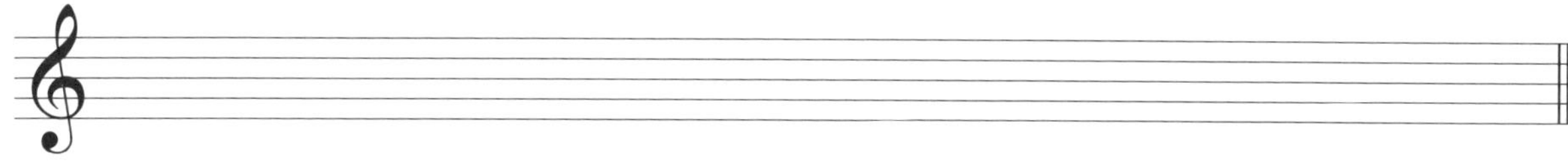

2-3) G key의 V7은? ______________________

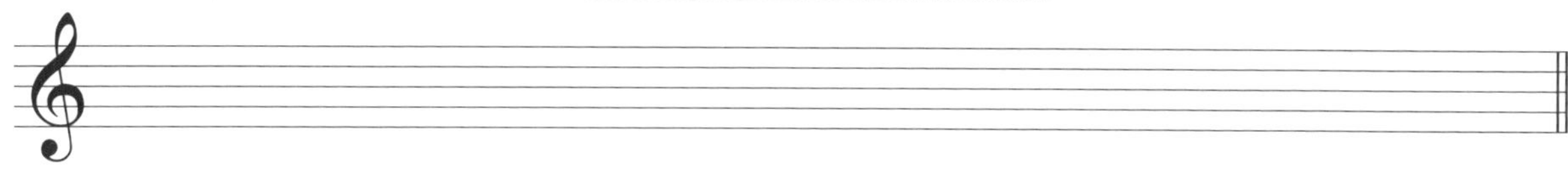

2-4) A key의 VIm7은? ______________________

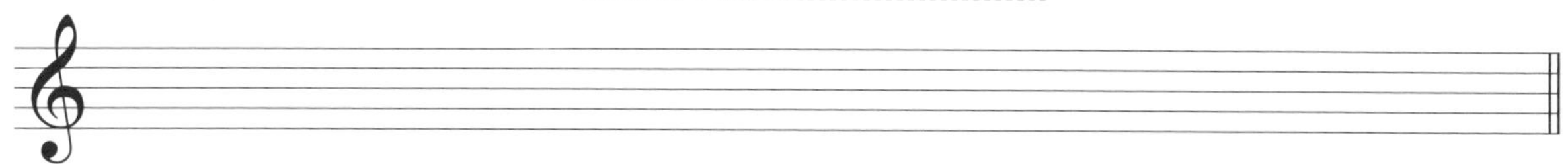

2-5) D♭ key의 VIIm7♭5은? ______________________

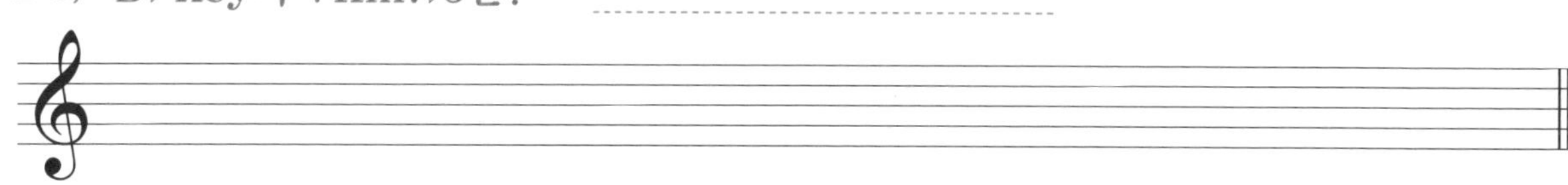

2-6) B key의 IIIm7은? ______________

2-7) C key의 IVM7은? ______________

2-8) Dkey의 VIm7은? ______________

2-9) E♭key의 IIm7은? ______________

3. 다음 주어진 모드스케일을 보고 모드 이름을 적어보세요.

3-1) ______________________

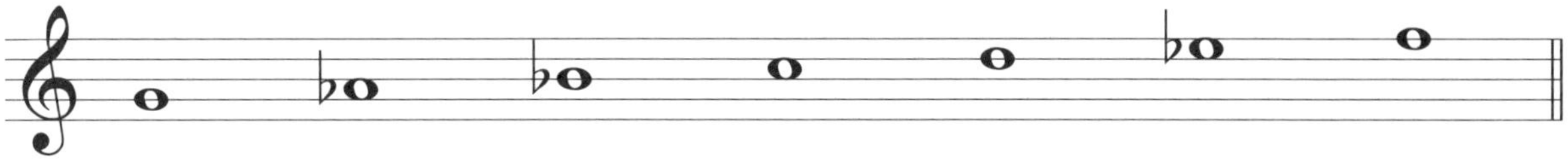

3-2) ______________________

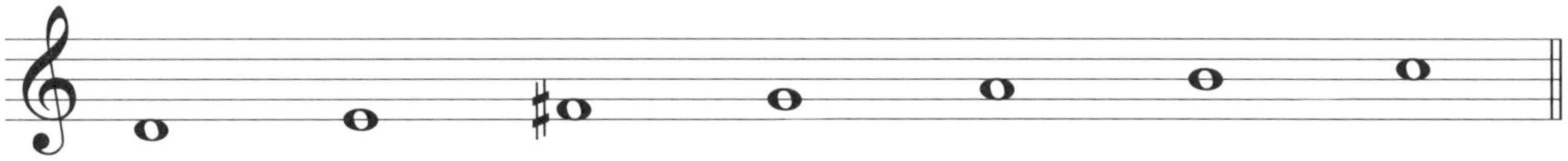

3-3) ______________________

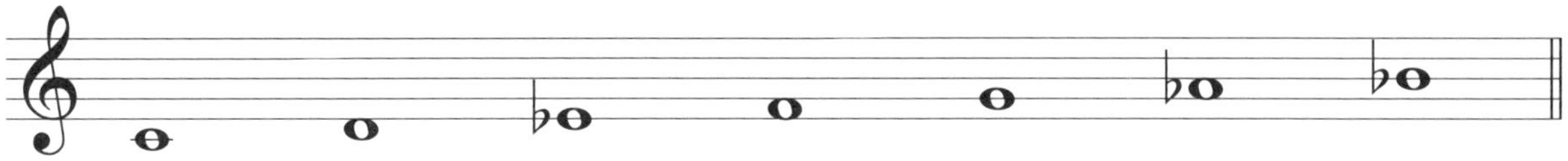

3-4) ______________________

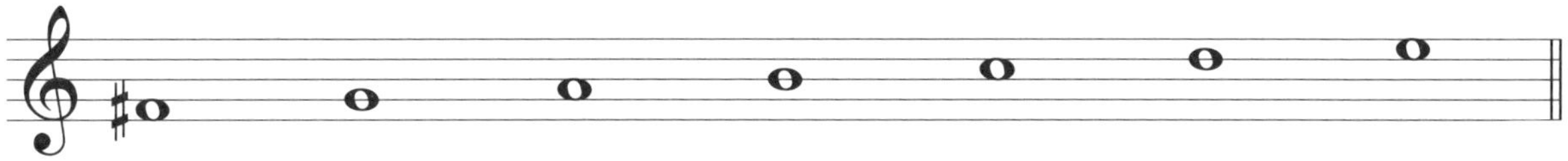

3-5) ______________________

3-6) ______________________

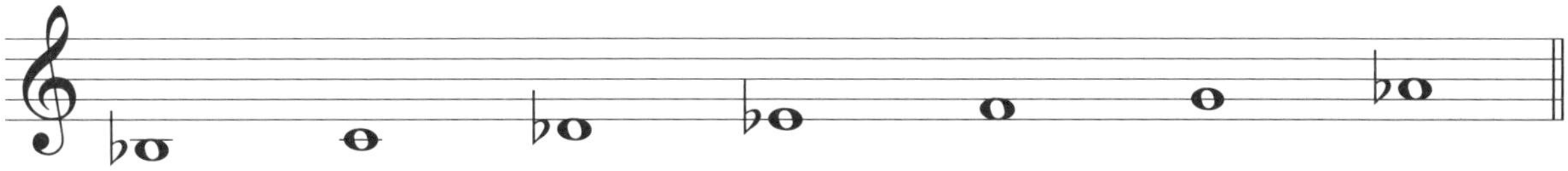

3-7) ______________________

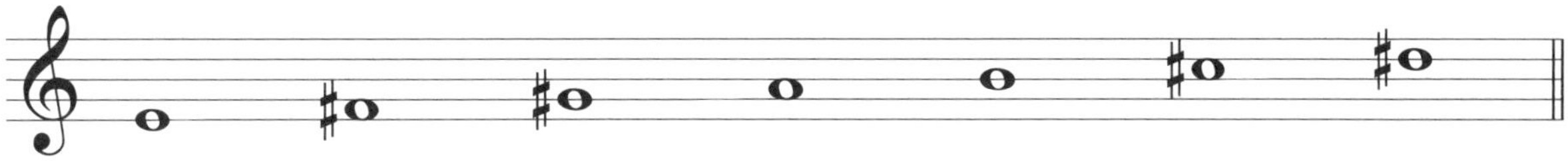

3-8) ______________________

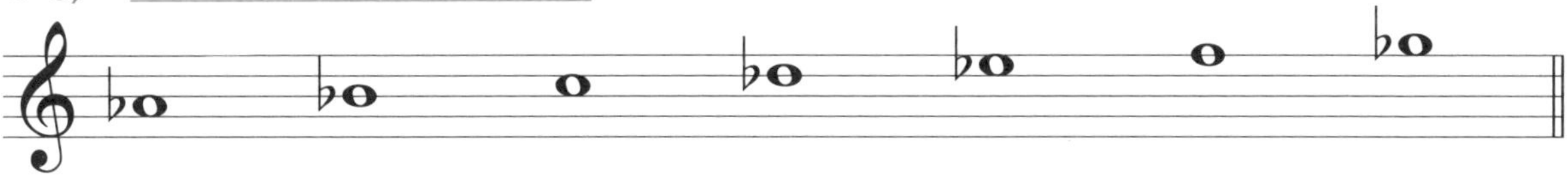

4. 다음 예시에 주어진 코드 진행을 보고 코드 스케일의 이름과 스케일을 적어보세요.
코드 위에 표기된 번호를 보고 그에 맞는 문제를 풀어보세요.

뉴욕언니와
모두의
재즈화성학

그 밖의 기능성 음계들(Other Functional Scales)

A. 펜타토닉 스케일(Pentatonic Scale)

펜타토닉은 5개의 음으로 구성된 음계로, 메이저 펜타토닉(Major Pentatonic)과 마이너 펜타토닉(Minor Pentatonic)으로 구분됩니다. 우리나라를 비롯해 동양권에서 주로 사용되며 일반적으로 반음 간격을 포함하고 있지 않습니다. 펜타토닉 스케일은 멜로디의 구성음이나 즉흥연주 때 자주 활용되니 꼭 암기해주세요.

메이저 펜타토닉(Major Pentatonic): 1, 2, 3, 5, 6음들로 구성됩니다.
마이너 펜타토닉(Minor Pentatonic): 1, ♭3, 4, 5, ♭7음들로 구성됩니다.

• 메이저 펜타토닉(Major Pentatonic) 스케일

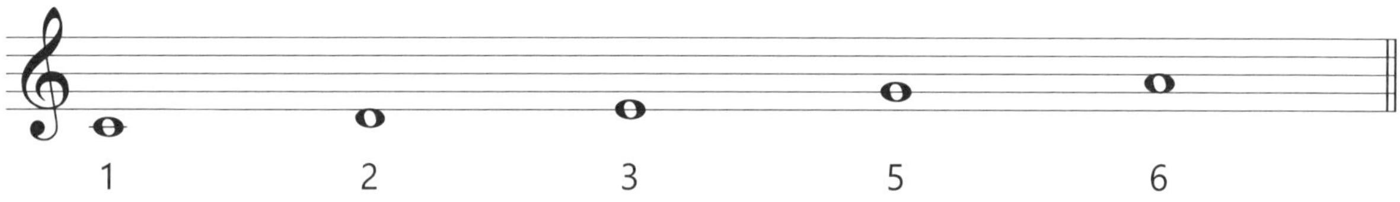

• 마이너 펜타토닉(Minor Pentatonic) 스케일

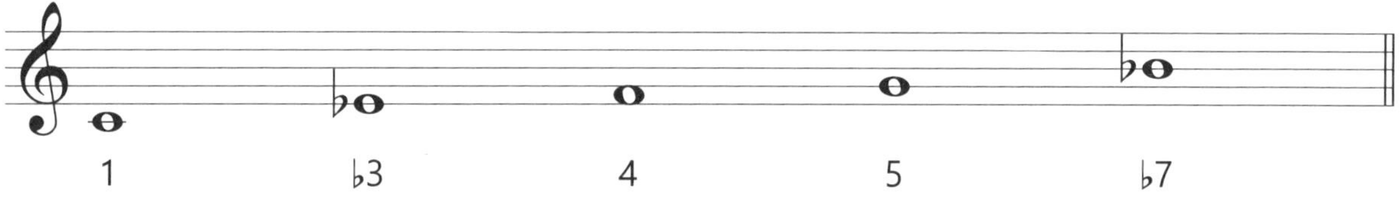

메이저 펜타토닉은 밝고 친숙하며 감성적인 느낌의 사운드가 특징이어서 팝, 컨트리, 록, 포크 음악 등의 스타일에서 자주 사용됩니다.
마이너 펜타토닉은 메이저 펜타토닉보다 음색이 강하고 소울풀한 사운드를 가지고 있어서 록, 하드록, 블루스, 헤비메탈, 펑크, R&B, 힙합, 재즈 등에서 많이 사용됩니다.

• Major Pentatonic scale 12 key

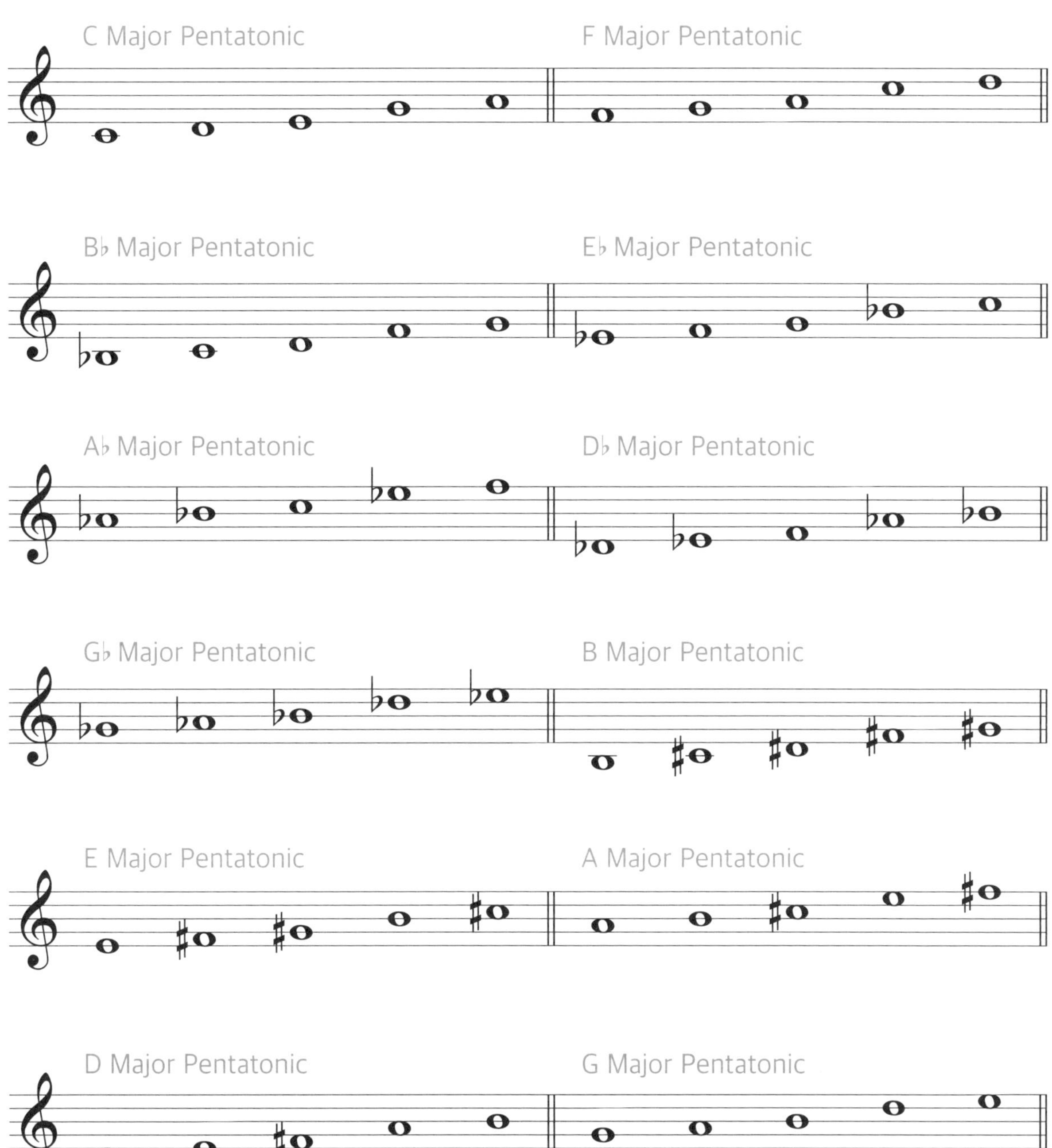

• Minor Pentatonic scale 12 key

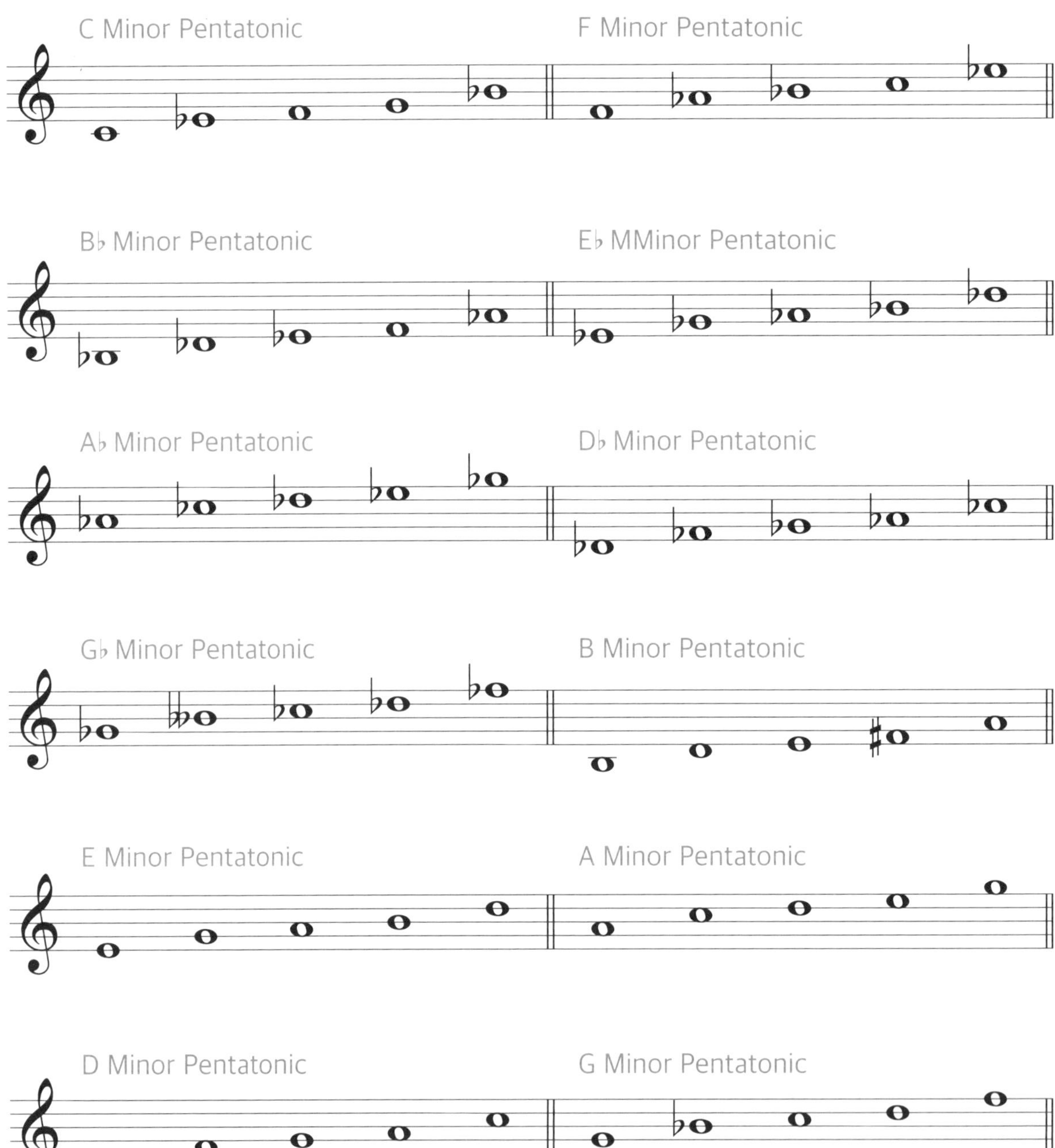

B. 블루스 스케일(Blues Scale)

블루스 스케일은 1, ♭3, 4, ♭5, 5, ♭7음으로 구성되어 있습니다.
마이너 펜타토닉 음계에서 ♭5음을 더한 스케일입니다.
블루스는 흑인들의 노동요와 가스펠에서 영향을 받아 발전한 음악으로 현재는 팝과 재즈 등 거의 모든 대중음악에 많은 영향력을 미치고 있습니다.

• Blues scale 12 key

C Blues Scale

F Blues Scale

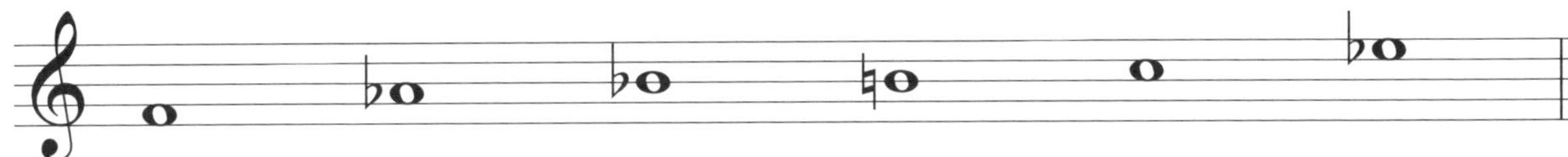

B♭ Blues Scale

E♭ Blues Scale

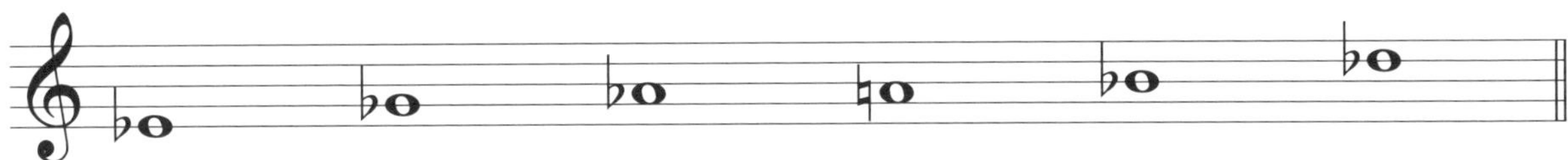

A♭ Blues Scale

D♭ Blues Scale

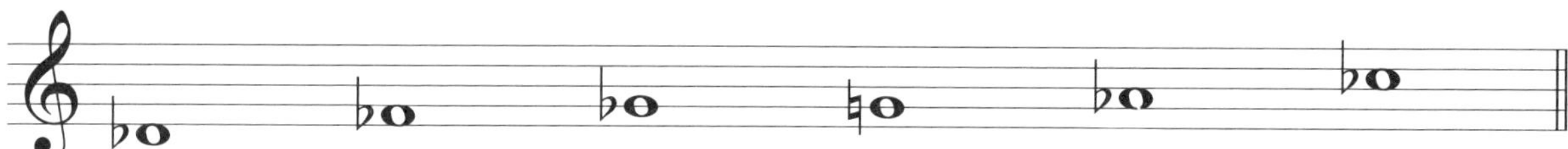

G♭ Blues Scale

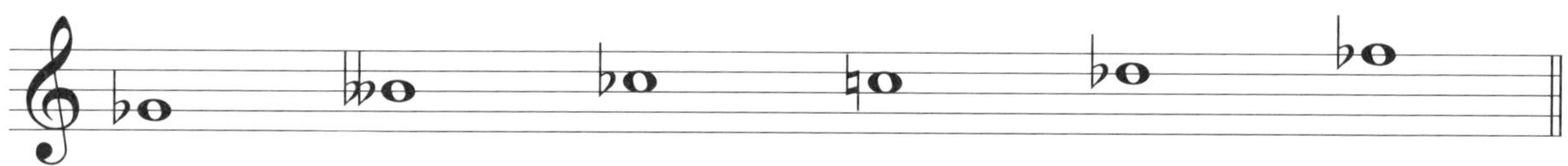

B Blues Scale

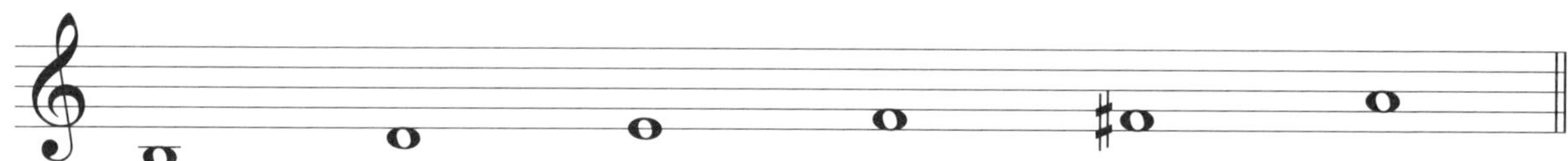

E Blues Scale

A Blues Scale

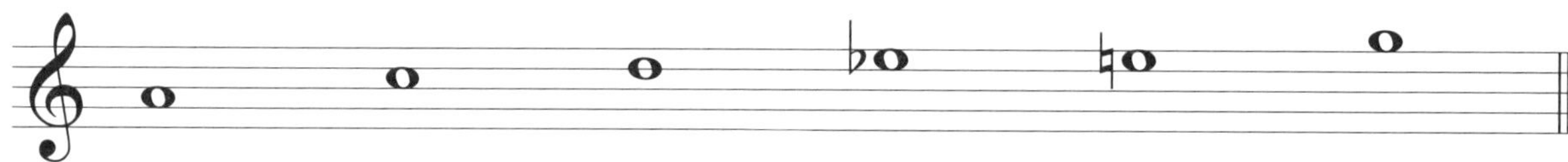

D Blues Scale

G Blues Scale

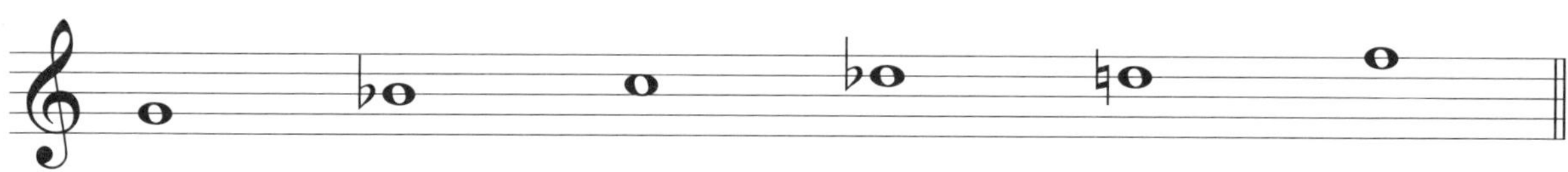

C. 홀톤 스케일(Whole-tone Scale)

홀톤 스케일은 6개의 음들로 구성되어 있으며 모든 음들의 간격이 온음입니다. 반음 간격이 존재하지 않아 모호하고 몽환적인 느낌을 줍니다. 홀톤 스케일은 단 2개만 존재하며 한 조에 속해있는 각 스케일의 음을 근음으로 놓을 경우, 6가지 각각 다른 홀톤 스케일로 나오나 구성음은 동일합니다. 홀톤 스케일은 완전4도나 완전5도가 없고, 장3도나 증4도 관계로 있기 때문에 조성감이 약합니다. 홀톤 스케일은 Augmented Chord(어그먼트 3화음 코드)나 Augmented 도미넌트 7 코드(ex: C7♯5)에서 주로 사용 가능합니다.

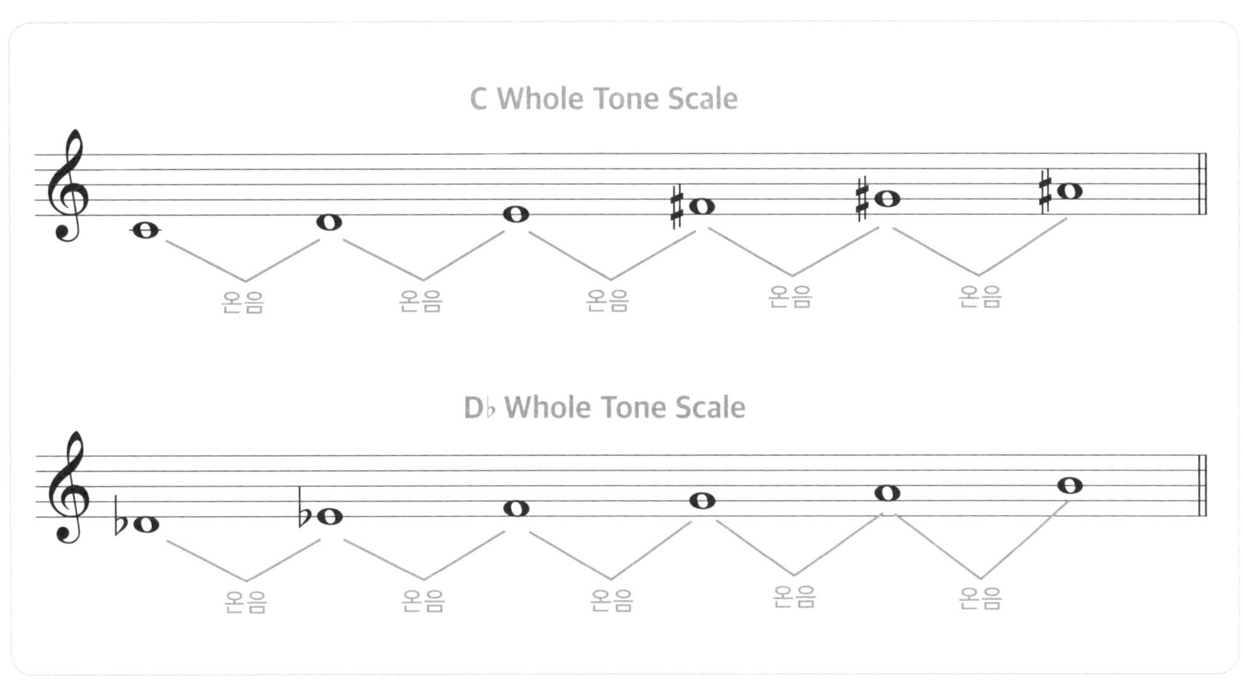

위의 두 스케일은 서로 다른 음을 포함하며, 어떤 음을 기준으로 시작하던지 결국은 두 그룹 중 하나에 속합니다. 다음 예시들을 참고해 주세요.

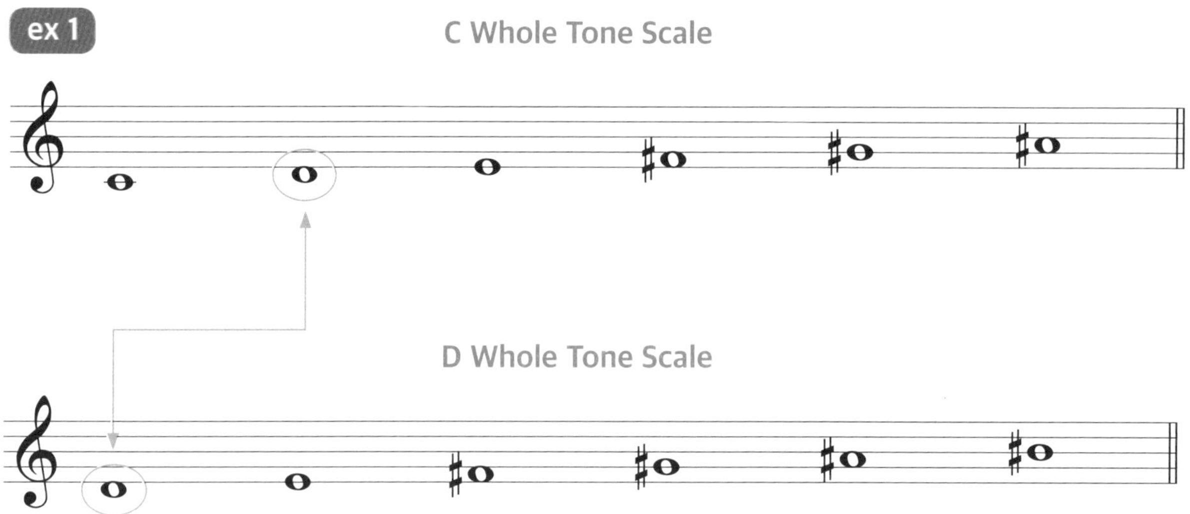

C whole tone scale의 2번째 음으로 시작하는 홀톤 스케일(구성음 동일)

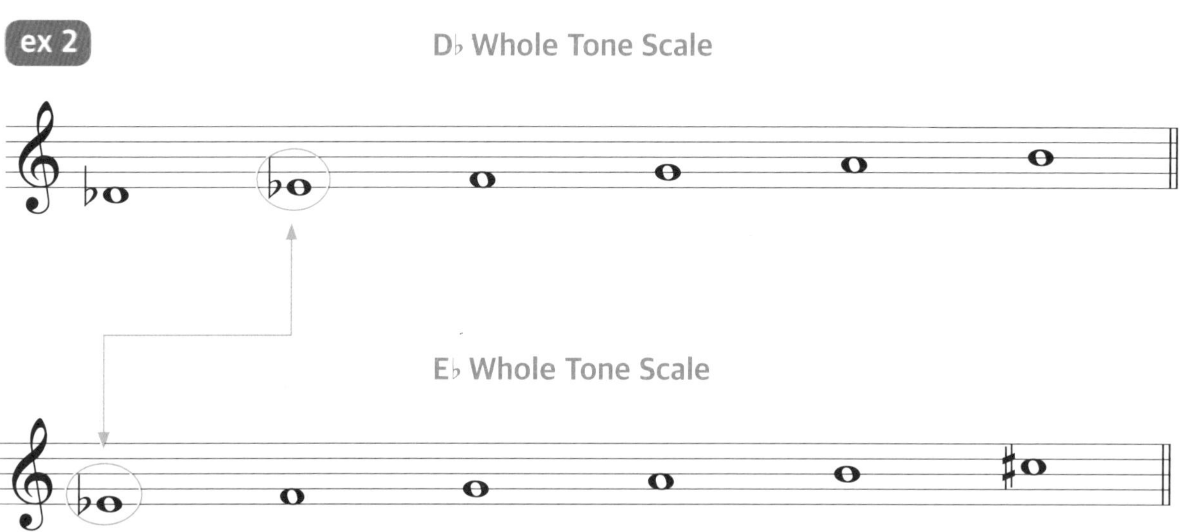

D♭ whole tone scale의 2번째 음으로 시작하는 홀톤 스케일(구성음 동일)

c wholetone = D wholetone= E wholetone= F♯wholetone= G♯wholetone= A♯wholetone

D♭ wholetone = E♭ wholetone= F wholetone= G wholetone= A wholetone= B wholetone

• Whole tone scale 12 key

C Whole Tone Scale

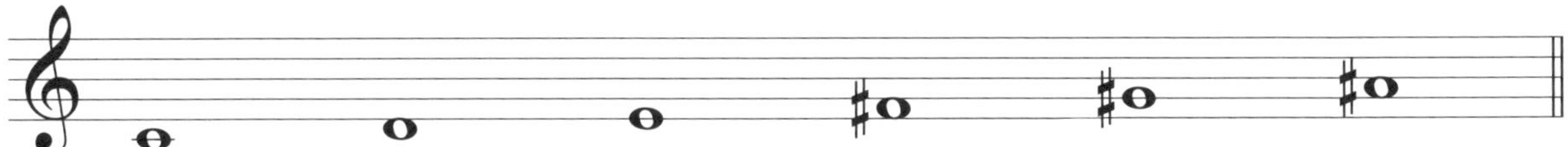

F Whole Tone Scale

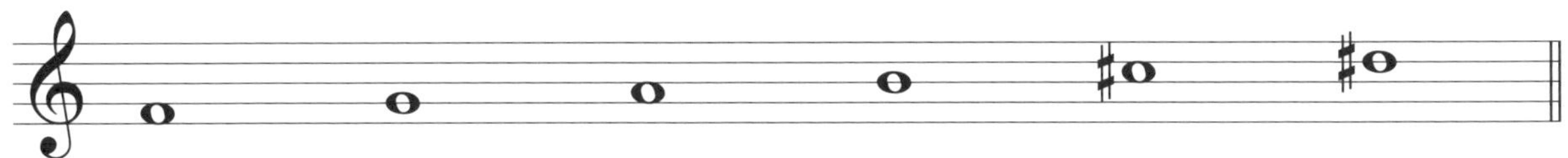

B♭ Whole Tone Scale

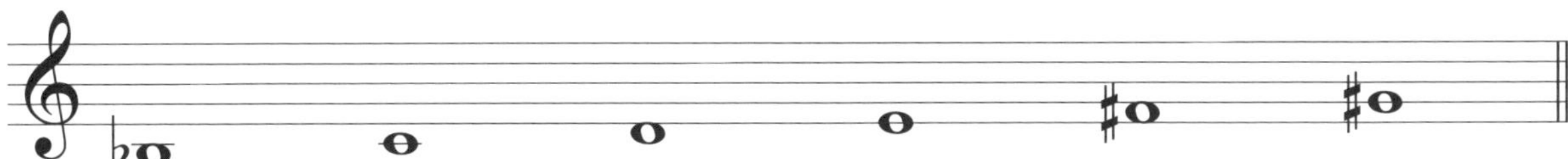

E♭ Whole Tone Scale

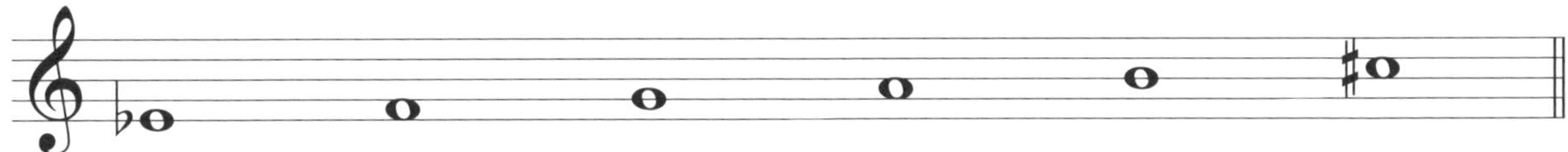

A♭ Whole Tone Scale

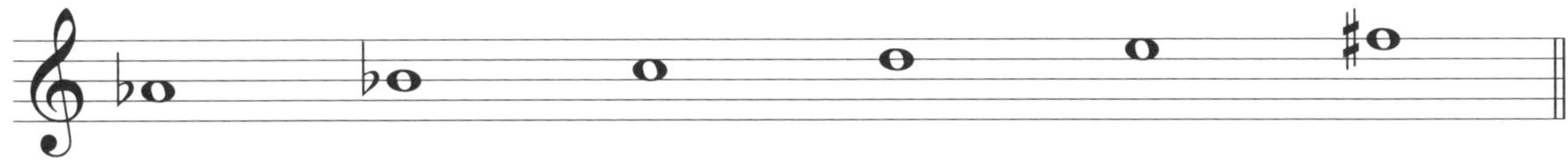

D♭ Whole Tone Scale

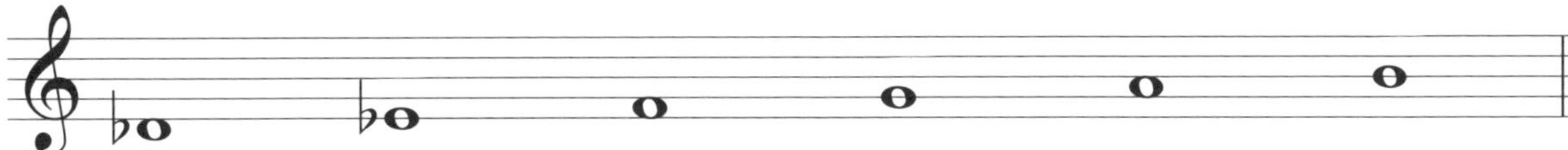

G♭ Whole Tone Scale

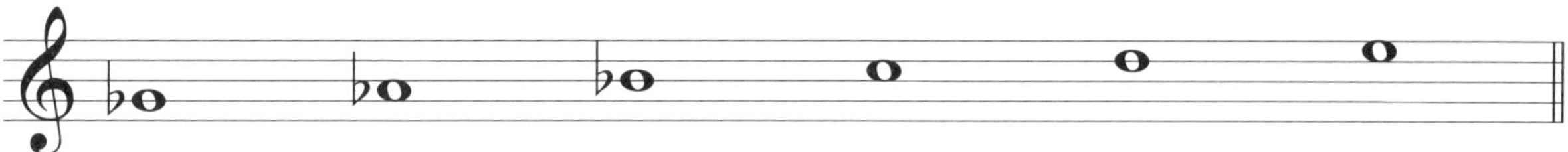

B Whole Tone Scale

E Whole Tone Scale

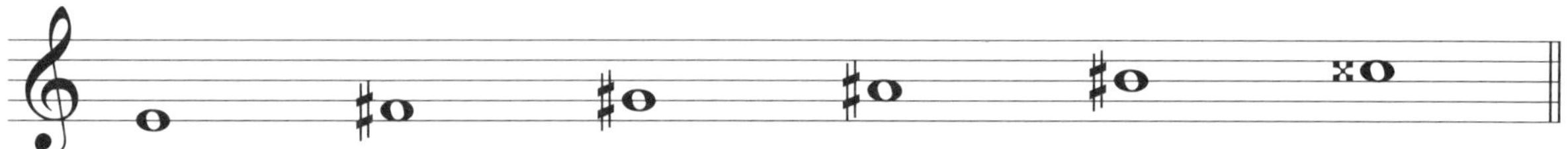

A Whole Tone Scale

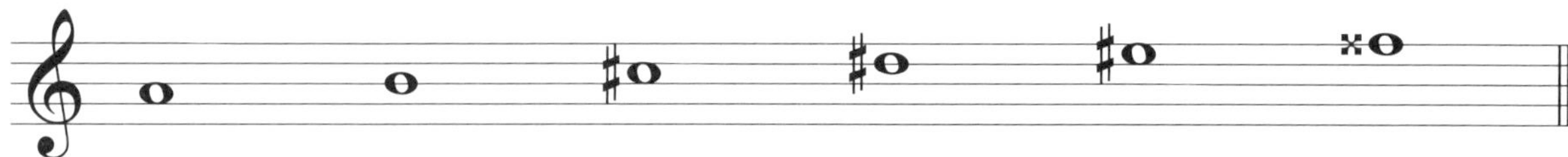

D Whole Tone Scale

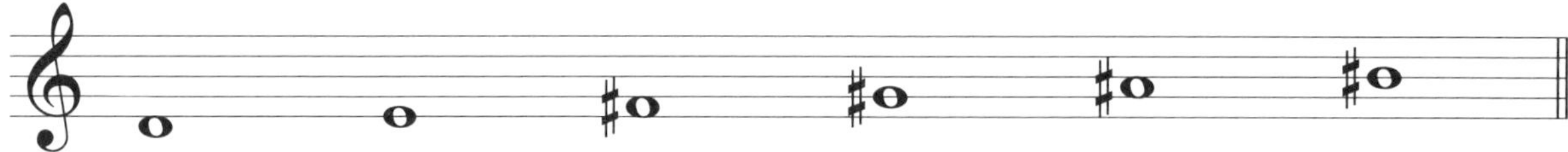

G Whole Tone Scale

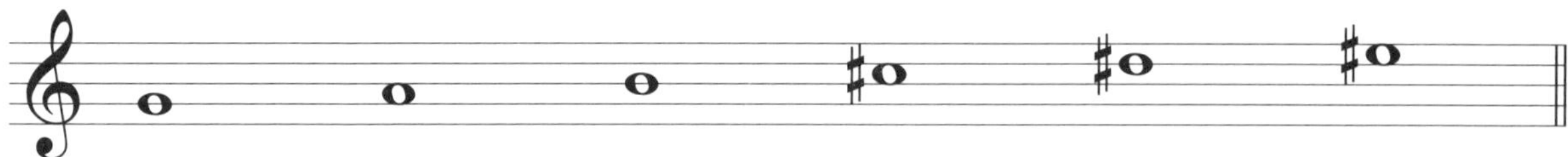

D. 디미니시 스케일(Diminished scale)

1) 시메트릭 디미니시 스케일(Symmetric Diminished scale)

시메트릭 디미니시 스케일은 주어진 디미니시 코드에 장2도 위의 또 다른 디미니시 코드가 합하여 만들어진 음계입니다. 총 8개의 구성음으로 이루어져 있습니다.
'온음-반음-온음-반음'의 일정한 간격으로 교차하며, 서로 대칭이 되는 패턴을 가지고 있어서 Symmetric Diminished scale(시메트릭 디미니시 스케일)이라고 부릅니다. 또한 '온음-반음-온음-반음'의 간격 때문에 Whole-Half Diminished Scale(홀-하프 디미니시 스케일)이라고도 부릅니다.

Whole-Half Diminished Scale = Symmetric Diminished Scale

아래의 예시를 보면 C dim7 코드톤에 장2도 위의 D dim7 코드톤이 합쳐진 것을 알 수 있습니다.

ex

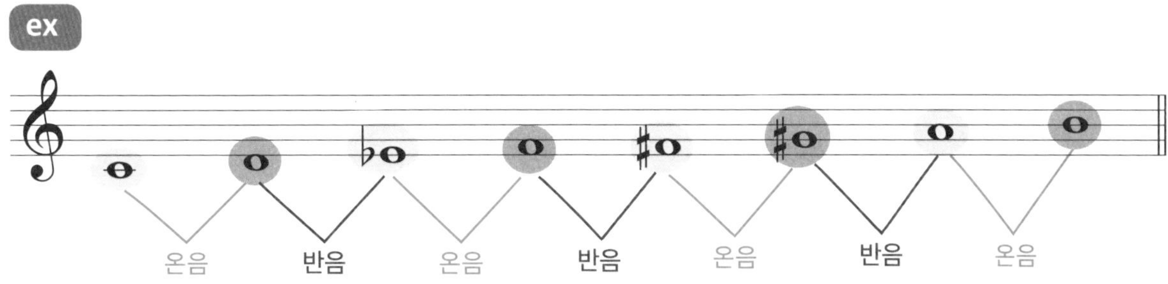

• Symmetric Diminished scale 12 key

C Symmetric Diminished scale (W-H Diminished Scale)

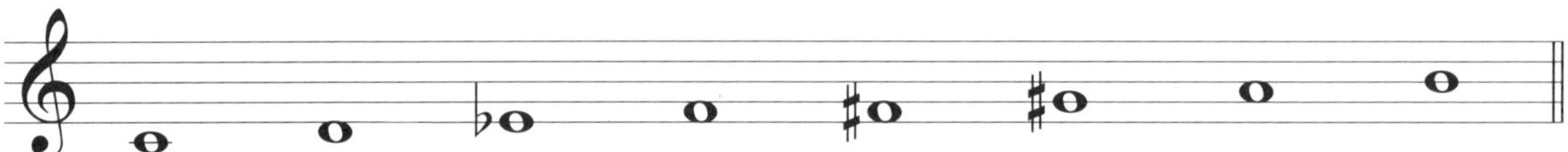

F Symmetric Diminished scale (W-H Diminished Scale)

B♭ Symmetric Diminished scale (W-H Diminished Scale)

E♭ Symmetric Diminished scale (W-H Diminished Scale)

A♭ Symmetric Diminished scale (W-H Diminished Scale)

D♭ Symmetric Diminished scale (W-H Diminished Scale)

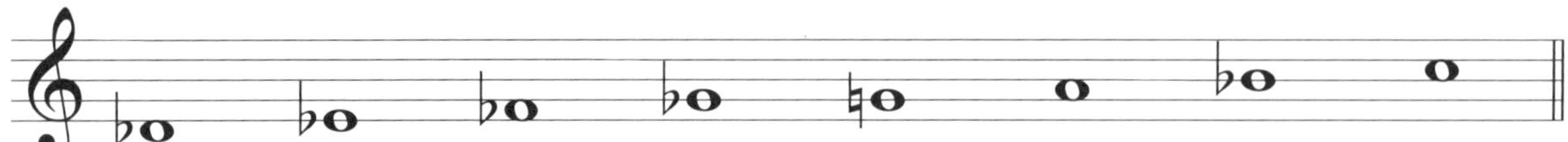

G♭ Symmetric Diminished scale (W-H Diminished Scale)

B Symmetric Diminished scale (W-H Diminished Scale)

E Symmetric Diminished scale (W-H Diminished Scale)

A Symmetric Diminished scale (W-H Diminished Scale)

D Symmetric Diminished scale (W-H Diminished Scale)

G Symmetric Diminished scale (W-H Diminished Scale)

2) 시메트릭 도미넌트 스케일(Symmetric Dominant scale)

시메트릭 도미넌트 스케일은 주어진 디미니시 코드에 단2도 위의 또 다른 디미니시 코드가 합하여 만들어진 음계입니다. 총 8개의 구성음으로 이루어져 있습니다.

'반음-온음-반음-온음'의 일정한 간격으로 교차하고, 서로 대칭이 되는 패턴을 가지고 있어서 Symmetric Dominant scale이라고 부릅니다. 또한 '반음-온음-반음-온음'의 간격 때문에 Half -Whole Diminished Scale (하프-홀 디미니시 스케일)이라고도 부릅니다. 그리고 뒤에서 배우겠지만 디미니시는 도미넌트의 대리코드가 될 수 있습니다. 그러한 이유로 도미넌트 코드에서도 사용 가능하기 때문에 Combination of Diminished scale이라고도 부릅니다.

Symmetric Dominant scale = Half -Whole Diminished Scale

= Combination of Diminished Scale

아래의 예시를 보면 C dim7 코드톤에 단2도 위의 D♭ dim7 코드톤이 합쳐진 것을 알 수 있습니다.

ex

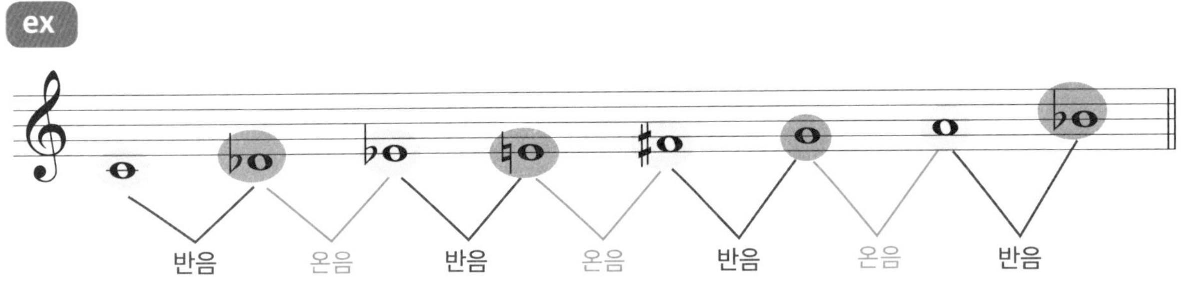

• Symmetric Dominant scale 12 key

C Symmetric Dominant scale (H-W Diminished Scale)

F Symmetric Dominant scale (H-W Diminished Scale)

B♭ Symmetric Dominant scale (H-W Diminished Scale)

E♭ Symmetric Dominant scale (H-W Diminished Scale)

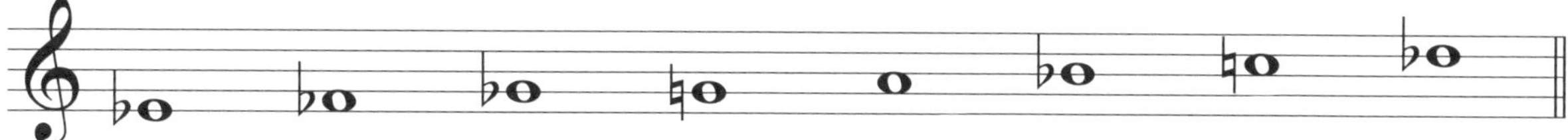

A♭ Symmetric Dominant scale (H-W Diminished Scale)

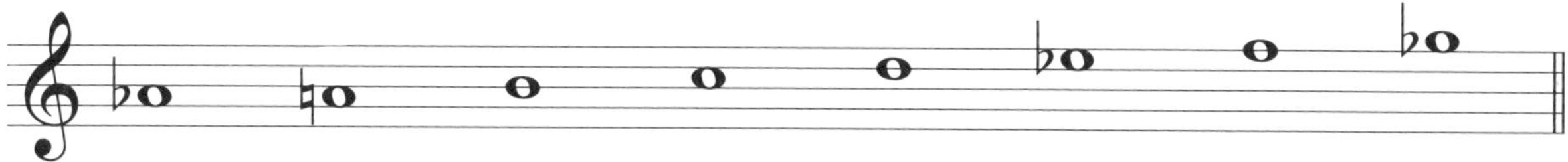

D♭ Symmetric Diminished scale (H-W Diminished Scale)

G♭ Symmetric Dominant scale (H-W Diminished Scale)

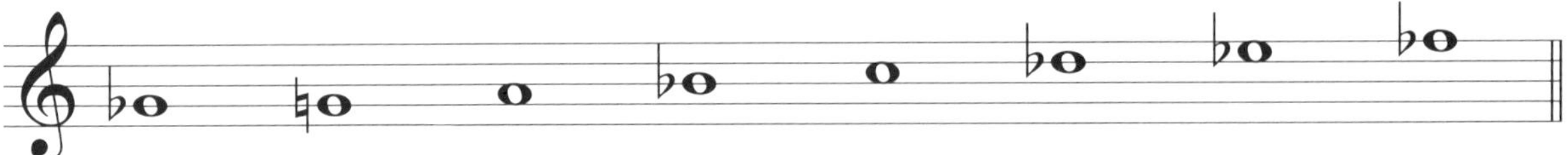

B Symmetric Dominant scale (H-W Diminished Scale)

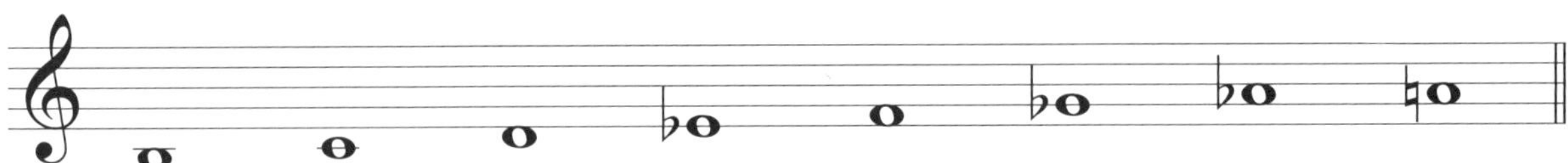

E Symmetric Dominant scale (H-W Diminished Scale)

A Symmetric Dominant scale (H-W Diminished Scale)

D Symmetric Dominant scale (H-W Diminished Scale)

G Symmetric Dominant scale (H-W Diminished Scale)

E. 얼터드 스케일(Alterd Scale)

Alterd 라는 뜻은 '변형된'이라는 뜻입니다. 그럼 어디로부터 변형된 걸까요? 바로 V7 도미넌트 코드의 믹소리디안에서 변형된 코드입니다. 스케일의 구성음은 1, ♭9, ♯9, 3, ♯11, ♭13, ♭7음으로 이루어져 있습니다. 가요, 팝이나 재즈 악보에서 도미넌트 7th 코드 옆에 alt라고 표기된 것을 본 적이 있으신가요? 이 표기가 있을 경우에는 컴핑도 얼터드 컴핑으로 바꿔서 연주해야 사운드가 부딪히지 않습니다.

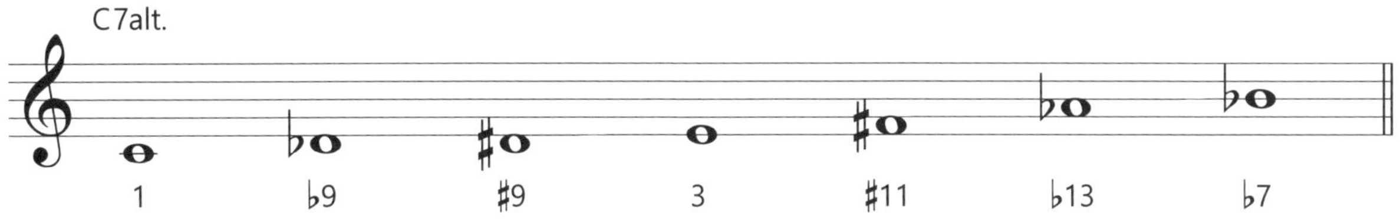

또한 얼터드 스케일은 멜로딕 마이너 스케일과 밀접한 관련이 있습니다. 얼터드 스케일에서 단2도 올라간 멜로딕 마이너 스케일과 구성음이 같기 때문입니다(멜로딕 마이너 스케일의 7번째 음에서 시작하면 동일함).

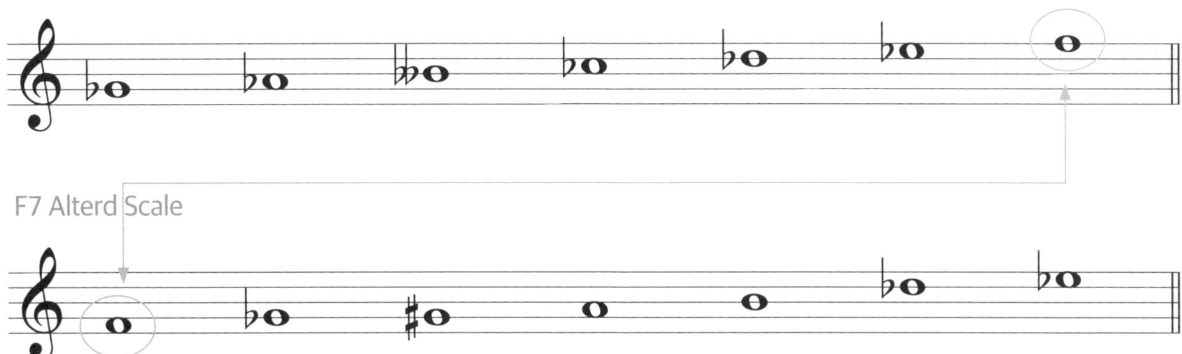

• Altered scale 12 key

C7 Altered scale

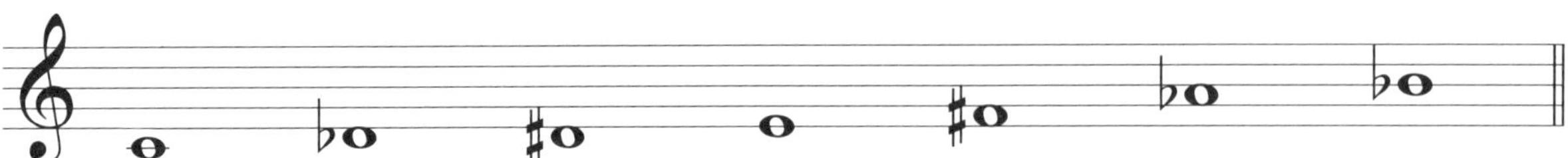

F7 Altered scale

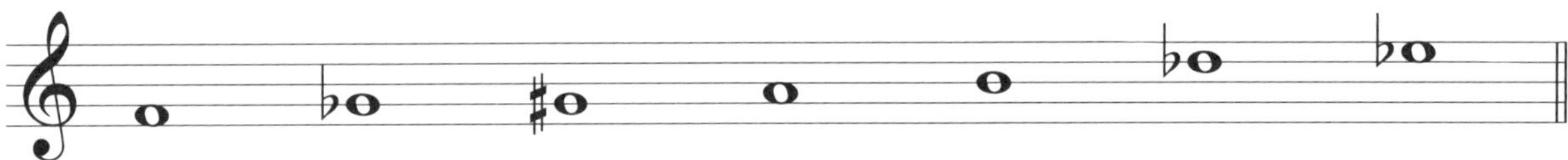

B♭7 Altered scale

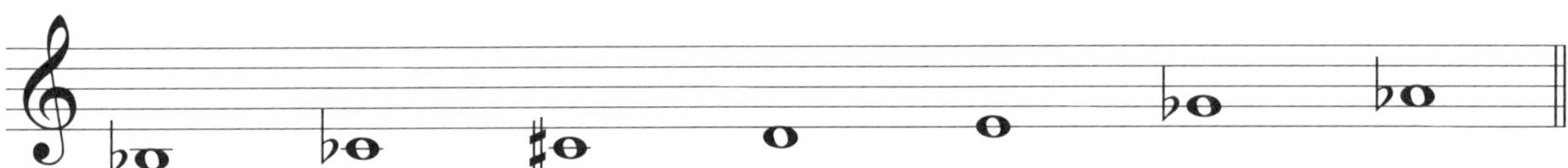

E♭7 Altered scale

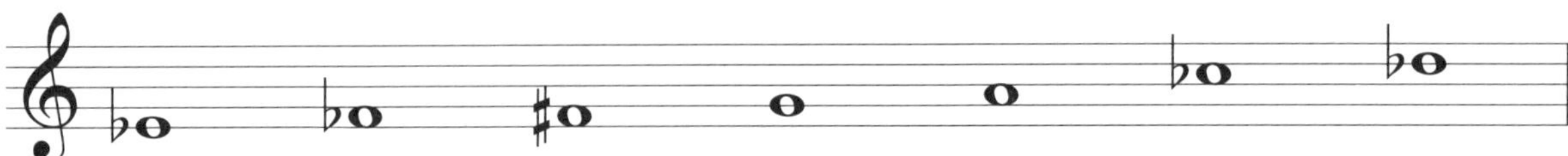

A♭7 Altered scale

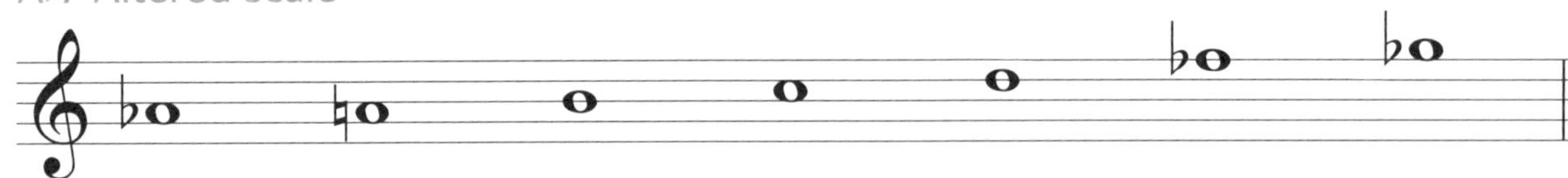

D♭7 Altered scale

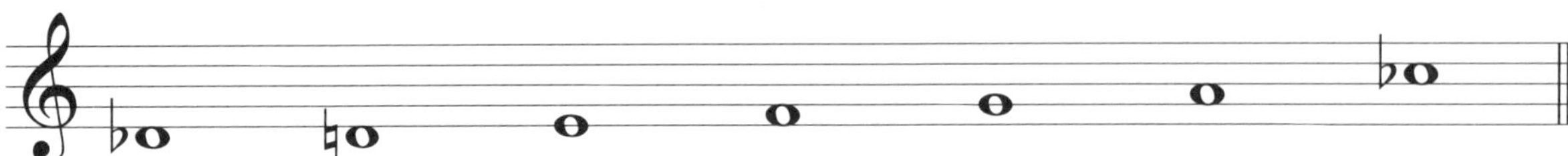

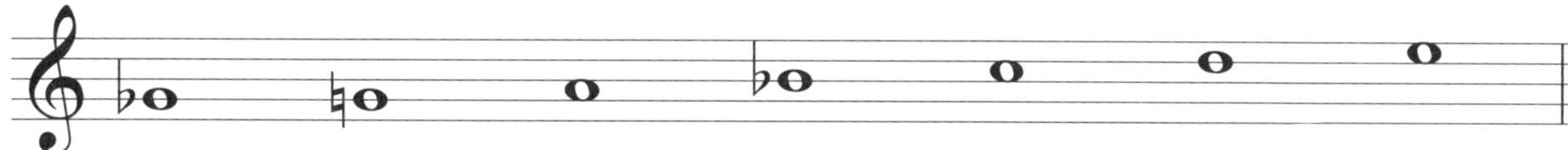

B7 Altered scale

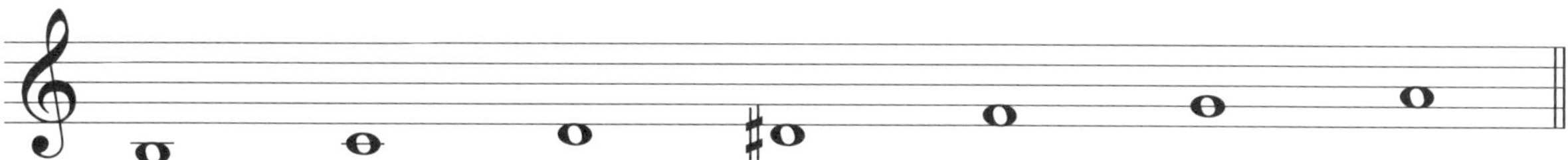

E7 Altered scale

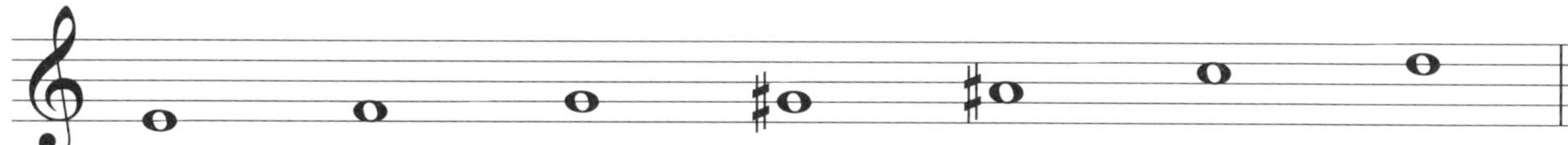

A7 Altered scale

D7 Altered scale

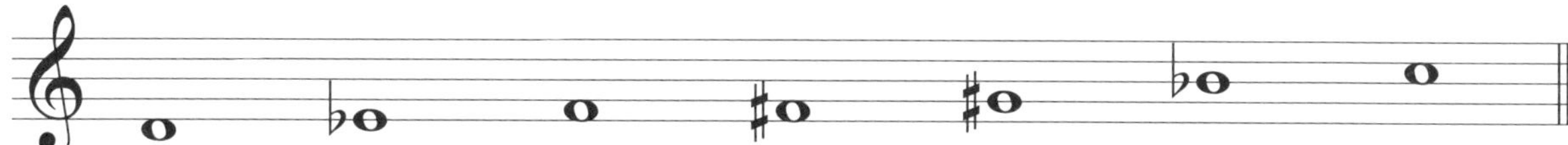

G7 Altered scale

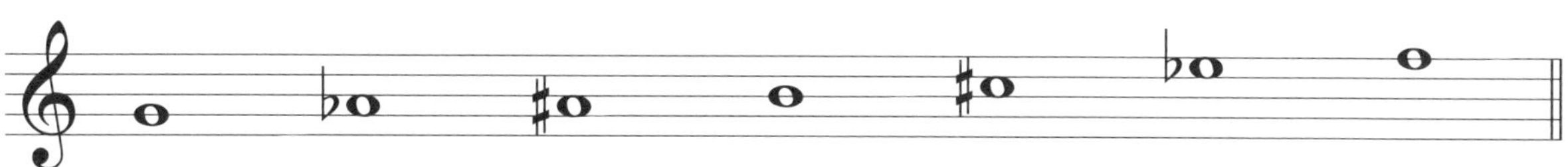

F. 연습문제

1. 다음 제시된 스케일의 이름을 보고 알맞게 그려보세요.

1-1) E♭ Major pentatonic

1-2) B Major pentatonic

1-3) A♭ Minor pentatonic

1-4) E Minor pentatonic

1-5) G♭ Major pentatonic

1-6) D Major pentatonic

2. 아래 주어진 음으로 시작하는 Blues Scale을 그려보세요.

3. 다음 제시된 디미니시 스케일의 이름을 보고 알맞게 그려보세요.

3-1) F Symmetric Diminished scale

3-2) E Symmetric Diminished scale

3-3) G♭ Symmetric Dominant scale

3-4) D Symmetric Dominant scale

3-5) B♭ Symmetric Diminished scale

4. 아래 주어진 음으로 시작하는 Alterd 스케일을 그려보세요.

5. 다음 주어진 스케일을 보고 무슨 스케일인지 적어보세요.

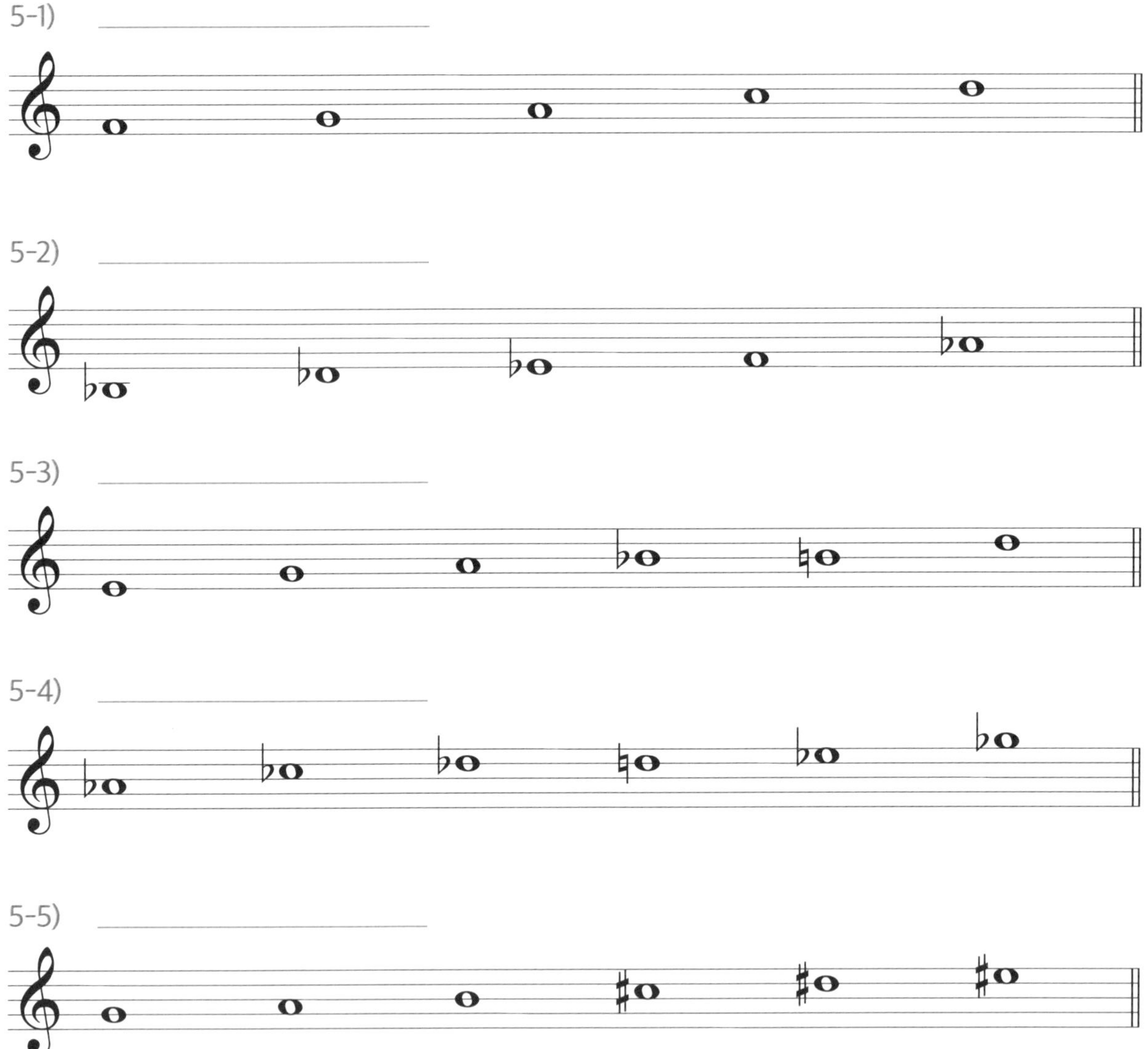

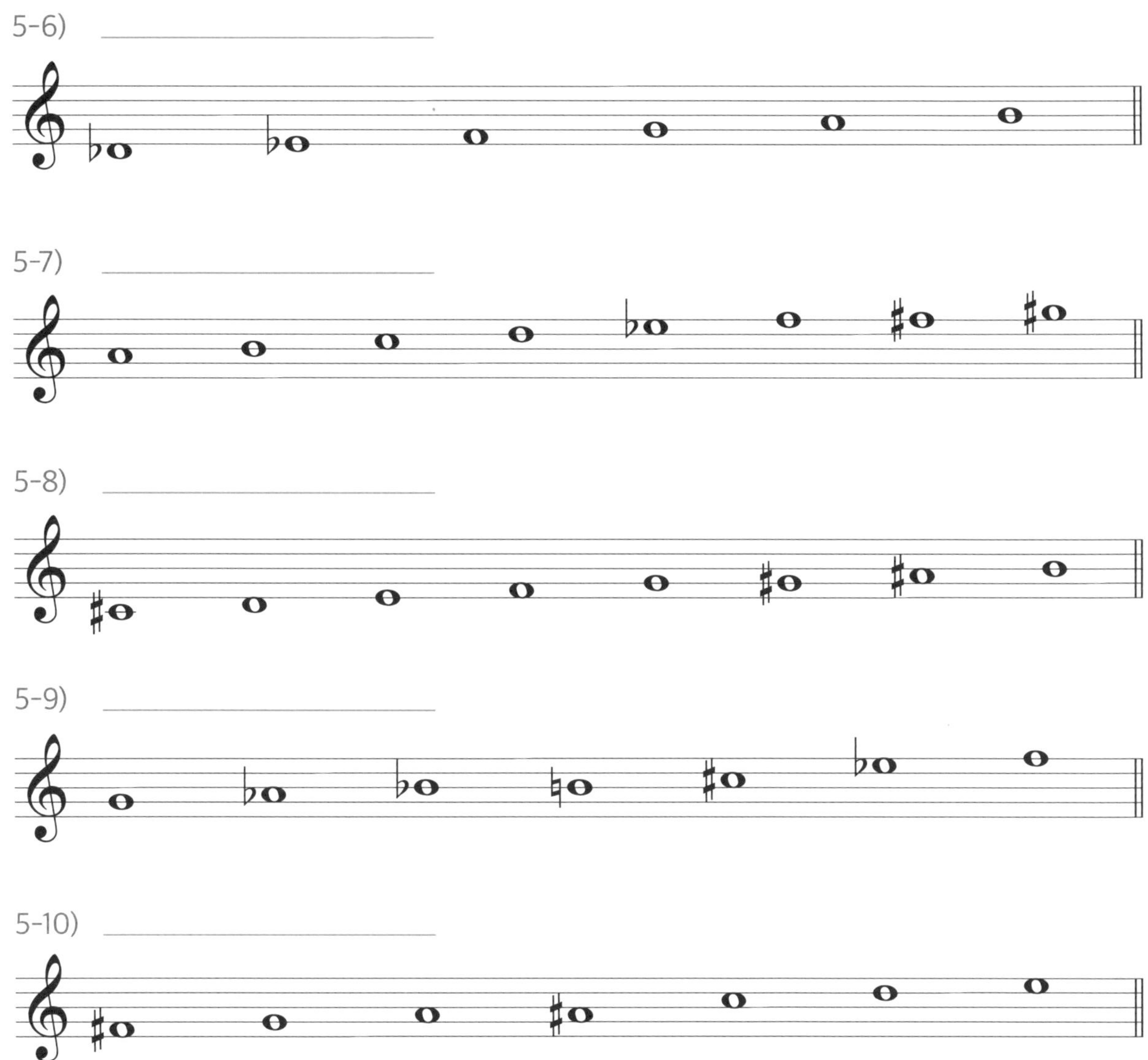
5-6)
5-7)
5-8)
5-9)
5-10)

6. 다음 예시에 주어진 코드 진행을 보고 코드 스케일의 이름을 적고 스케일을 그려보세요.
코드 위에 표기된 번호를 보고 그에 맞는 문제를 풀어보세요.

6-5) E

6-6) A

WEEK 15

종지(Cadence)

종지는 주로 음악의 끝부분에서 사용되는 최소단위의 코드진행입니다. 도미넌트나 서브도미넌트 같이 불안정한 코드가 안정감 있는 토닉 코드로 진행되어 음악의 매듭을 지어주는 중요한 화음 진행입니다. 하지만 곡의 끝부분에서만 사용되는 것은 아닙니다. 곡의 프레이즈가 끝나는 부분 즉, 곡 중간중간에 나오기도 합니다(주로 4번째 마디나 8번째 마디에 나타납니다). 종지는 일반적으로 정격종지, 변격종지, 위종지, 반종지, 완전종지 등 크게 5가지로 분류됩니다. 장르와 곡의 분위기에 따라 적절한 종지를 선택하여 사용하시면 됩니다.

A. 정격종지(Authentic Cadence)

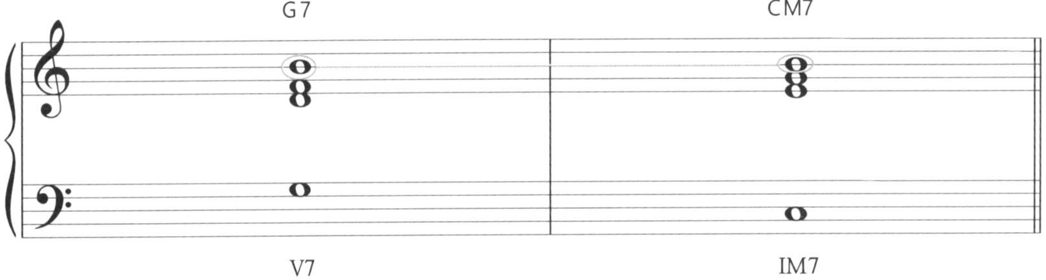

도미넌트 코드인 V7이 안정된 느낌의 Tonic chord IM7으로 진행됩니다. 위의 예시는 Top note인 B를 유지하여 CM7의 7음을 강조하였습니다. 도미넌트의 3음과 7음이 증4나 감5도의 간격을 가지고 있음으로 불안정한 사운드를 만듭니다. 그 사운드는 안정된 곳으로 해결하고자 자연스럽게 IM7으로 진행됩니다. 재즈 화성학은 7음의 해결이 엄격하지 않기 때문에 이끔음이 꼭 으뜸음으로 해결될 필요는 없습니다(보이싱, 스타일, 모드적 접근에 따라 달라질 수 있음). V7 → I(Dominant – Tonic)으로 진행되므로 도미넌트 종지라고도 부릅니다. 종지의 예시 중 가장 강한 해결감을 주는 종지입니다.

여기서 잠깐!!

클래식 화성학(Authentic Cadence)	재즈 화성학(Authentic Cadence)
V-I (주로 3화음 또는 V7 - I)	V7 - IM7 (주로 7화음이 기본)
-완전 정격종지(PAC)와 불완전 정격종지(IAC) 두 개로 분류함 -PAC: 양쪽 코드가 Root Position이어야 하며 7음(이끔음)은 반드시 상행하여, 근음으로 해결해야 함. 소프라노가 근음이어야 함. -IAC: 코드가 Root Position이 아닌 경우(1st 자리바꿈), 소프라노가 근음이 아닌 경우(ex 3음으로 해결) V 대신 vii°(감7도 화음)을 사용하기도 함	-7음 해결이 반드시 되지 않아도 텐션 9, 11, 13 등을 활용하여 부드러운 Voice Leading을 더 중요시 생각함. ex) G7 - CM7, G7(13) - CM7(9) -대리화음을 이용한 종지도 가능함. ex) D♭7 - CM7

B. 변격종지(Plagal Cadence, Subdominant Cadence)

IV → I(Subdominant – Tonic) 서브도미넌트 코드에서 I으로 가는 종지를 변격종지(Plagal Cadence)라고 부릅니다. 또한 교회나 성당에서 곡의 마지막 부분에 '아멘'으로 끝마치는데, 그때 쓰이는 진행이 IV → I 진행이라 Amen 종지라고도 부릅니다. 정격종지보다 부드럽고 온화한 느낌의 종지입니다.

C. 반종지(Half Cadence)

곡의 코드 진행이 완결되지 않고 잠시 머무르는 느낌을 주며 모든 다이아토닉 코드가 도미넌트 코드로 끝나기 때문에 불안정한 느낌이 해결되지 못한 채로 남아있습니다. 이것을 반종지(Half Cadence)라고 합니다. 그 중에서도 II–7 – V7로 끝나는 형태를 Jazz Half Cadence라고 부릅니다. 곡의 쉼표 같은 역할로, 다음 프레이즈로 연결되는 느낌입니다.

D. 위종지(Deceptive Cadence)

V7코드는 IM7으로 가서 안정된 해결을 하려는 성향이 강한데, 종종 다른 코드로 진행되어 곡이 끝나는 느낌이 나지 않는 경우가 있습니다. 이것을 위종지(Deceptive Cadence)라고 합니다. 위의 예시같이 주로 V7이 I의 대리코드인 IIIm7이나 VIm7으로 진행하는 경우가 많습니다. 예상과 다른 코드로 진행하기 때문에 음악에 긴장감을 더하고 새로운 전개로 이어지는 역할을 합니다. 재즈블루스 Turnaround에서도 위종지가 많이 사용됩니다.

E. 완전종지(Full Cadence)

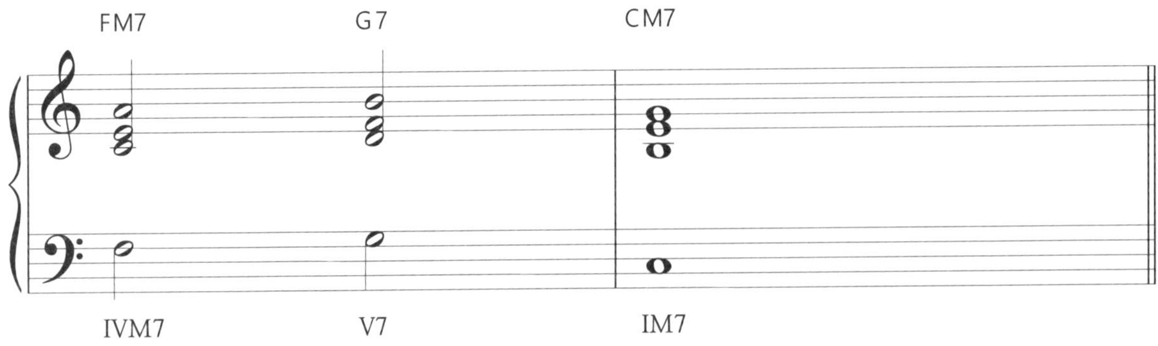

Full Cadence는 Subdominant → Dominant → Tonic으로 가는 진행입니다.

기본적으로 많이 쓰이는 코드 진행으로는 IV– V– I이 있습니다.

F. 재즈완전종지(Jazz Full Cadence)

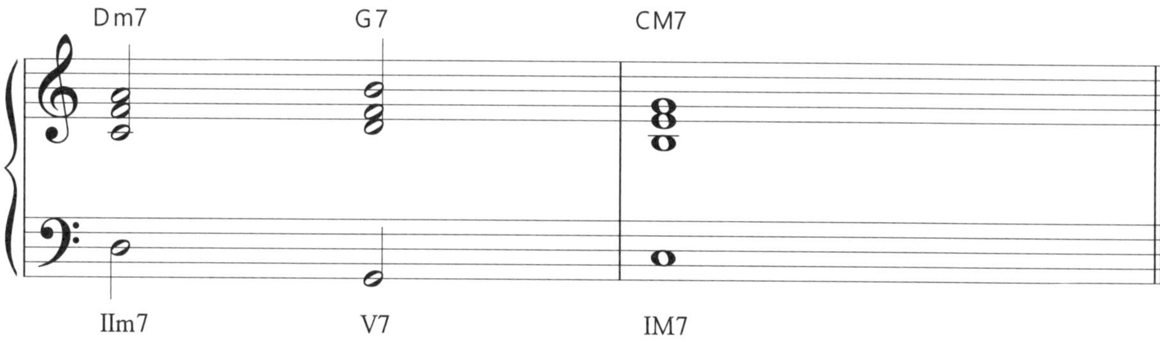

완전종지(Full Cadence)에서, IVM7과 동일한 기능을 하는 II–7 코드로 대체된 진행을 Jazz Full Cadence라고 부릅니다. II–7– V7– I 진행은 재즈 특유의 모던하고 세련된 색채를 띠고 있어 재즈에서 자주 나오는 기본 종지이기도 합니다. 근음 진행이 완전5도 하행 진행함으로써 강하게 조성을 들려줍니다.

여기서 잠깐!!

재즈 화성학에서의 Cadence는 클래식처럼 이끔음의 해결이 엄격하지 않아 강한 종결감보다는, Voice Leading(부드럽게 음과 음 사이를 연결)을 더 중요시 생각합니다. 마지막 I이 3화음 코드로 끝날 수도 있고 7화음 코드로 끝날 수도 있습니다. 텐션음을 추가하여 사운드에 다양한 색채감을 표현할 수 있습니다.

G. 연습문제

1. 다음 예시를 보고 어떤 종류의 Cadence인지 이름을 써보세요.

1-4) ____________
B♭M7
Gm7
F7
1-5) ____________
CM7
D7
G
1-6) ____________
D♭M7
A♭7
B♭m7
1-7) ____________
GM7
D7
GM7

2. 다음 주어진 코드 진행을 보고 어떤 종류의 Cadence인지 오선 위에 이름을 써보세요.
오선 위에는 코드 이름을, 아래에는 로마숫자를 표기해 보세요.

기말고사

WEEK 16

–기말고사는 앞에서 배운 것들을 총정리하며 여러분의 실력을 점검하는 마지막 단계입니다.
–기말고사는 90분 동안 진행됩니다.

1. 다음 두 음의 사이를 보고 온음인지 반음인지 적어보세요.

2. 다음 악보를 보고 알맞은 음이름을 적어보세요 (알파벳으로 표기).

2-1)

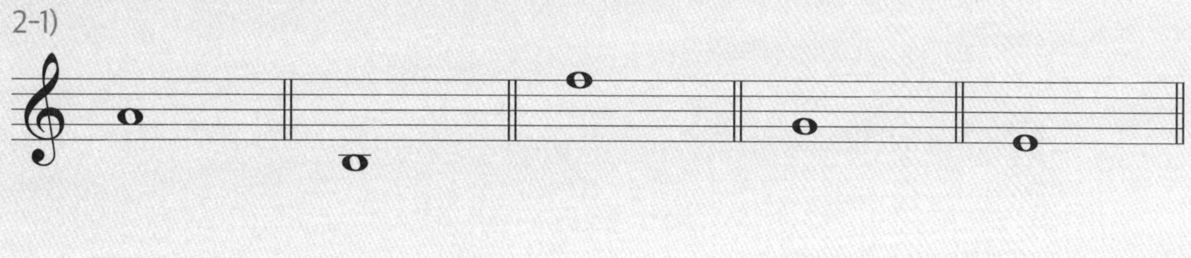

2-2)

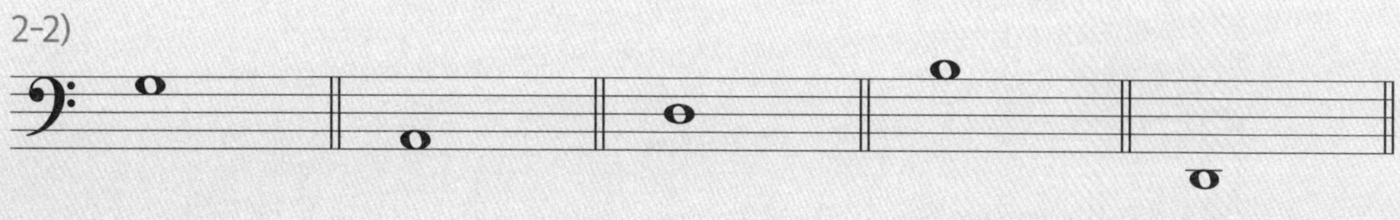

3. 다음 제시된 조표를 보고 장조의 이름과 으뜸음을 적어보세요.

4. 다음 제시된 조성을 보고 알맞은 조표와 으뜸음을 그려보세요.

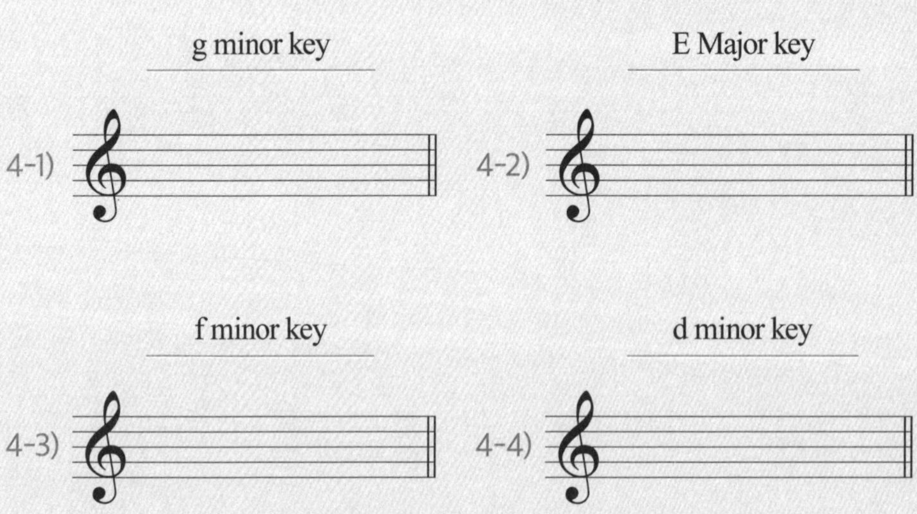

5. 다음 주어진 음정의 이름을 구해보세요.

5-1)

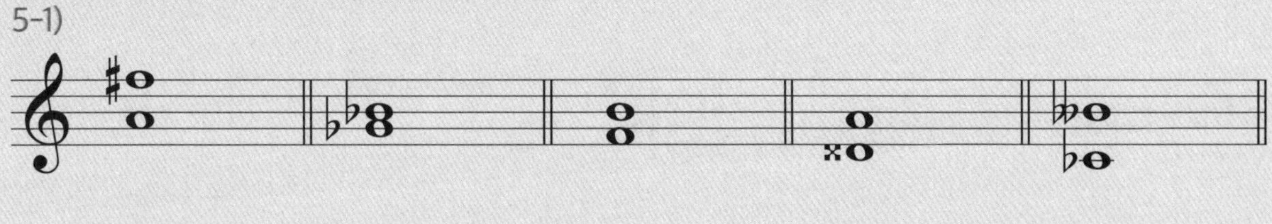

5-2)

6. 다음 3화음의 이름을 보고 알맞은 음들을 그려 넣어보세요 (기본 위치).

7. 다음 자리바꿈된 음들을 보고 알맞은 코드 이름을 적어보세요 (3화음).

8. 다음 자리바꿈된 7화음 코드를 보고 알맞은 코드 이름을 적어보세요.

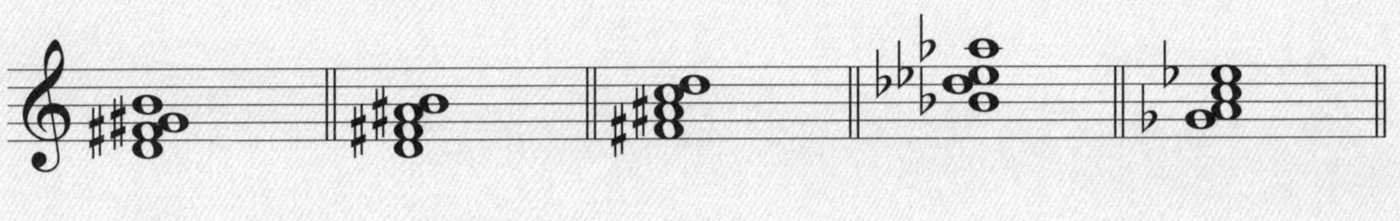

9. 다음 화성진행을 보고 각 코드의 이름을 적어보세요.

10. 다음 주어진 음으로 시작하는 Major Scale을 그리고, 스케일 이름도 써보세요.

10-1)

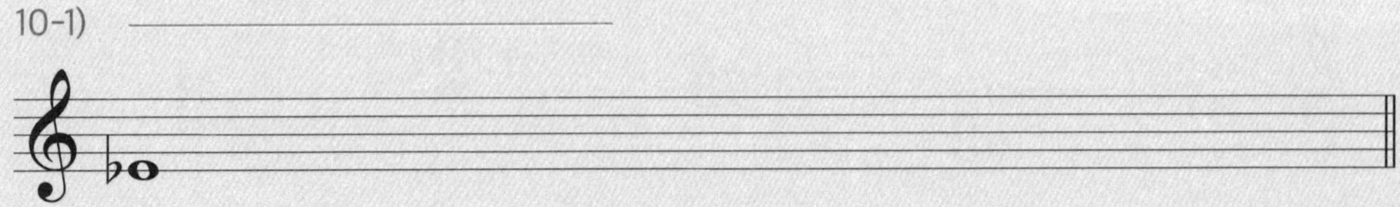

10-2) ______________________

10-3) ______________________

11. 다음 조건에 맞는 스케일을 그려보세요.

11-1) F를 으뜸음으로 하는 Natural Minor Scale(자연단음계)

11-2) B♭을 두 번째 음으로 하는 Harmonic Minor Scale(화성단음계)

11-3) C♯을 여섯 번째 음으로 하는 Melodic Minor Scale(가락단음계) *상행만

12. A Major key의 3화음 다이아토닉 코드를 그리고, 코드 이름과 로마숫자를 적어보세요

(임시표를 이용해서 그려주세요).

13. E Natural minor의 7화음 다이아토닉 코드를 그리고 코드 이름과 로마숫자를 적어보세요

(임시표를 이용해서 그려주세요).

14. B♭ Harmonic minor의 7화음 다이아토닉 코드가 아닌 것을 고르세요.

① Adim7 ② E♭M7 ③ F7 ④ Cm7♭5

15. A Major key에서 DM7을 대신할 수 있는 코드는 무엇인가요?

① Bm7 ② C♯m7 ③ F♯m7 ④ G♯m7(♭5)

16. B Diatonic chord에서 I - VI - II - V - I 진행은 무엇인가요?

① BM7 - G♯m7 - D♯m7 - F♯M7 - BM7

② Bm7 - G♯m7 - C♯M7 - F7 - BmM7

③ BM7 - G♯m7 - C♯m7 - F♯7 - BM7

④ Bm7 - G♯m7 - Em7 - F7 - B♭m7

17. 다음 제시된 모드스케일의 이름을 보고 스케일을 적어보세요 (임시표 사용).

17-1) D♭ Lydian

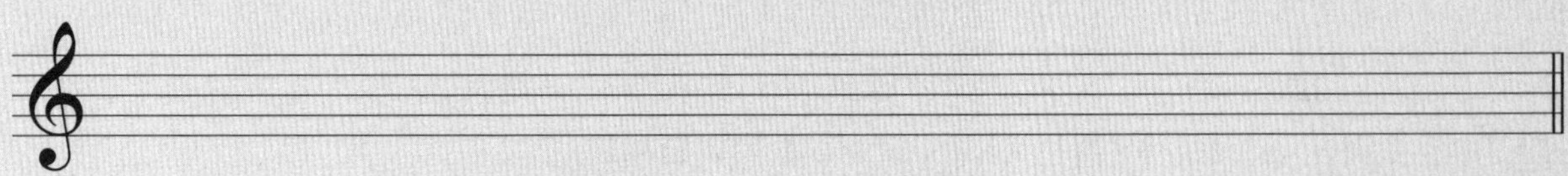

17-2) G Locrian

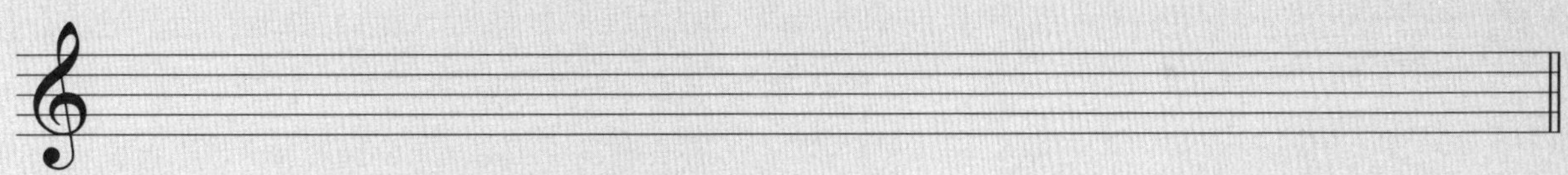

18. 제시된 문제를 보고 알맞은 모드스케일을 그리고, 밑줄 위에 코드 이름과 가능한 텐션도 적어보세요.

18-1) F key의 IIIm7은? ____________________

18-2) A♭ key의 VIm7은? ________________

18-3) D key의 IVM7은? ________________

19. 아래 주어진 음으로 시작하는 Blues Scale을 적어보세요.

19-1)

19-2)

20. 다음 제시된 스케일의 이름을 보고 그려보세요.

20-1) E Major pentatonic

20-2) B Minor pentatonic

20-3) A Symmetric Diminished scale

20-4) D♭ Symmetric Dominant scale

20-5) F Alterd scale

20-6) A♭ Whole Tone scale

21. 다음 예시를 보고 어떤 종류의 Cadence인지 이름을 써보세요.

— 수고하셨습니다 —

Week 1 16쪽

1-1) 반음 1-2) 반음 1-3) 온음 1-4) 반음 1-5) 온음

2-1) 파, 도♯, 라♭, 레

2-2) 솔, 미♭, 도♯, 시

3-1) 

3-2) 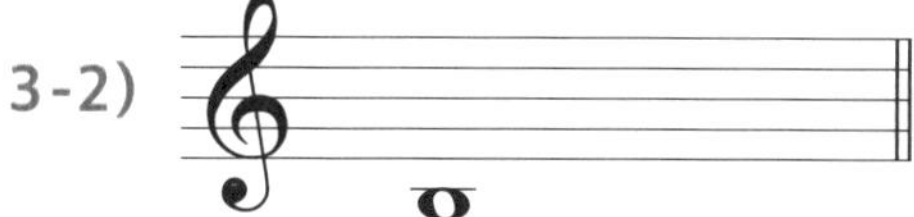

3-3) 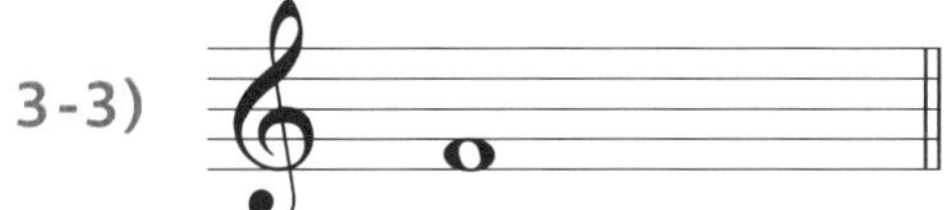

3-4) 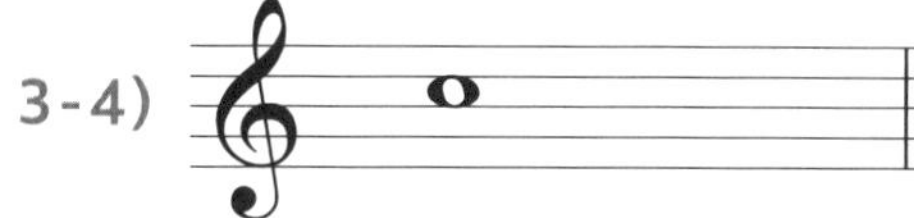

3-5) 

3-6) 

3-7) 

4-1) D Major key 4-2) F Major key 4-3) B Major key

4-4) E♭ Major key 4-5) A♭ Major key 4-6) A Major key

5-1) 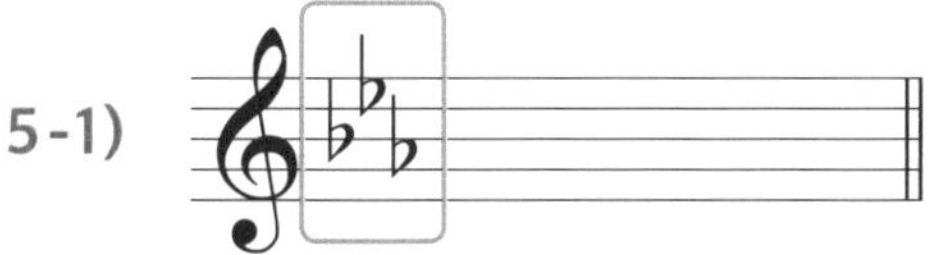

5-2) 

5-3) 

5-4) 

6-1)

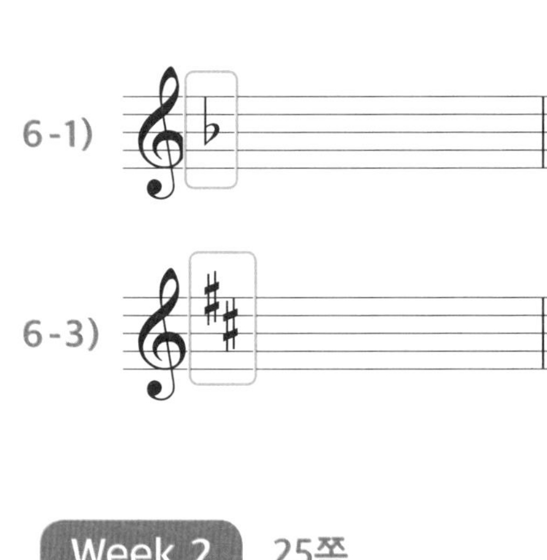

6-2)

6-3)

6-4)

Week 2 25쪽

A-1)

A-2)

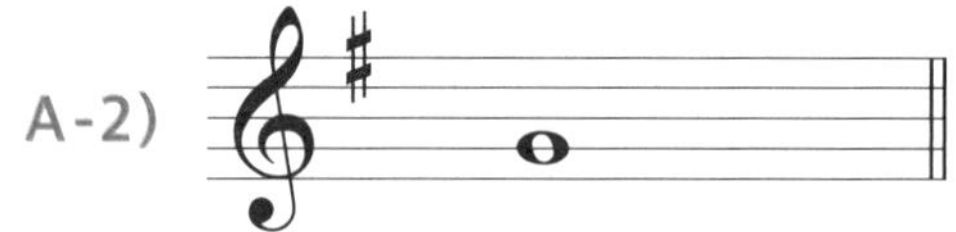

A-3)

A-4)

B-1)

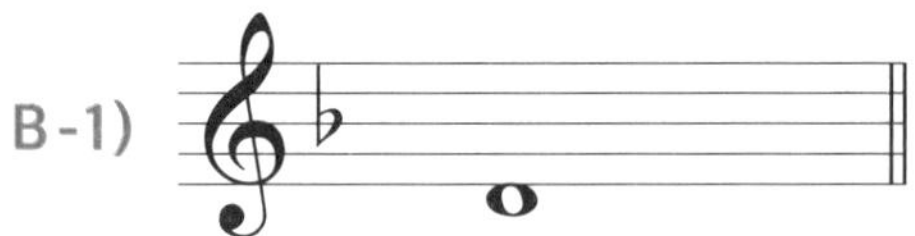

B-2)

B-3)

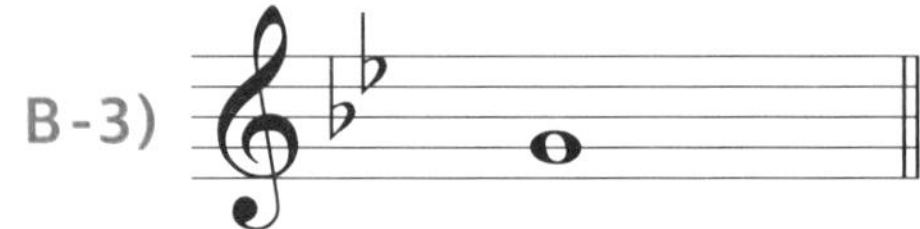

B-4)

2-1)

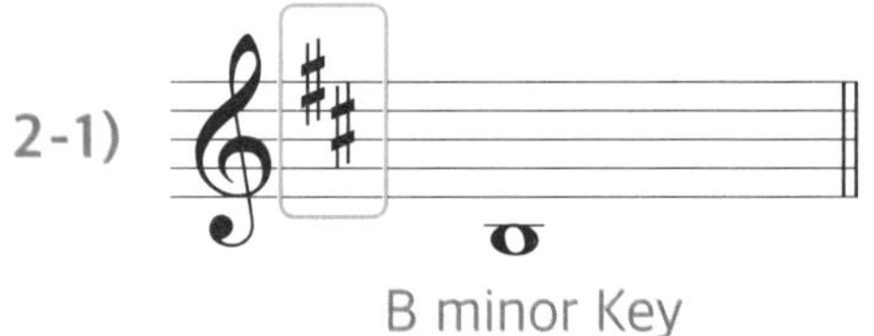

B minor Key

2-2)

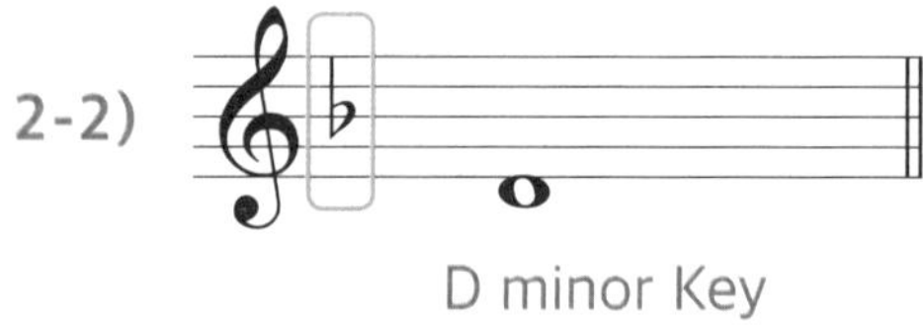

D minor Key

2-3)

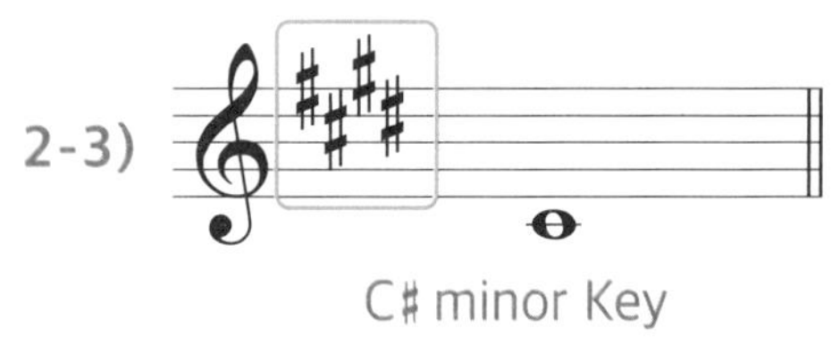

C♯ minor Key

2-4)

F minor Key

3)

4)

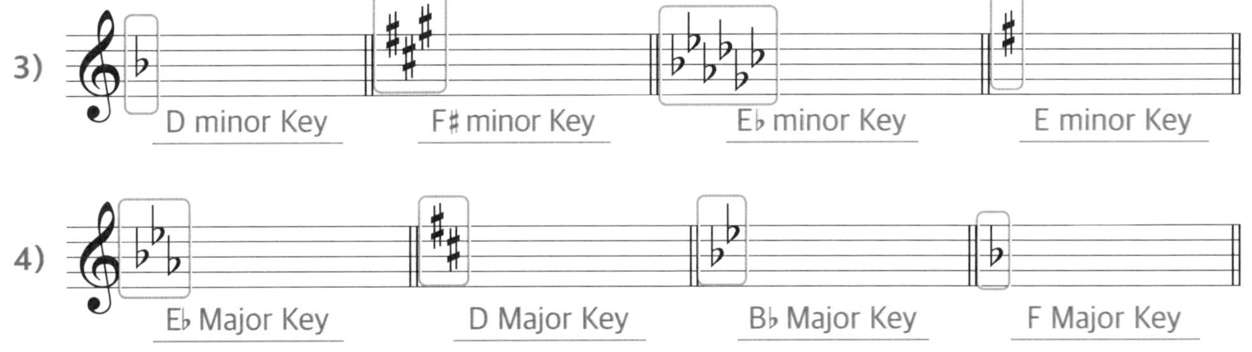

5) ④

6) **더블샵(겹올림표), 𝄪**

7-1)

7-2)

Week 3 35쪽

1-1) **장3도, 단7도, 증6도, 완전5도**

1-2) **증6도, 완전4도, 겹감5도, 증4도**

1-3) **완전5도, 증4도, 장6도, 단9도**

1-4) **장2도, 장3도, 겹감7도, 단6도**

2-1)

2-2)

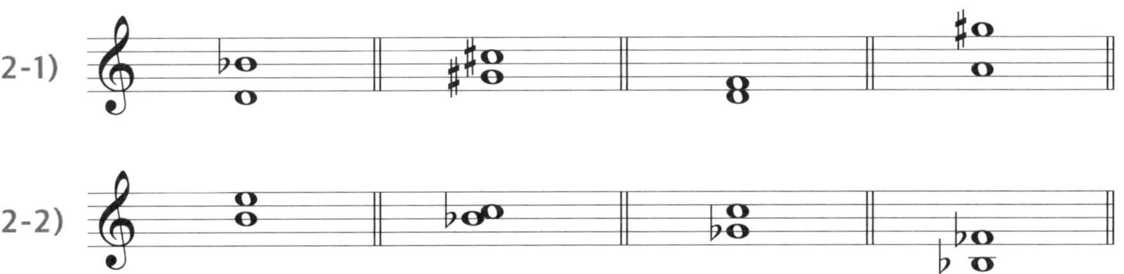

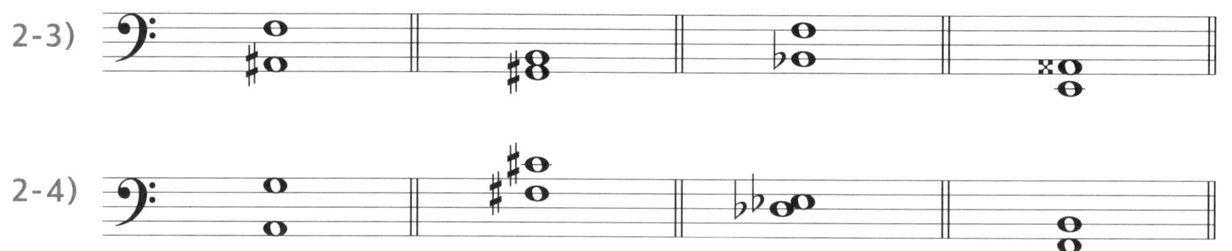

3-1) 감10도, 장9도, 완전11도, 장13도

3-2) 완전11도, 장13도, 단10도, 감13도

3-3) 증10도, 단9도, 겹감12도, 감11도

3-4) 감10도, 단9도, 장10도, 증9도

4-1)

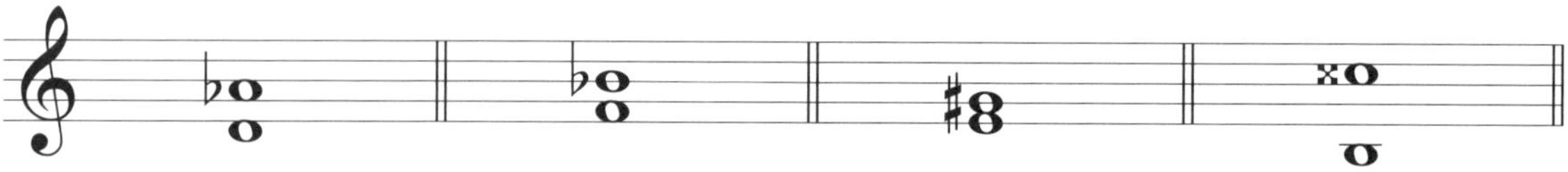

4-2)

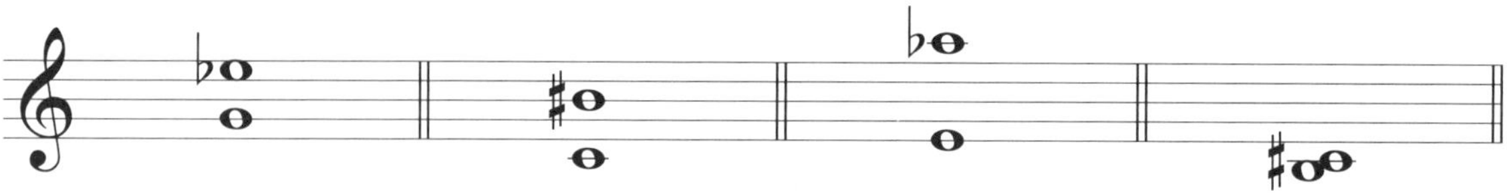

5-1)

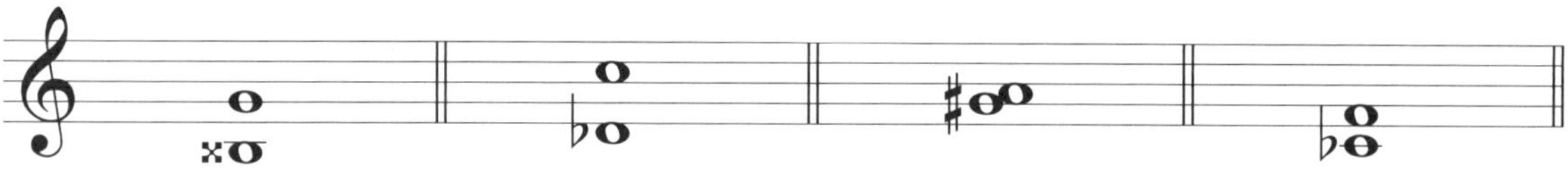

5-2)

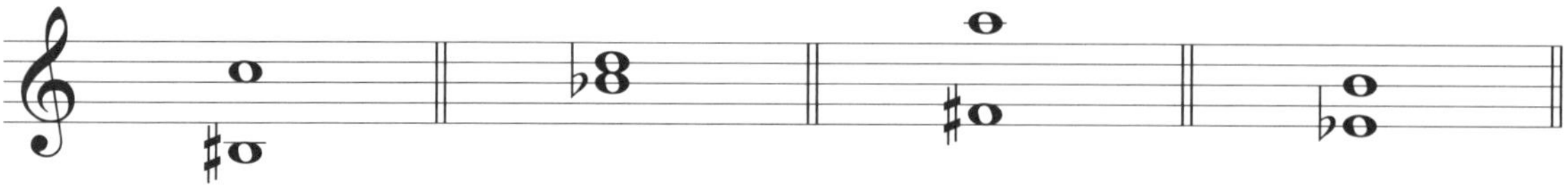

6) 감10도, 증4도, 단13도, 완전8도, 증11도

43쪽

1-1)

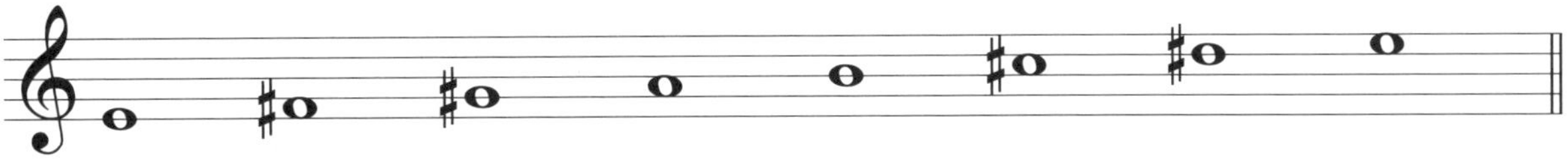

E Major Scale

1-2)

A♭ Major Scale

1-3)

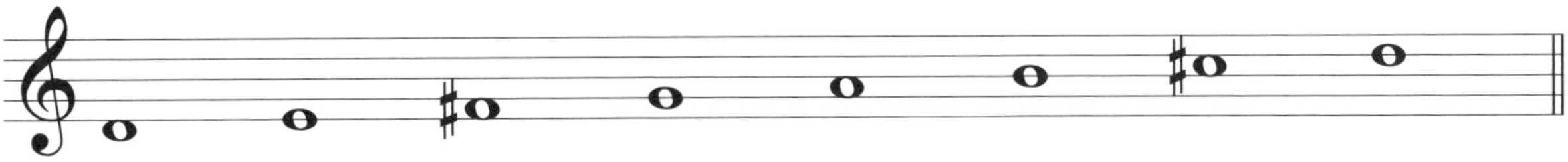

D Major Scale

1-4)

G♭ Major Scale

1-5)

B Major Scale

1-6)

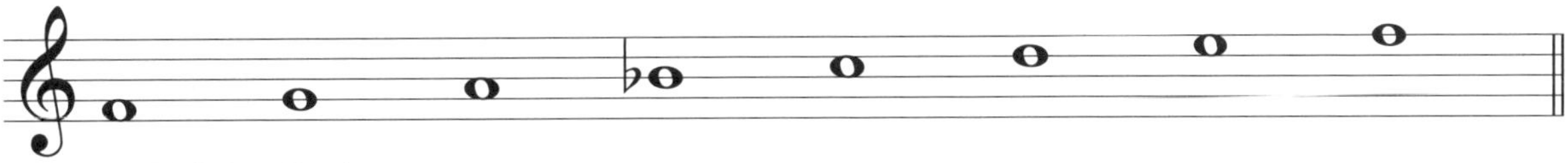

F Major Scale

2-1)

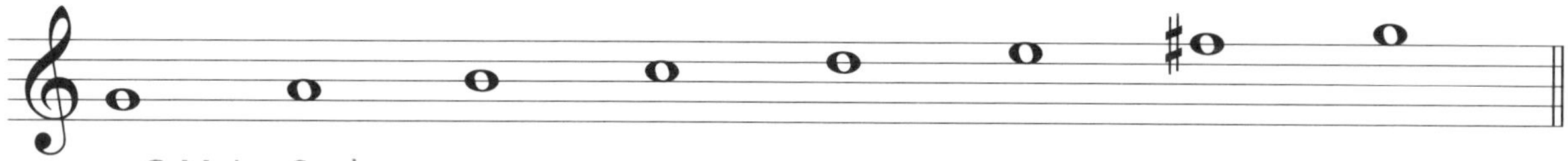

G Major Scale

2-2)

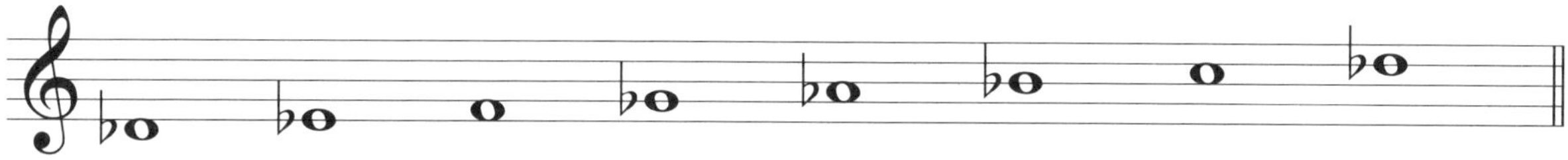

D♭ Major Scale

2-3)

E♭ Major Scale

2-4)

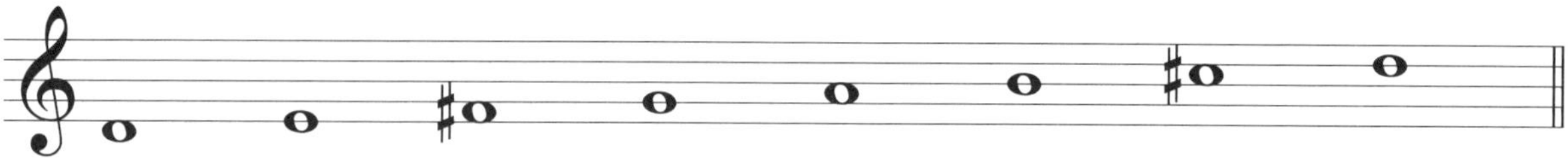

D Major Scale

3-1) F Major Scale

3-2) C♯ Major Scale

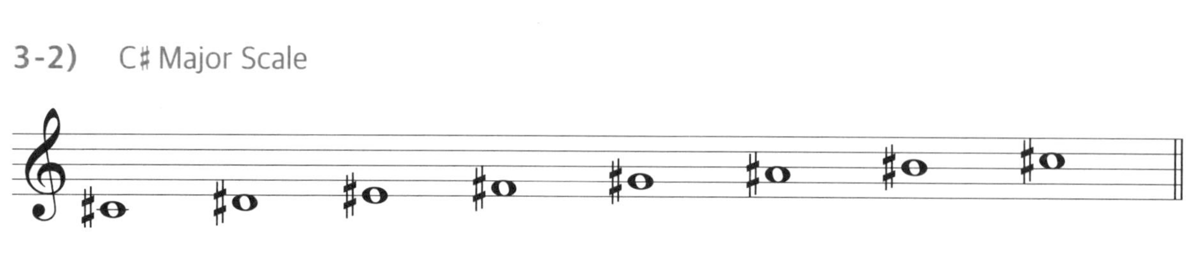

3-3) E Major Scale

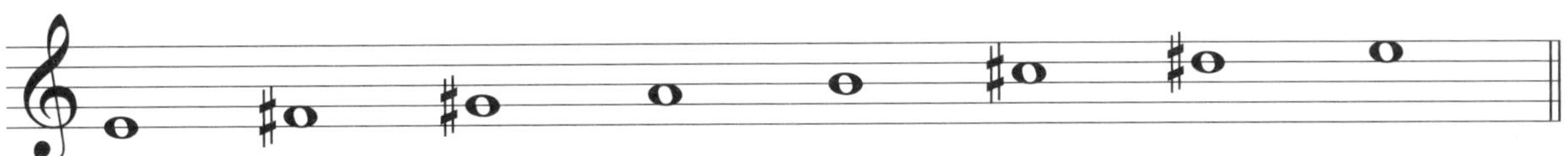

3-4) G♭ Major Scale

3-5) B Major Scale

3-6) G Major Scale

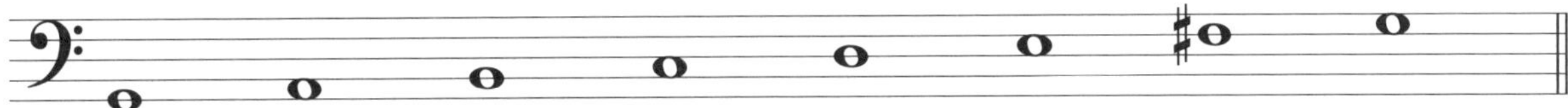

3-7) B♭ Major Scale

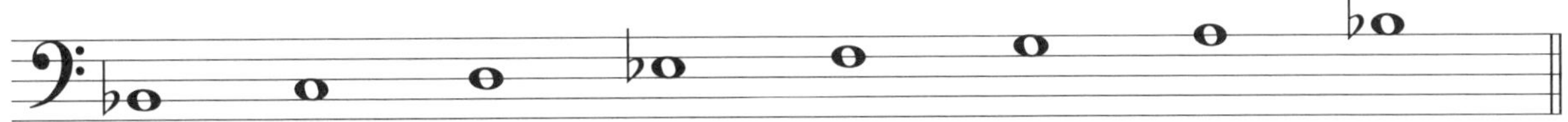

3-8) F♯ Major Scale

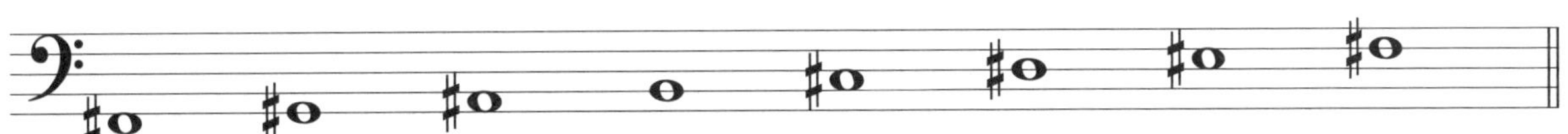

Week 5 52쪽

1-1) E, Bdim, Gm, Daug

1-2) Asus4, Fdim, B, Caug

1-3) Gm, D, Adim, Csus4

1-4) Fdim, Baug, E, E♭m

2-1)

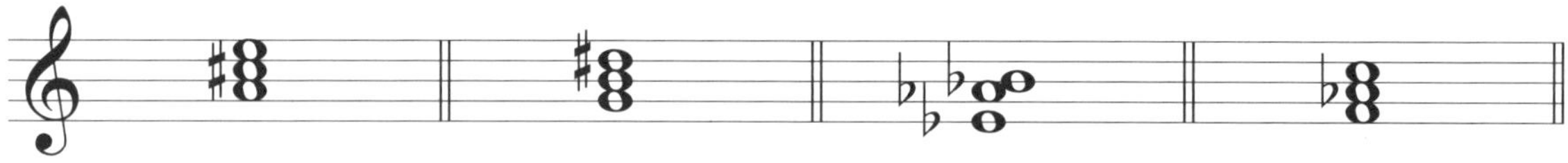

2-2)

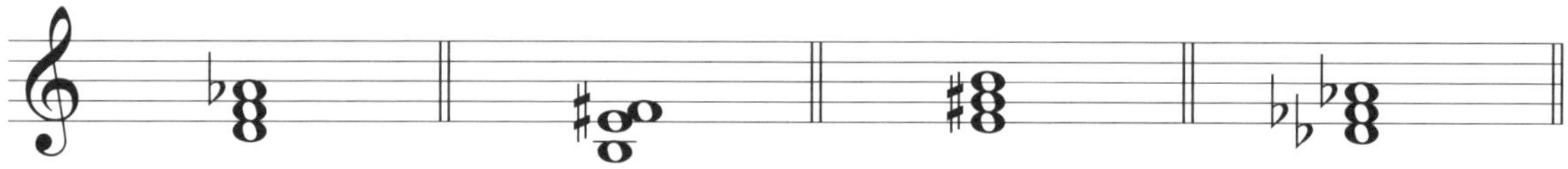

2-3)

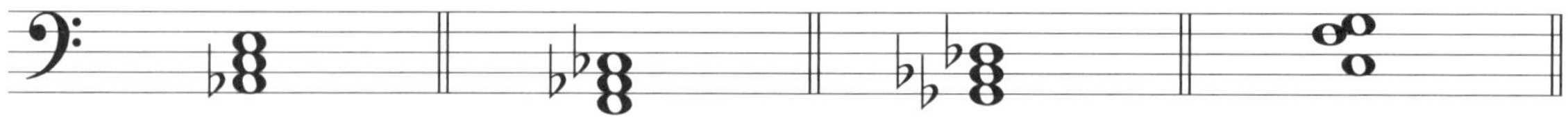

2-4)

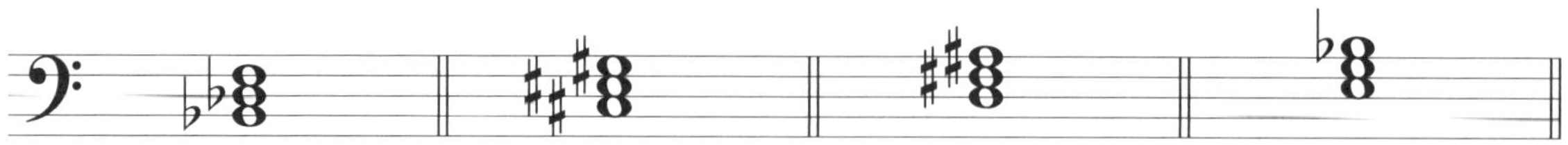

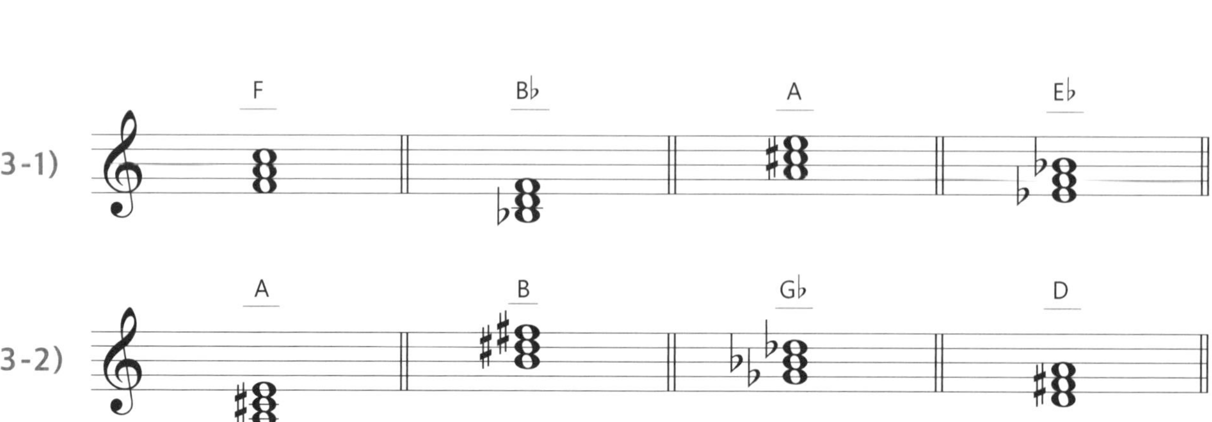

Bm
Cm
Dm
Gm
4-1)
Em
Am
Fm
A♭m
4-2)
Faug
Baug
E♭aug
A♭aug
5-1)
D♭aug
B♭aug
G♭aug
Daug
5-2)
Gdim
Ddim
A♭dim
Edim
6-1)
Bdim
Cdim
E♭dim
Fdim
6-2)
Gsus4
C♯sus4
Dsus4
E♭sus4
7-1)
Asus4
Csus4
Esus4
B♭sus4
7-2)

8)

9)

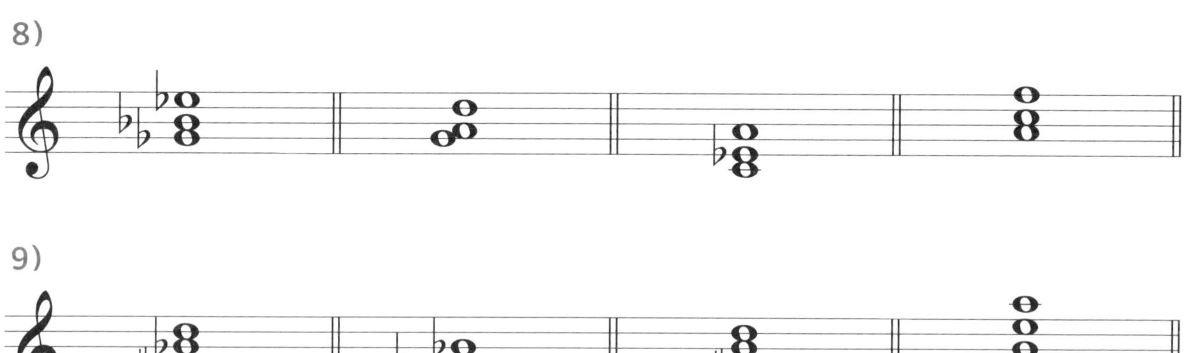

10-1) **Fsus4, Am, Bb dim, C dim**

10-2) **D, Gsus4, C aug, D dim**

Week 6 65쪽

1-1) **D-7♭5, A♭M7, Bdim7, Caug7**

1-2) **F-M7, G7, D♭6, B♭aug7**

1-3) **E7, D-M7, A7sus4, F-6**

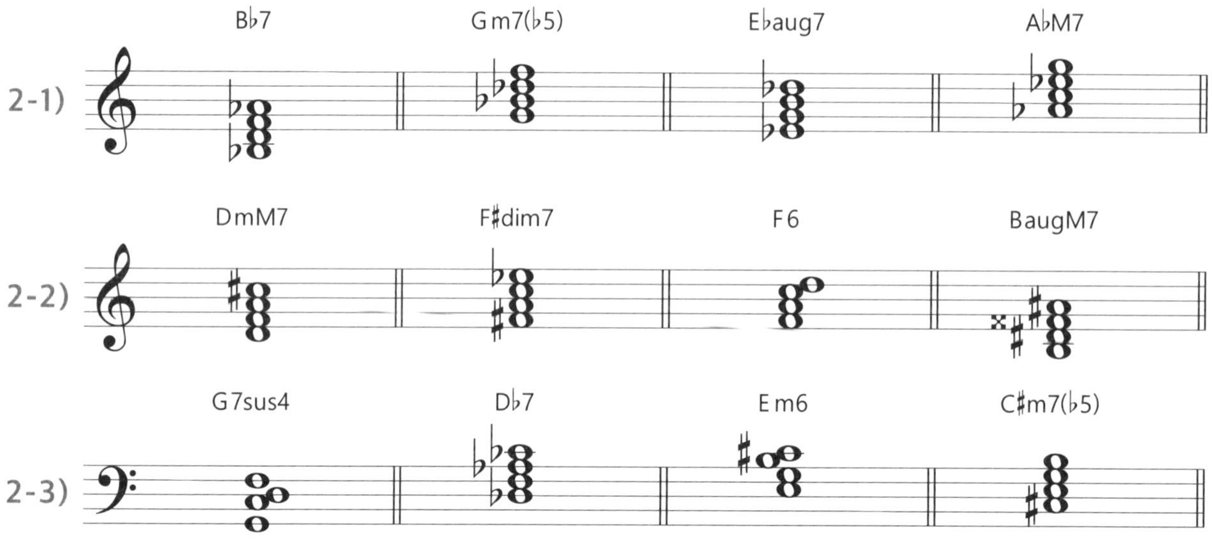

3-1) **GM7, B7, B♭M7, E♭7sus4**

3-2) **C-M7, Faug7, C♯-7(♭5), D♭7**

3-3) **E-7, D7sus4, A-M7, A-7(♭5), C-6** 둘 다 정답이기 때문에 둘 중 하나만 적으셔도 정답입니다.

5-1) **b**

5-2) **d**

5-3) **C**

5-4) **C**

5-5) **b**

6) **G-7 C7 | B♭M7 A-7 | G-7 C7sus4 | FM7**

Week 7 79쪽

1-1) **D Natural minor scale**

1-2) **E♭ Melodic minor scale**

1-3) **G Harmonic minor scale**

1-4) **D♭ Harmonic minor scale**

1-5) **A Melodic minor scale**

1-6) **E Natural minor scale**

2-1)

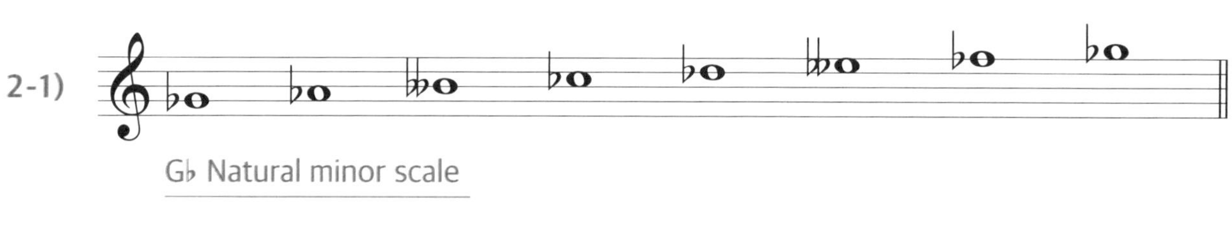

G♭ Natural minor scale

2-2)

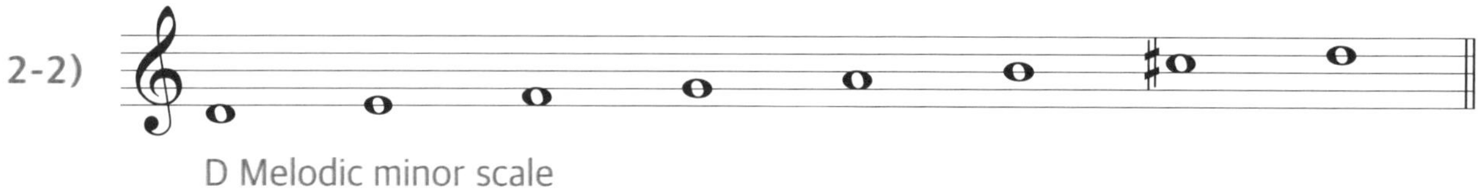

D Melodic minor scale

2-3)

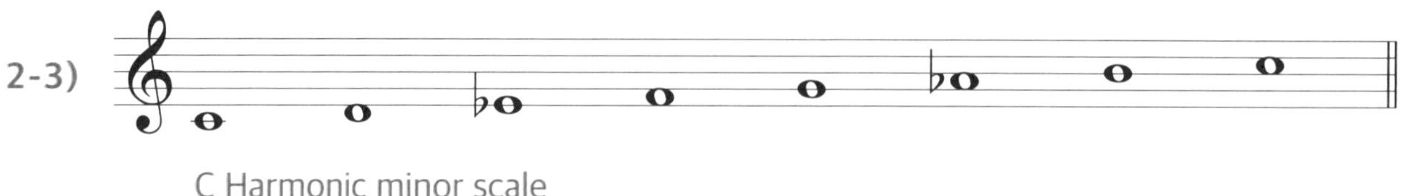

C Harmonic minor scale

2-4)

F Natural minor scale

3-1) E Natural minor scale

3-2) C Harmonic minor scale

3-3) B♭ Melodic minor scale

3-4) G Harmonic minor scale

3-5) D Melodic minor scale

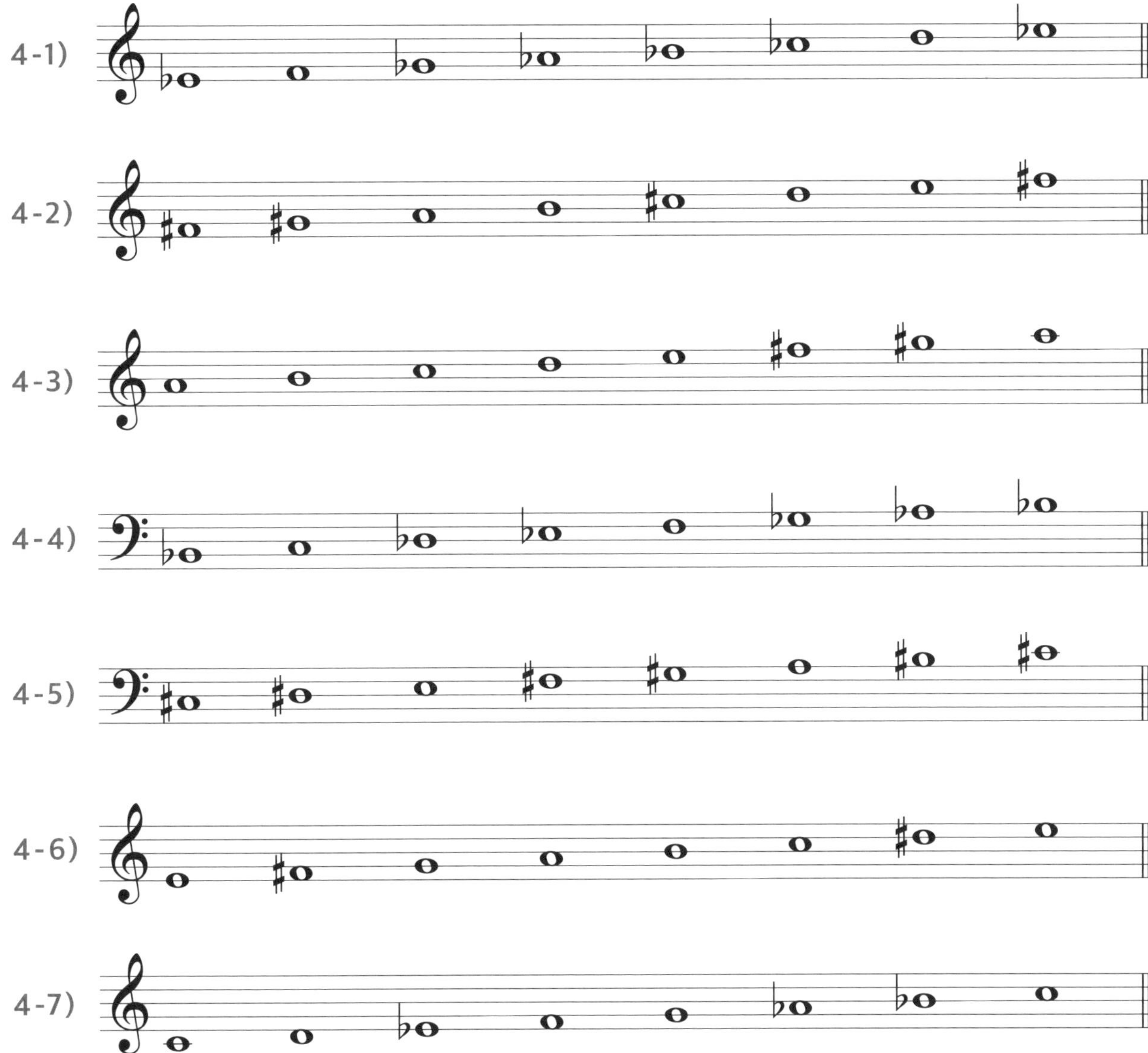

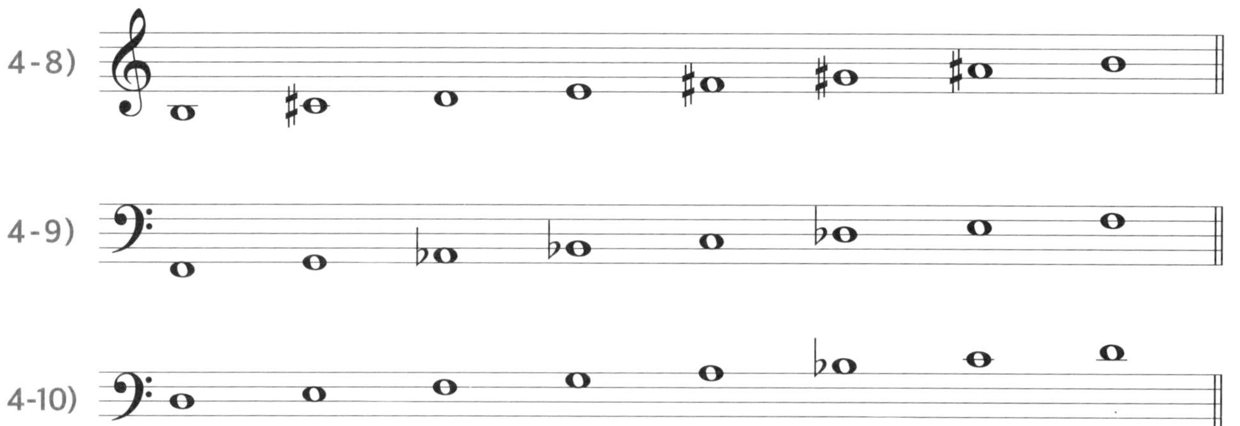

Week 8 96쪽

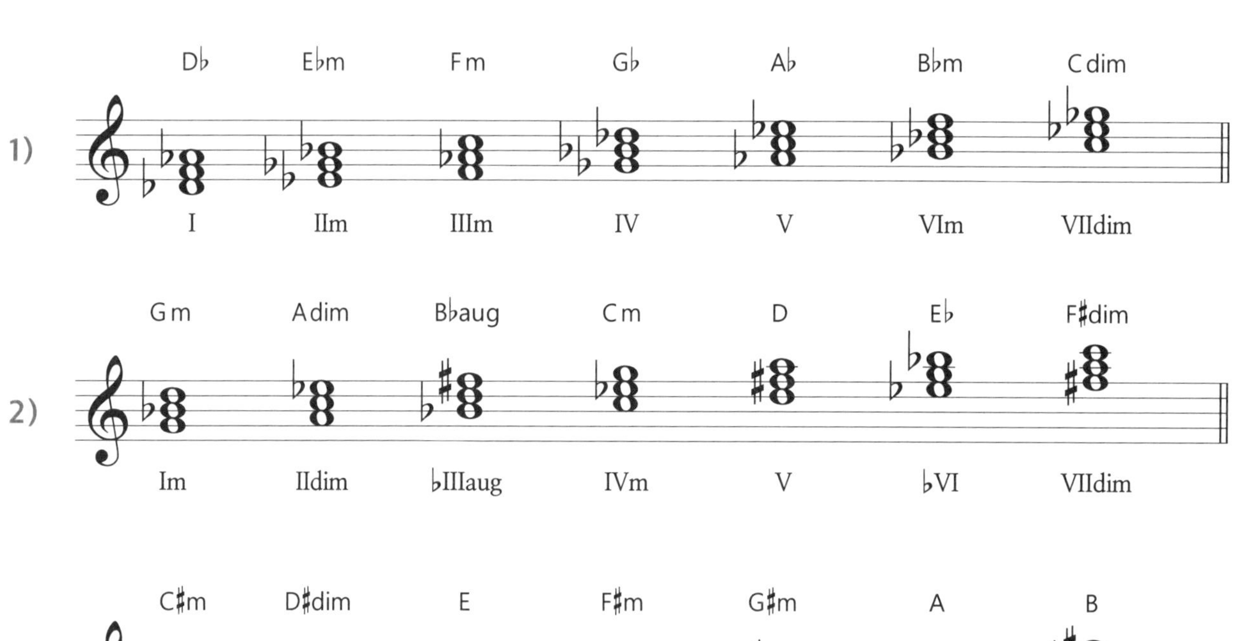

4) 4

5) 3

6) 5

7-1)
A♭ B♭m Cm D♭ E♭ Fm Gdim
7-2)
Am Bdim Caug Dm E F G♯dim
7-3)
B♭m Cdim D♭ E♭m Fm G♭ A♭
7-4)
E F♯m G♯m A B C♯m D♯dim
8-1)
D minor key
Dm Em Faug G A Bdim C♯dim
8-2)
F minor key
Fm Gdim A♭ B♭m Cm D♭ E♭

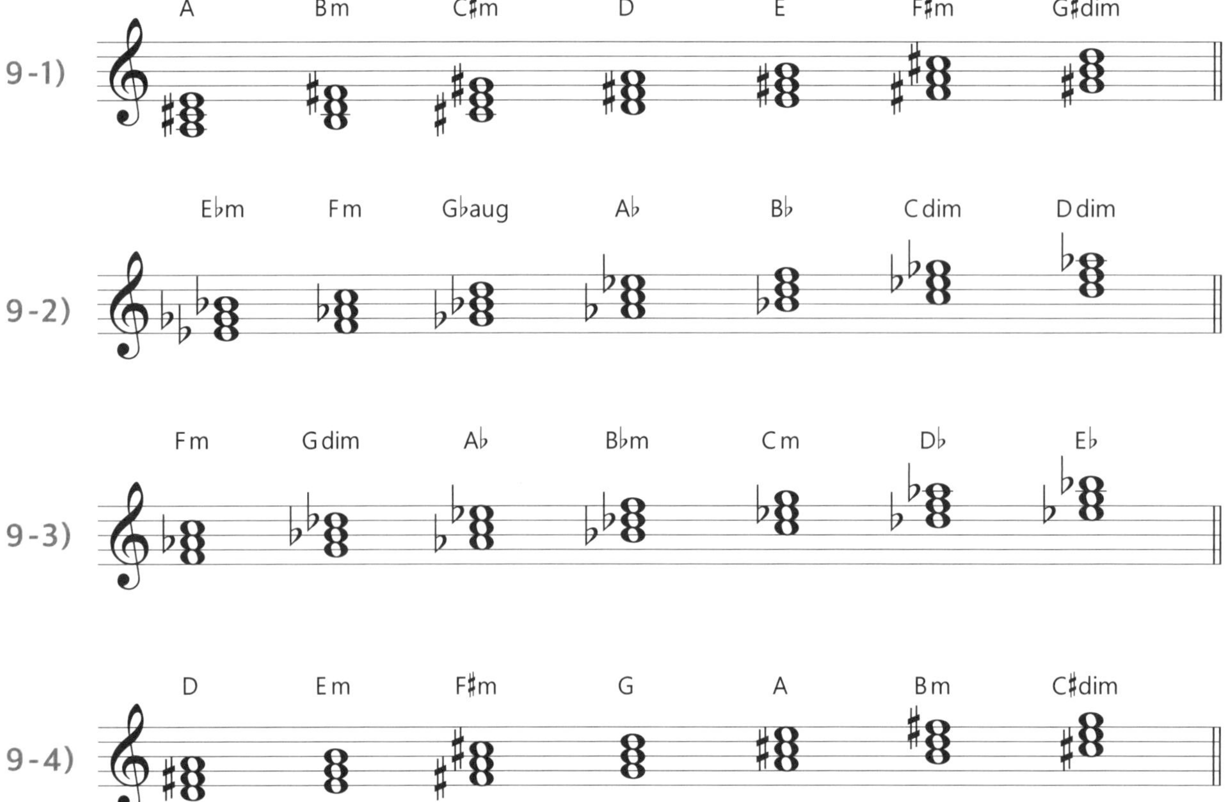

10) **Gm7**

11) **F+ (Faug)**

중간고사 Week 9 101쪽

1) ③

2) ⑤

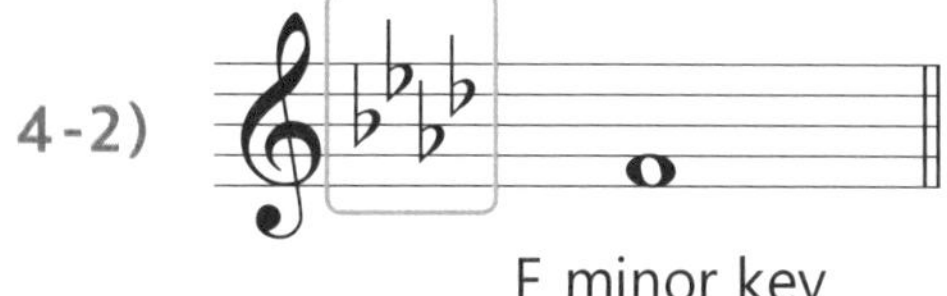

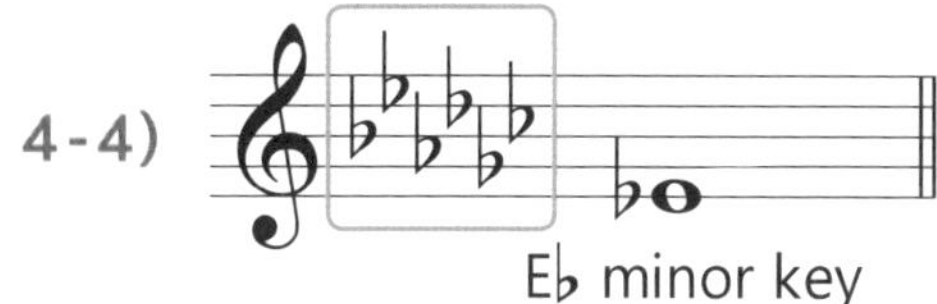

7) 이명동음

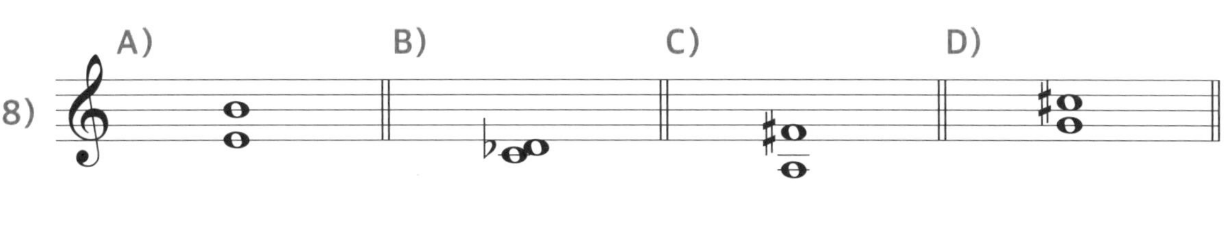

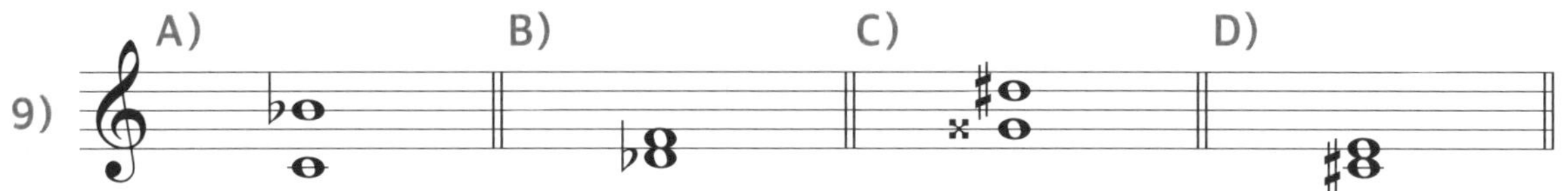

10) A) 단6도 B) 증3도 C) 증9도 D) 감4도

11) A) 감7도 B) 단3도 C) 감9도 D) 증10도

12)

13)

A) E♭aug B) Dsus4 C) Cdim D) F♯

E) Bdim F) A♭aug G) Fsus4 H) Em

14)

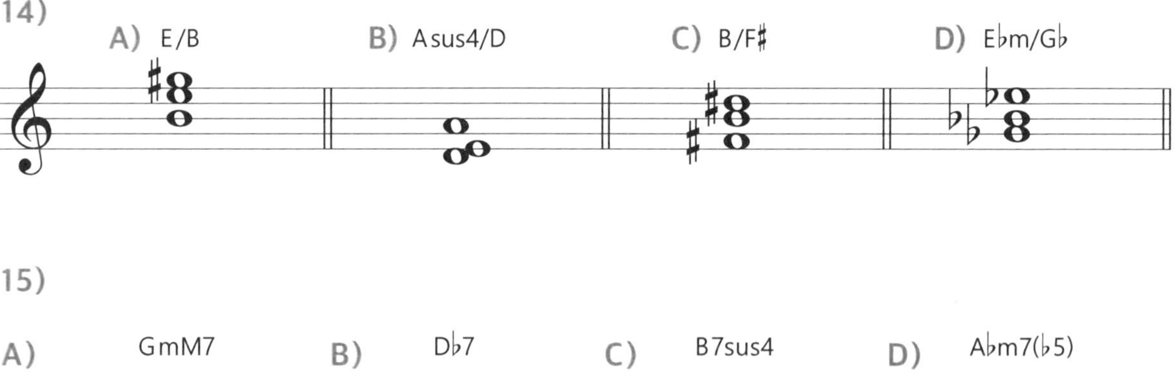

15)

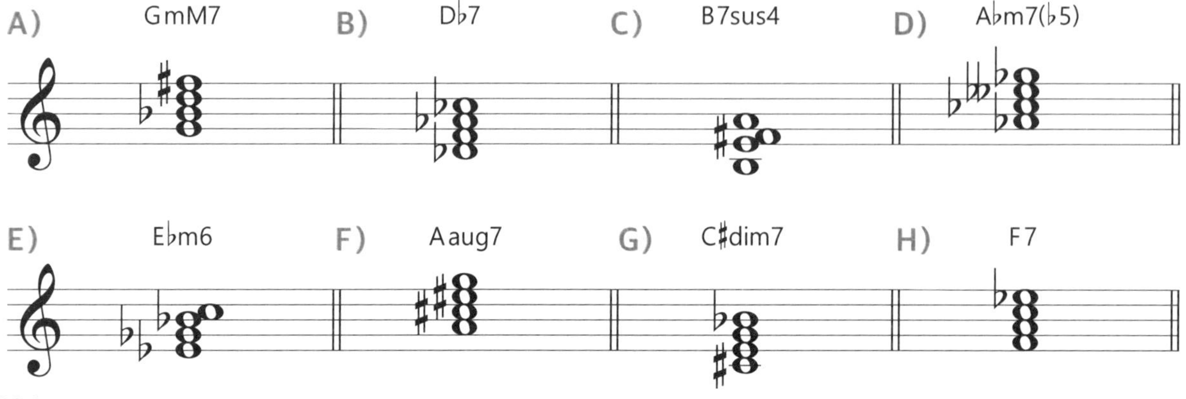

16) A) D7sus4 B) A-7♭5 C) Bdim7 D) E♭7

E) Gaug7 F) D♭-M7 G) E6 H) F♯-7

17)

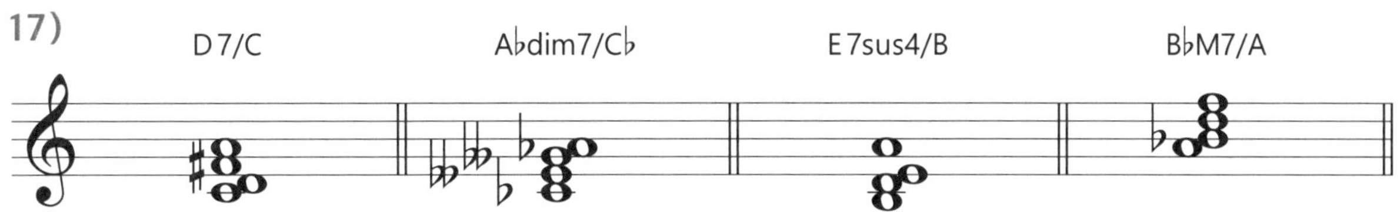

18)

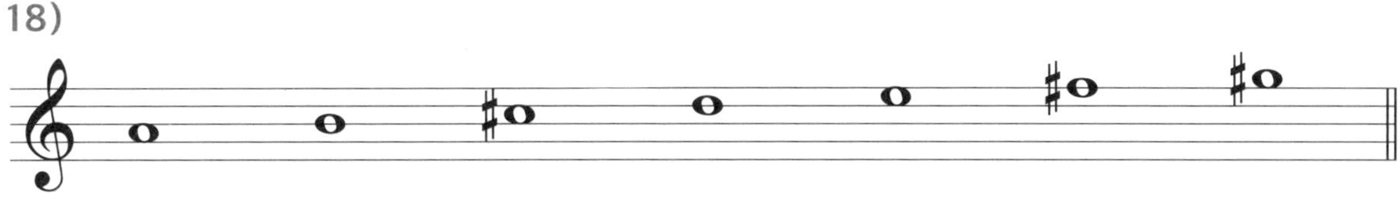

19)

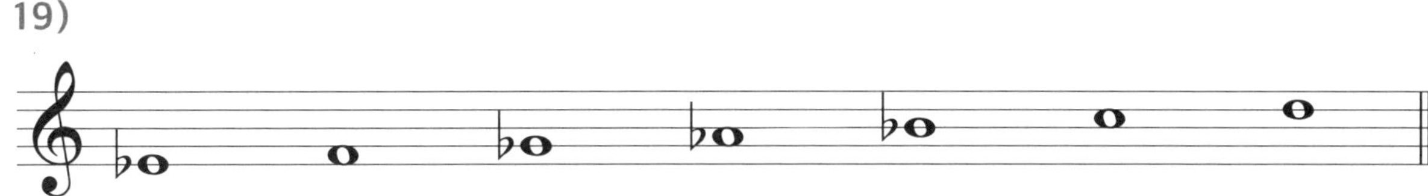

20) C♯ Harmonic Minor

21) E♭ Natural Minor Scale

22)

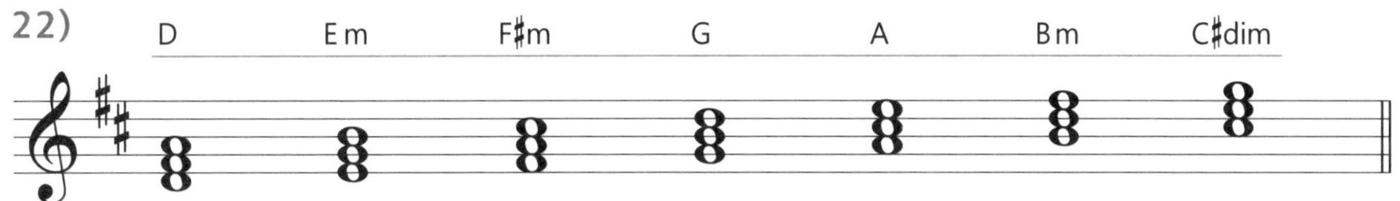

23) D♭aug

24) ②

Week 10 121쪽

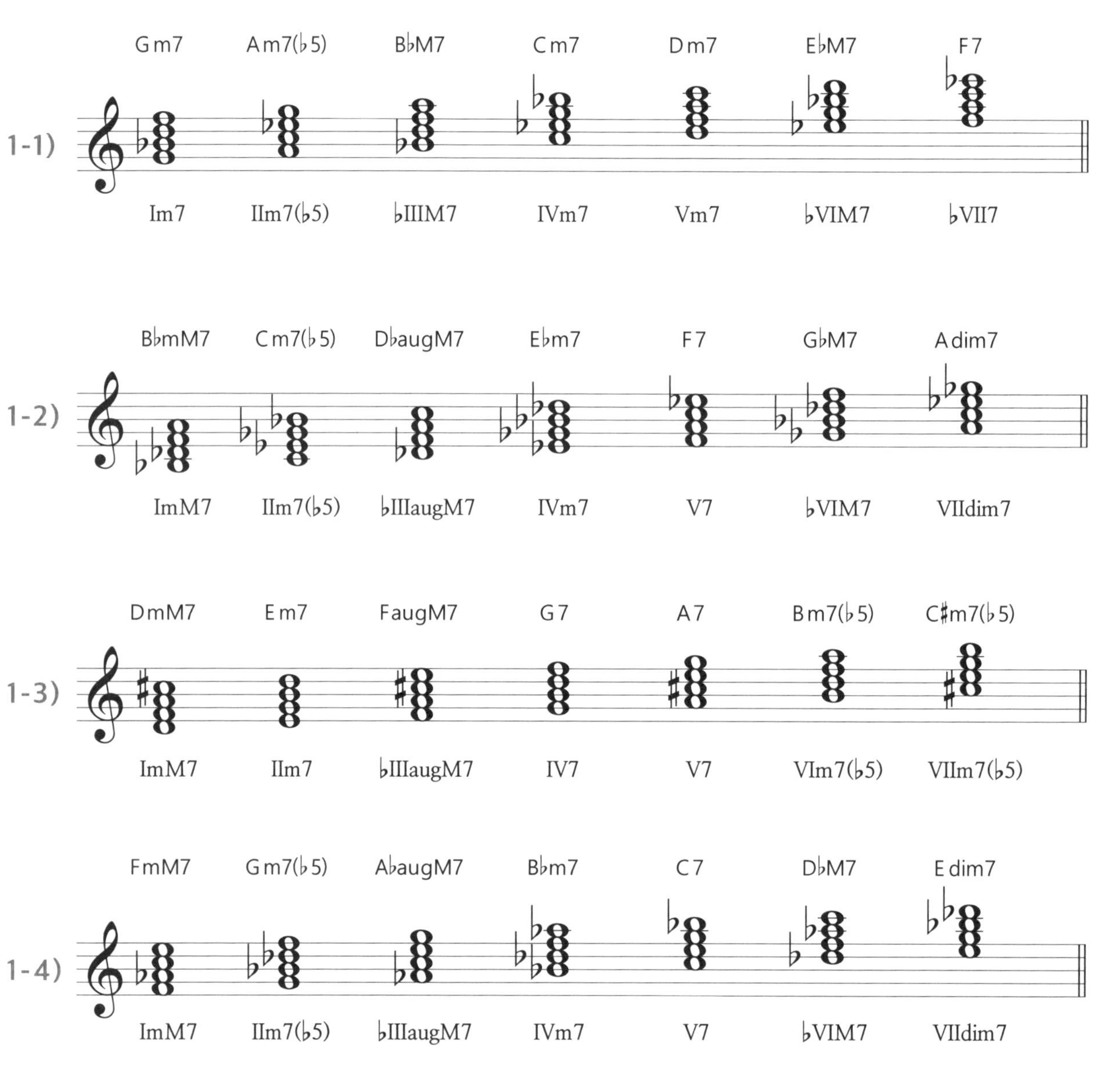

2-1) | E-7 | B-7 | A-7 | GM7 | CM7 | D7 | E-7 |

2-2) | B♭-7 | F-7 | E♭-7 | D♭M7 | G♭M7 | A♭7 | B♭-7 |

2-3) | G-M7 | D7 | G-M7 | D7 | E♭M7 | C-7 | G-7 |

2-4) | A-M7 | E7 | A-M7 | E7 | FM7 | D-7 | A-7 |

2-5) | F-7 | C-7 | B♭-7 | A♭M7 | D♭M7 | E♭7 | F-7 |

3)

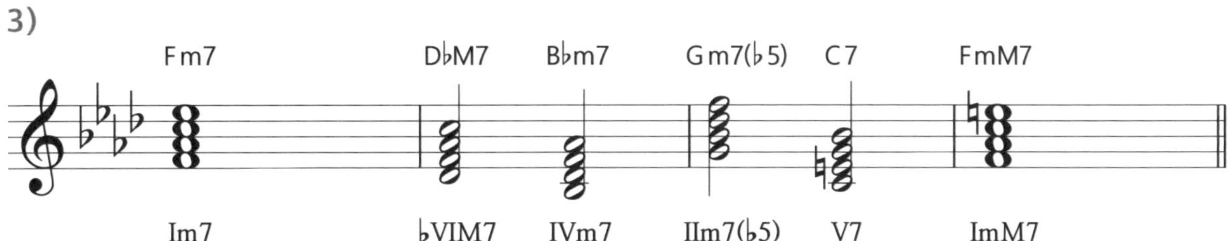

4) ③

5) ②

6) ④

7) ①

8)

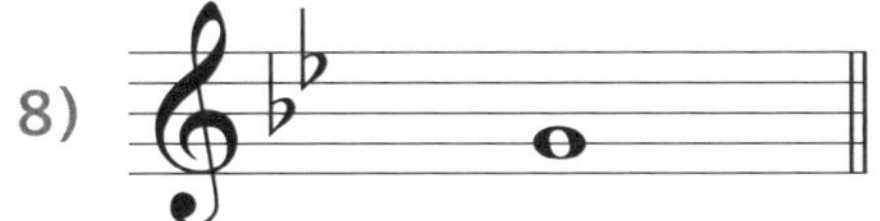

g minor key

G-7	A-7(♭5)	B♭M7	C-7	D-7	E♭M7	F7

9)

C♯ minor key

C♯-M7	D♯-7(♭5)	EaugM7	F♯-7	G♯7	AM7	B♯dim7

10)

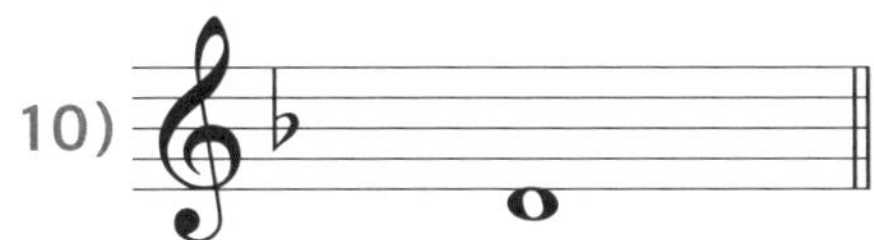

d minor key

D-M7	E-7	FaugM7	G7	A7	B-7(♭5)	C♯-7(♭5)

Week 11 134쪽

1) ①

2) ②, ④

3) ①, ④

4) ③

5) ③

6) ④

7) **GM7 CM7 / Bm7 Em7 / Am7 D7 / GM7**

8) ③

9) ①

10) **C-7 - F7 - B♭M7**

Week 12 143쪽

1-1) **F7(♯9)** 1-2) **D-M7(9)** 1-3) **E♭M7(9)** 1-4) **G-7(9, 11)**

2-1)

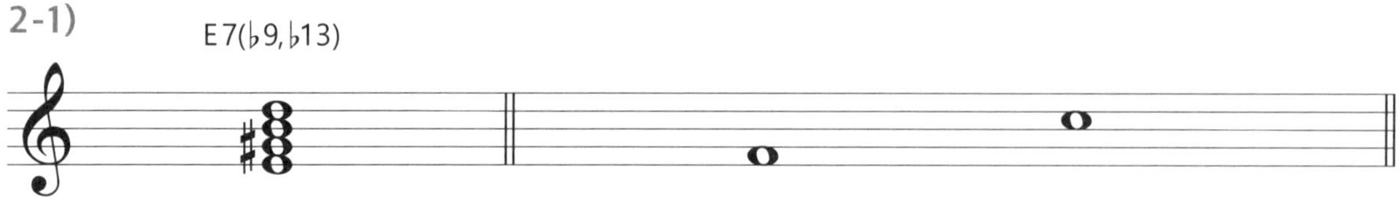

2-2)

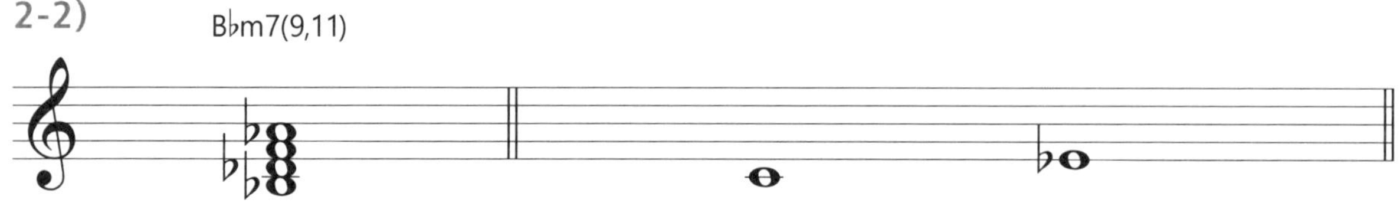

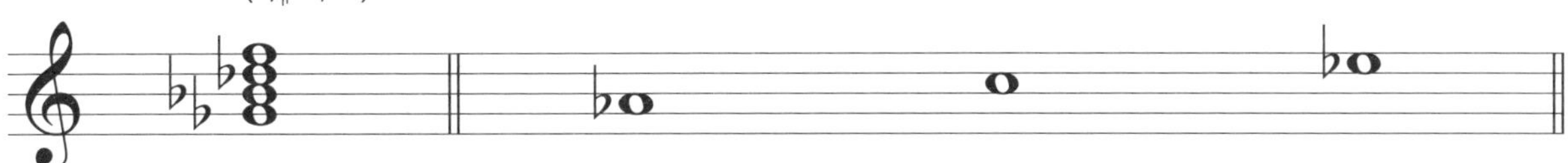

2-5) D7(♯9,♯11,♭13)

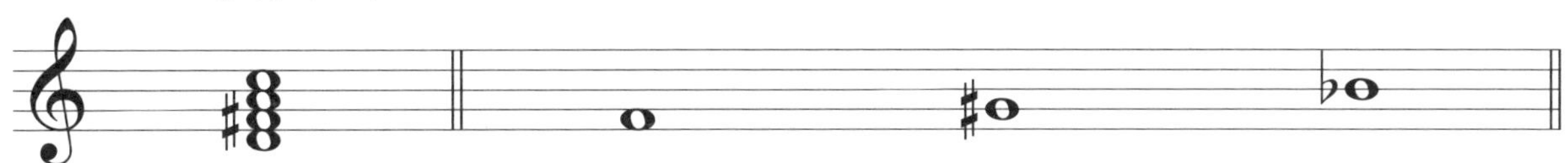

2-6) GmM7(9,11,13)

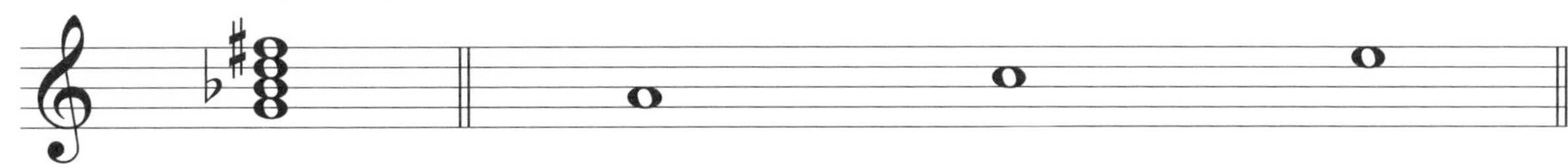

3-1) **GM7(9, 13), C7(♭9), A♭7(9, 13), E-7(9)**

3-2) **B♭-M7(9), C7(♯9), F7(♯9, ♭13), DM7(9, ♯11, 13)**

4-1) **A(라)** 4-2) **G♯(솔♯)** 4-3) **A(라), B♭♭(시♭♭) 둘 다 가능**

4-2) **F♯(파♯)** 4-5) **B♭(시♭)** 4-6) **F♯(파♯)** 4-7) **D(레)**

DKey 모드스케일

DM7
D Ionian
IM7
1
T9
3
S4
5
T13
7
Em7
E Dorian
IIm7
1
T9
♭3
T11
5
S6
♭7
F♯m7
F♯ Phrygian
IIIm7
1
S♭2
♭3
T11
5
S♭6
♭7
GM7
G Lydian
IVM7
1
T9
3
T♯11
5
T13
7
A7
A Mixolydian
V7
1
T9
3
S4
5
T13
♭7
Bm7
B Aeolian
VIm7
1
T9
♭3
T11
5
S♭6
♭7
C♯m7(♭5)
C♯ Locrian
VIIm7(♭5)
1
S♭2
♭3
T11
♭5
T♭13
♭7

GKey 모드스케일

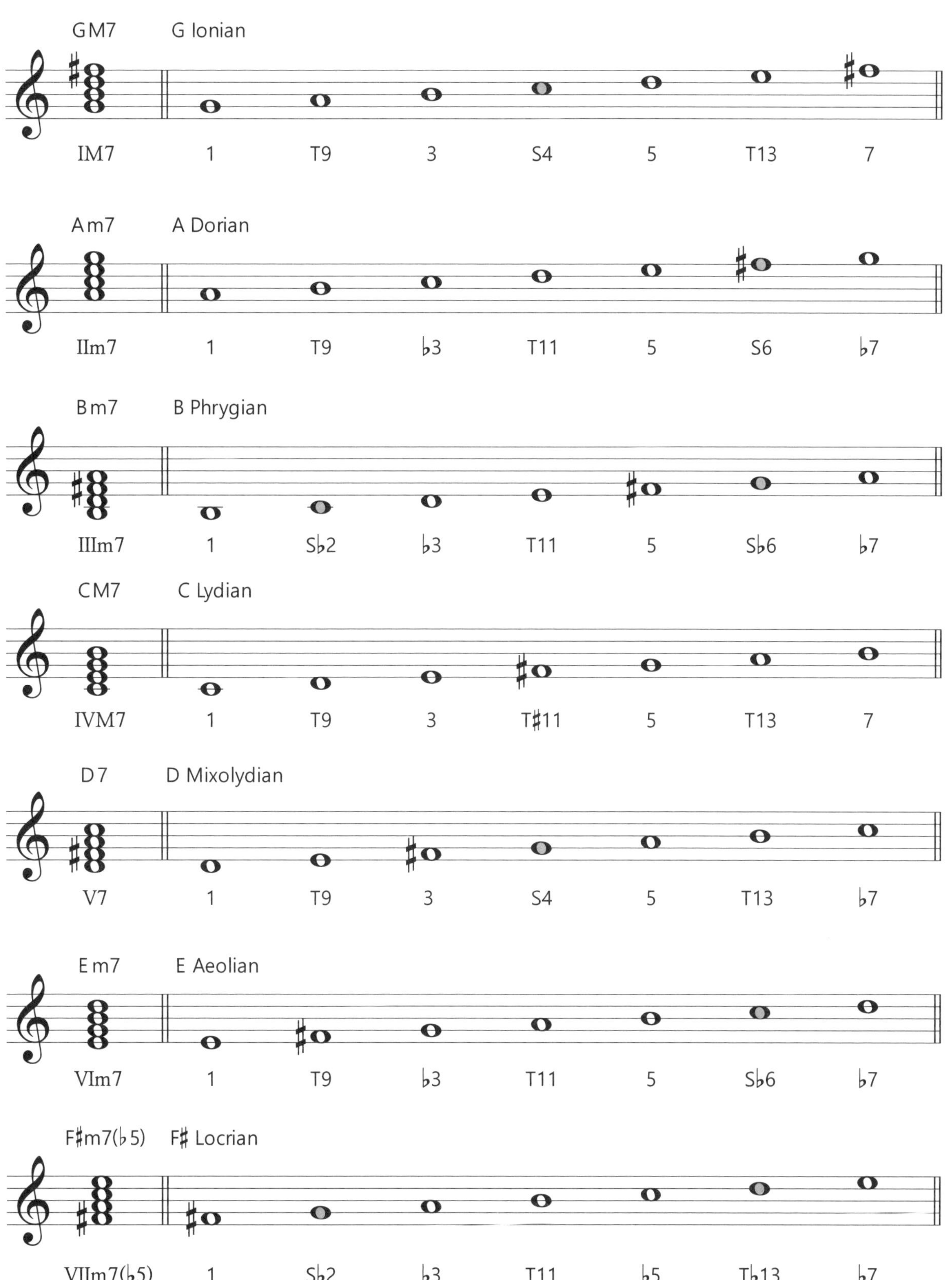
GM7
G Ionian
IM7
1
T9
3
S4
5
T13
7
Am7
A Dorian
IIm7
1
T9
♭3
T11
5
S6
♭7
Bm7
B Phrygian
IIIm7
1
S♭2
♭3
T11
5
S♭6
♭7
CM7
C Lydian
IVM7
1
T9
3
T♯11
5
T13
7
D7
D Mixolydian
V7
1
T9
3
S4
5
T13
♭7
Em7
E Aeolian
VIm7
1
T9
♭3
T11
5
S♭6
♭7
F♯m7(♭5)
F♯ Locrian
VIIm7(♭5)
1
S♭2
♭3
T11
♭5
T♭13
♭7

연습문제　167쪽

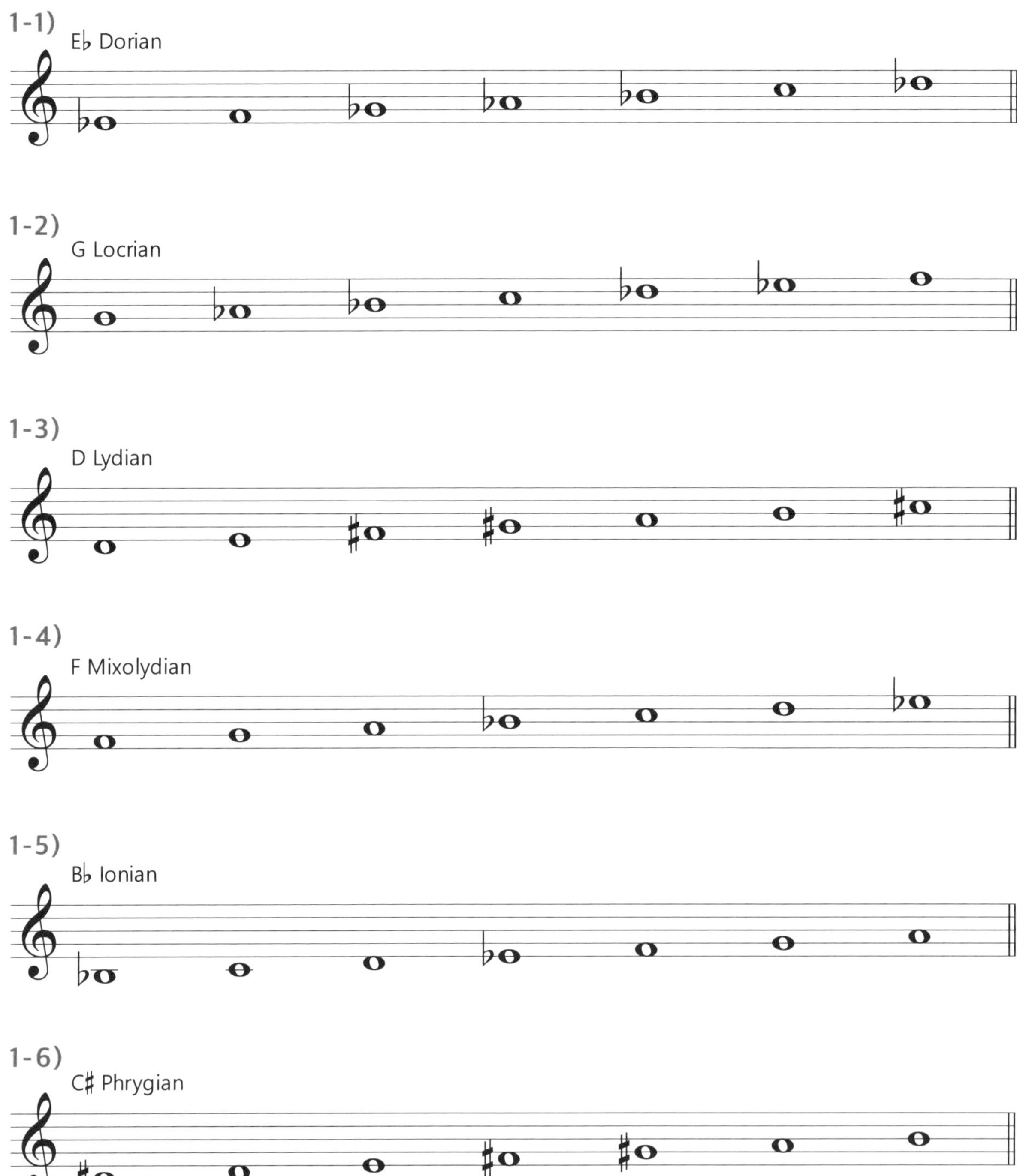
1-1)
E♭ Dorian
1-2)
G Locrian
1-3)
D Lydian
1-4)
F Mixolydian
1-5)
B♭ Ionian
1-6)
C♯ Phrygian

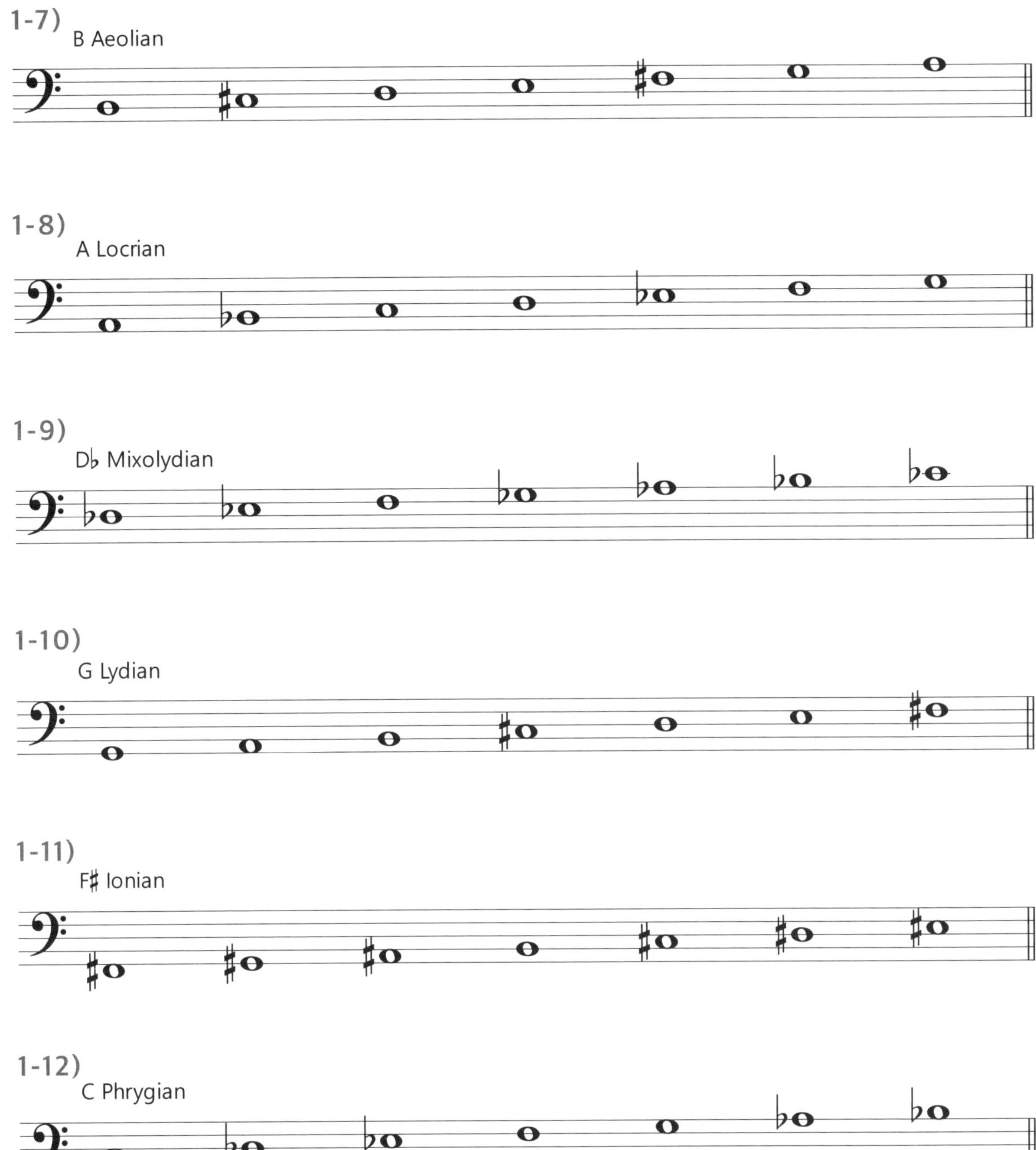
1-7)
B Aeolian
1-8)
A Locrian
1-9)
D♭ Mixolydian
1-10)
G Lydian
1-11)
F♯ Ionian
1-12)
C Phrygian

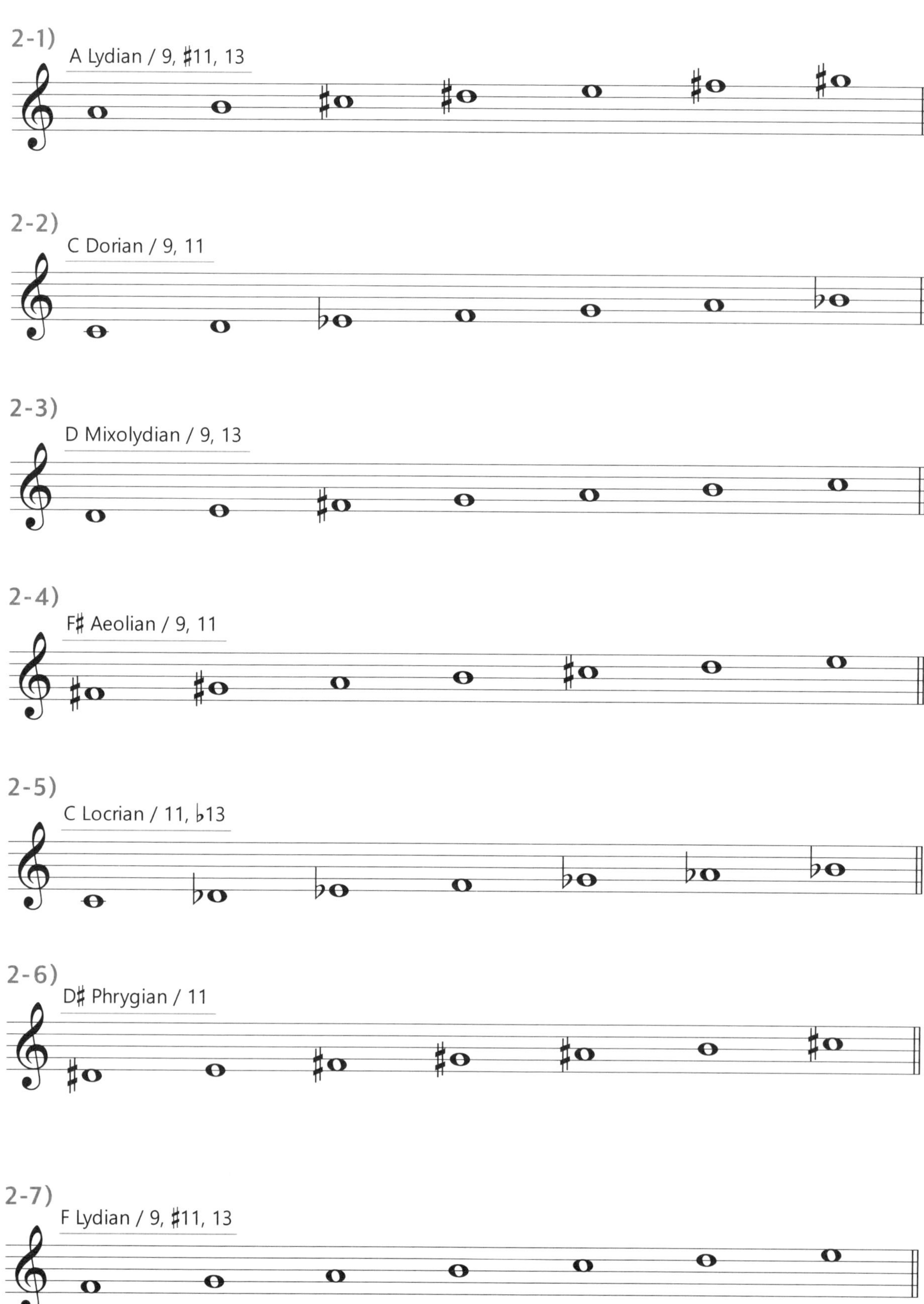
2-1)
A Lydian / 9, ♯11, 13
2-2)
C Dorian / 9, 11
2-3)
D Mixolydian / 9, 13
2-4)
F♯ Aeolian / 9, 11
2-5)
C Locrian / 11, ♭13
2-6)
D♯ Phrygian / 11
2-7)
F Lydian / 9, ♯11, 13

2-8)

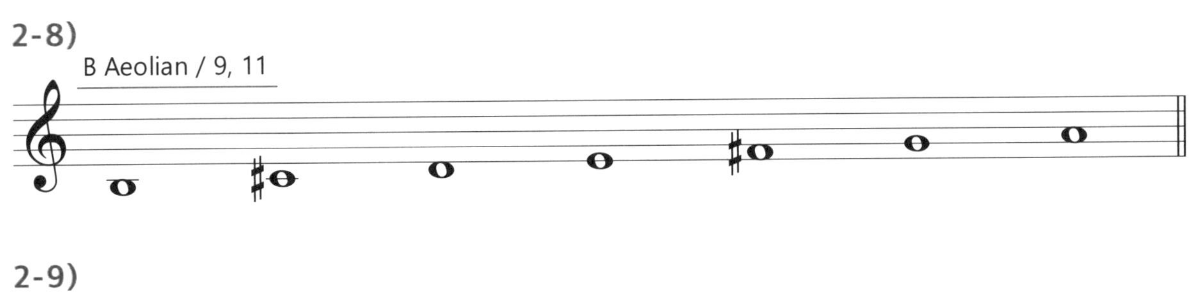

2-9)

3-1) **G Phrygian** 3-2) **D Mixolydian** 3-3) **C Aeolian** 3-4) **F♯ Locrian**

3-5) **A Lydian** 3-6) **B♭ Dorian** 3-7) **E Ionian** 3-8) **A♭ Mixolydian**

4-1)

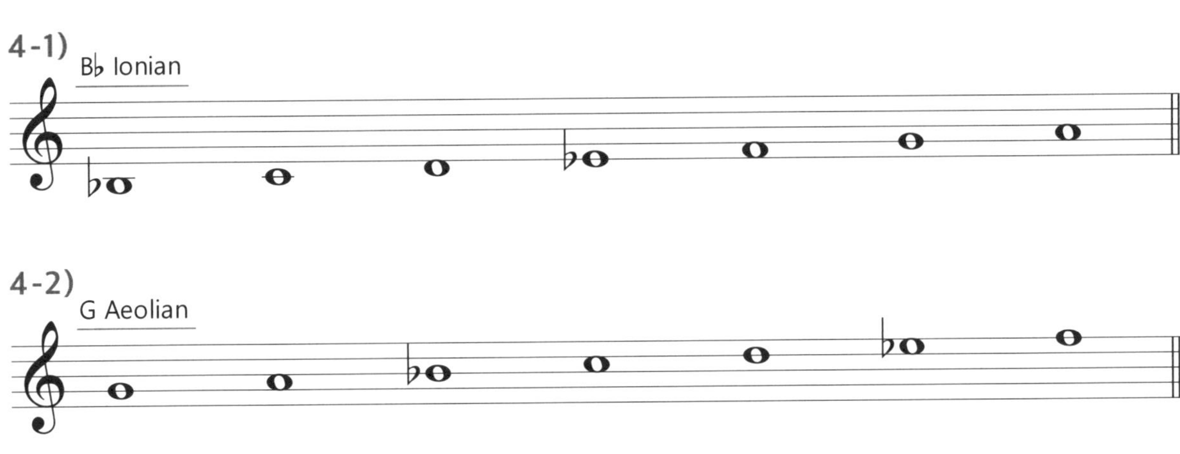

4-3)

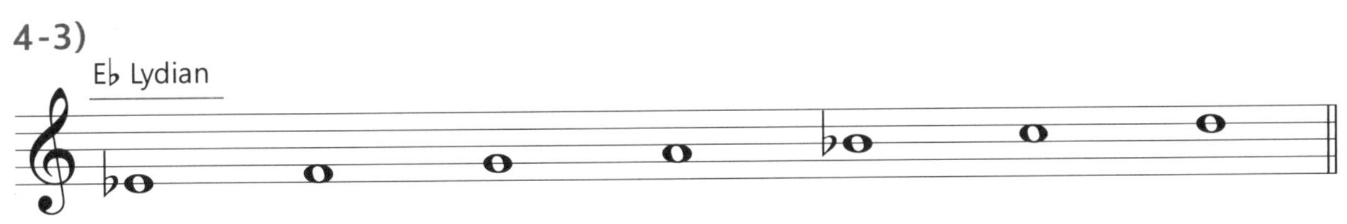

4-4)

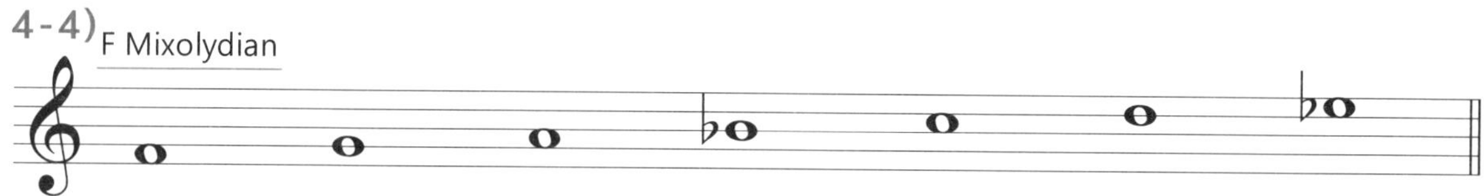

4-5)

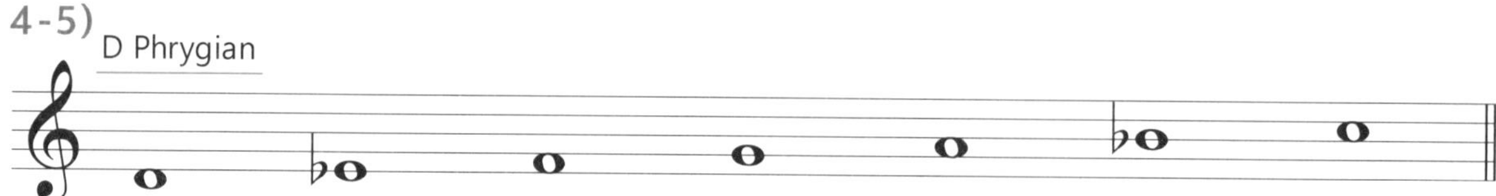

4-6)

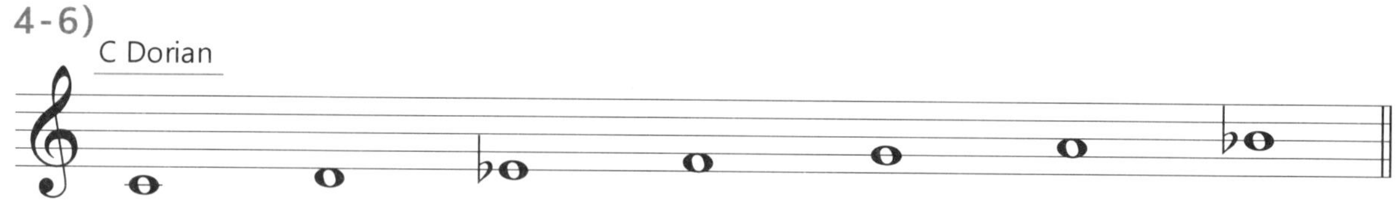

Week 14 192쪽

1-1)

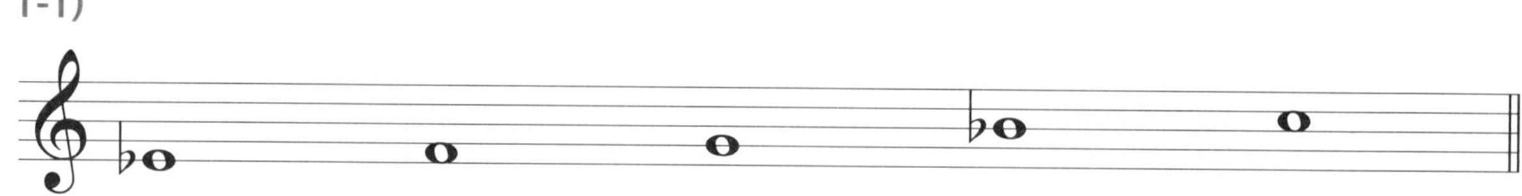

1-2)

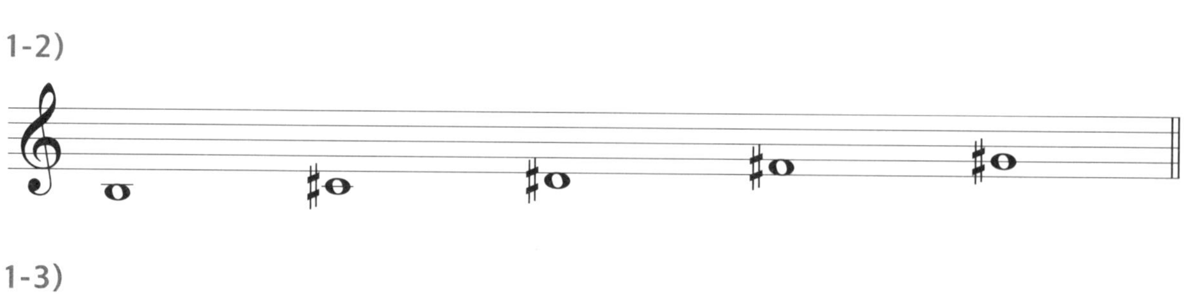

1-3)

1-4)

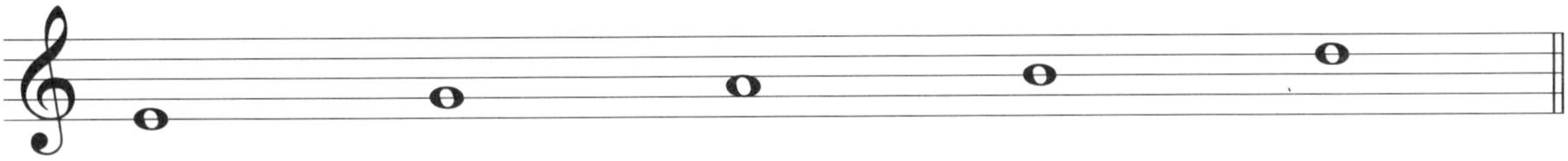

1-5)

1-6)

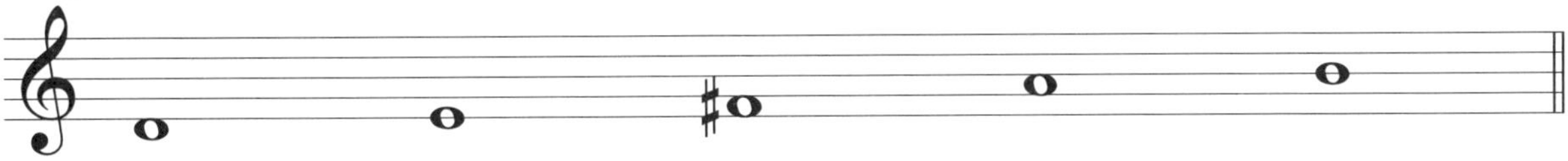

2-1)

2-2)

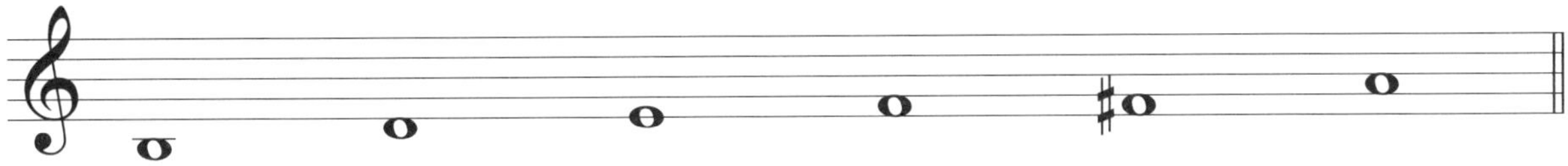

2-3)

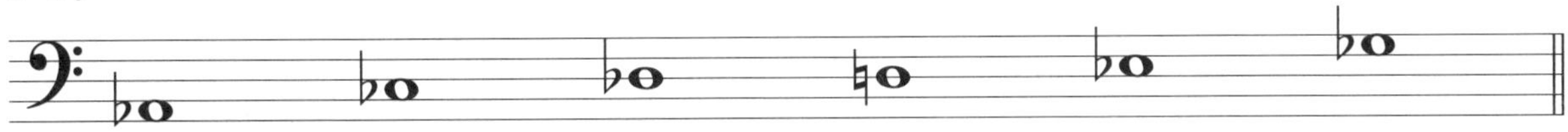

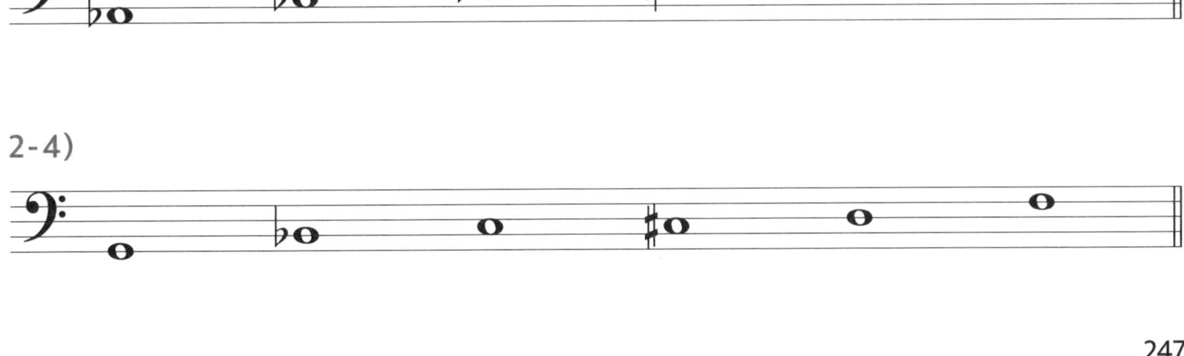

2-4)

2-5)

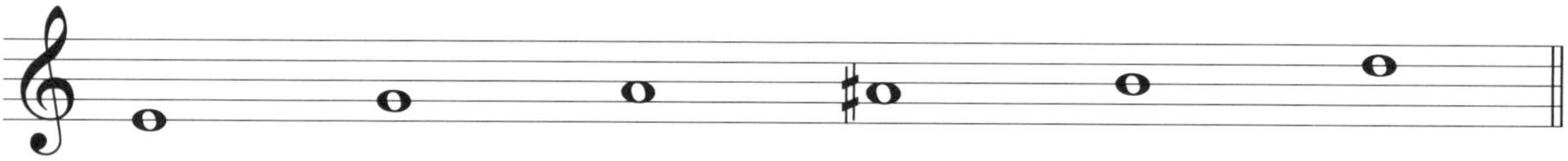

2-6)

3-1)

3-2)

3-3)

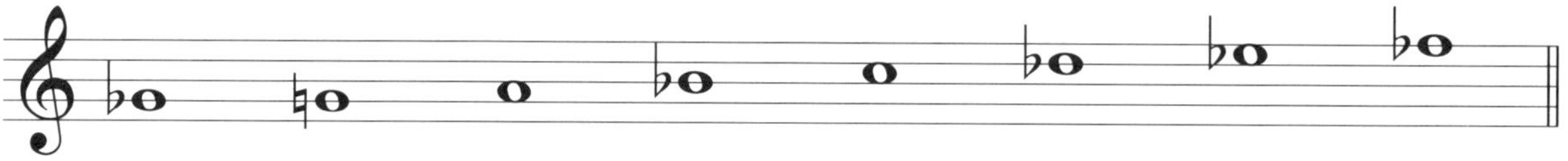

3-4)

3-5)

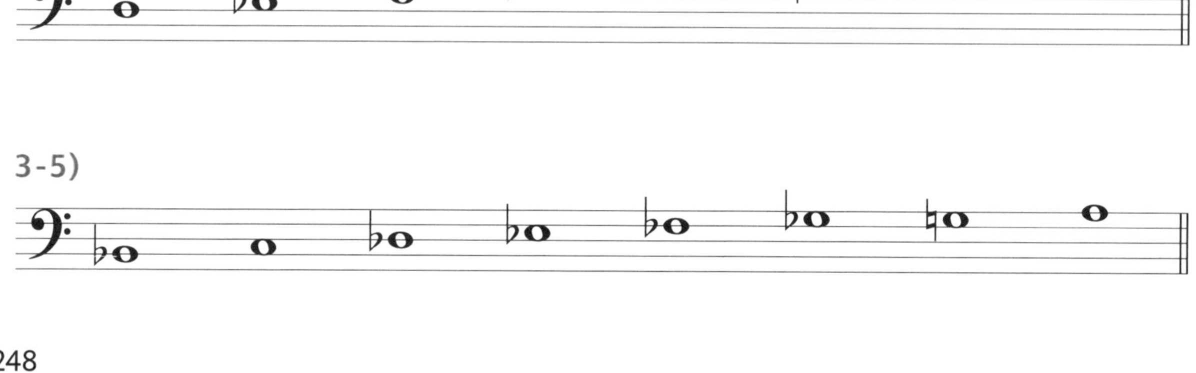

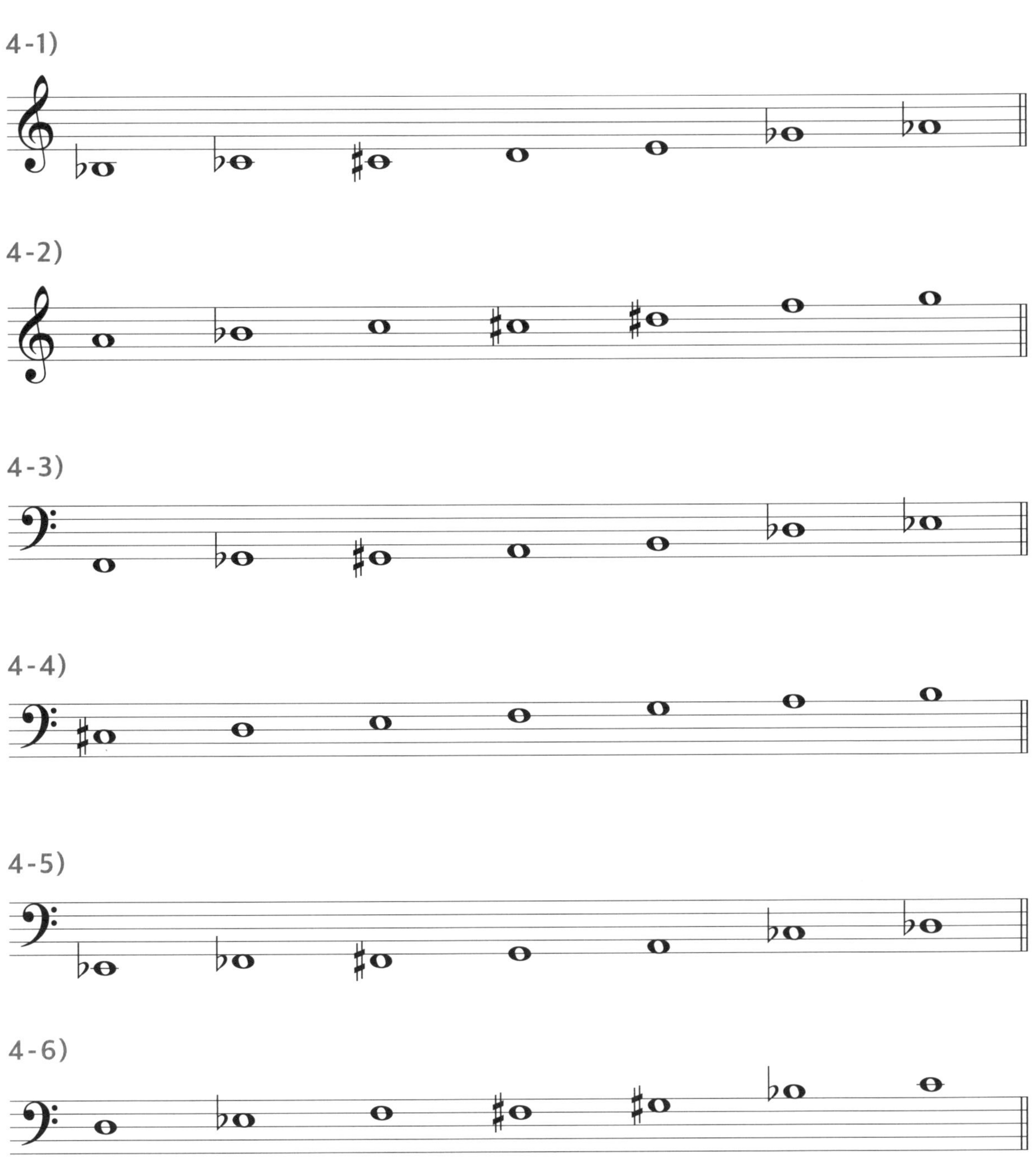

5-1) F Major pentatonic 5-2) B♭ Minor pentatonic 5-3) E Blues scale

5-4) A♭ Blues scale 5-5) G Whole tone scale 5-6) D♭ Whole tone scale

5-7) A symmetric diminished scale(W-H Diminished scale)

5-8) C♯ symmetric dominant scale(H-W Diminished scale)

5-9) G Alterd scale 5-10) F♯ Alterd scale

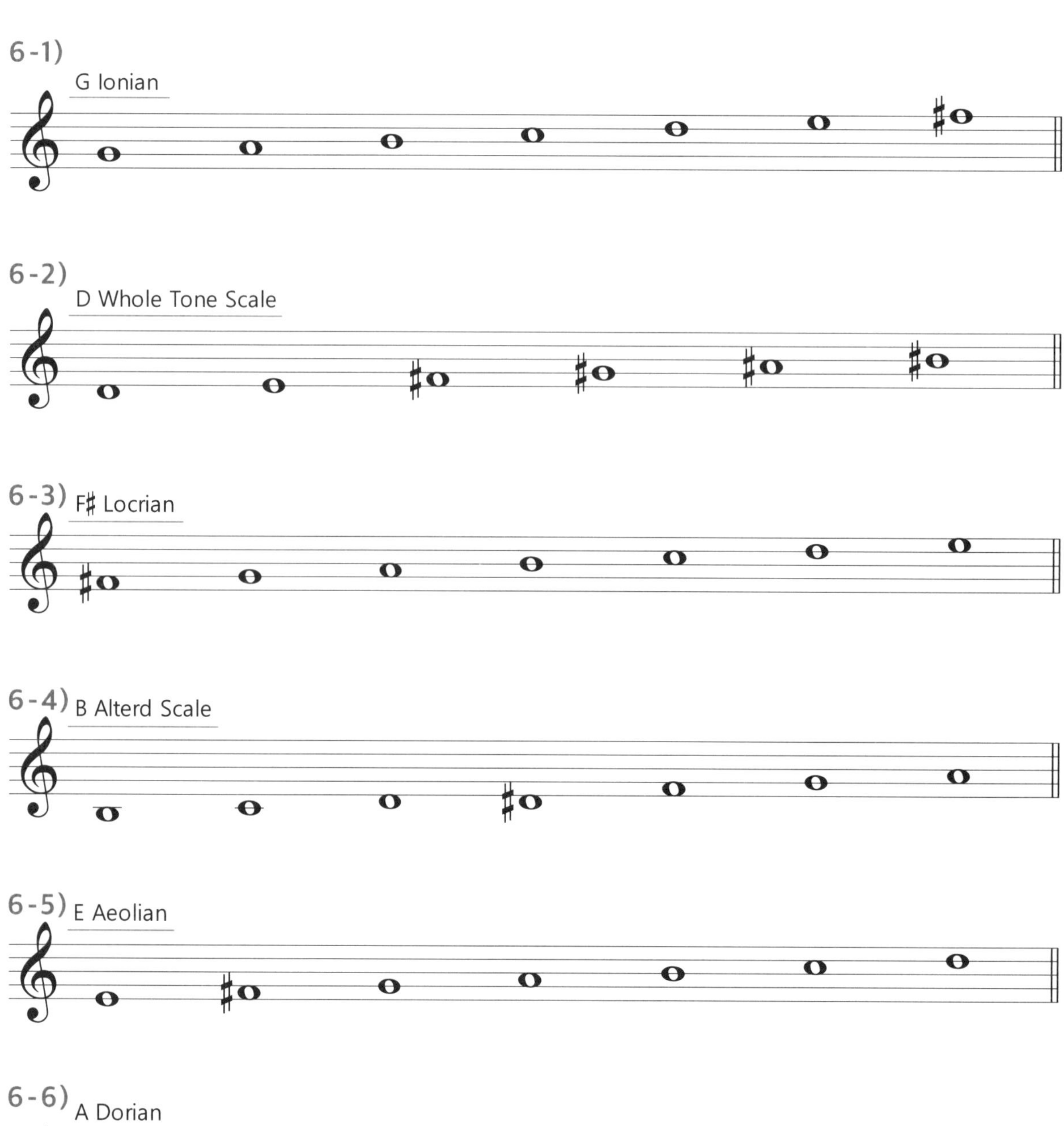
6-1)
G Ionian
6-2)
D Whole Tone Scale
6-3)
F♯ Locrian
6-4)
B Alterd Scale
6-5)
E Aeolian
6-6)
A Dorian

Week 15 204쪽

1-1) Plagal cadence(변격종지), Subdominant cadence, Amen Cadence

1-2) Jazz Full Cadence(재즈완전종지)

1-3) Deceptive Cadence(위종지)

1-4) Half Cadence(반종지)

1-5) Full Cadence(완전종지) ('Authentic Cadence 정격종지'도 답으로 가능)

1-6) Deceptive Cadence(위종지)

1-7) Authentic Cadence(정격종지)

2-1)

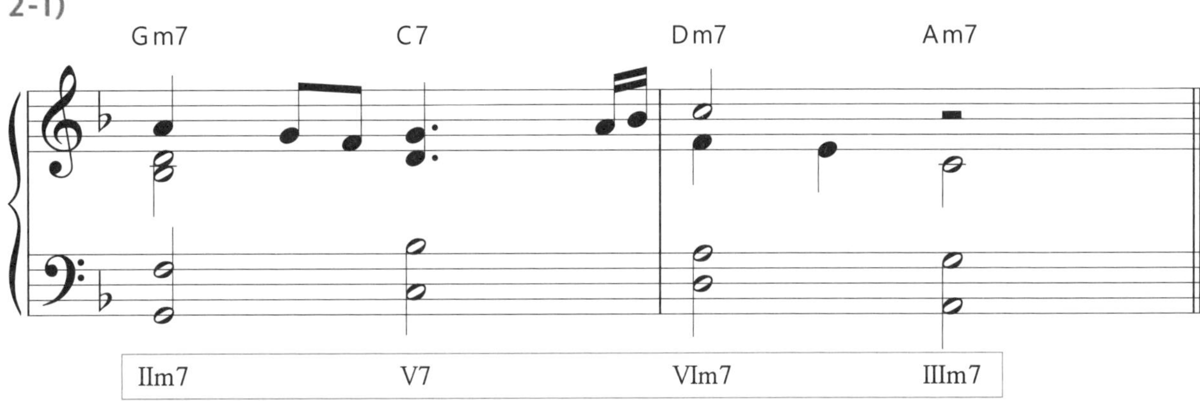

2-2) Jazz Full Cadence(재즈완전종지)

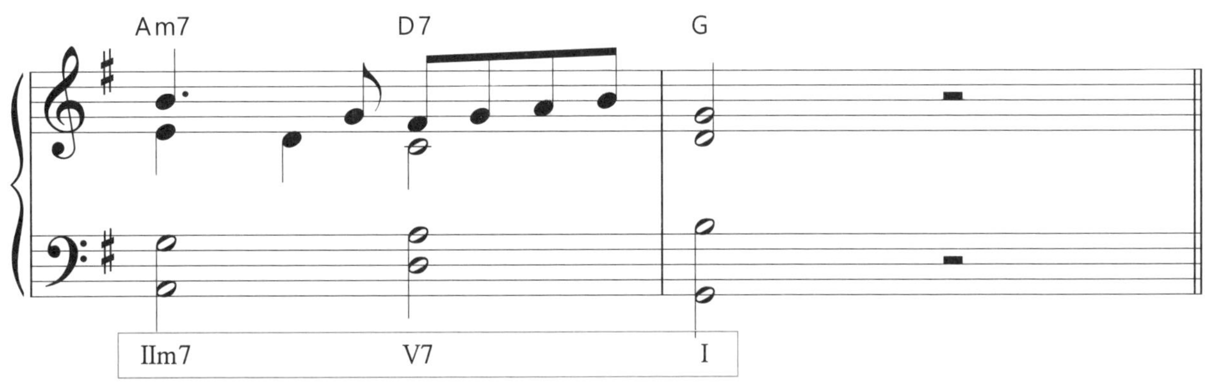

2-3) Half Cadence(반종지)

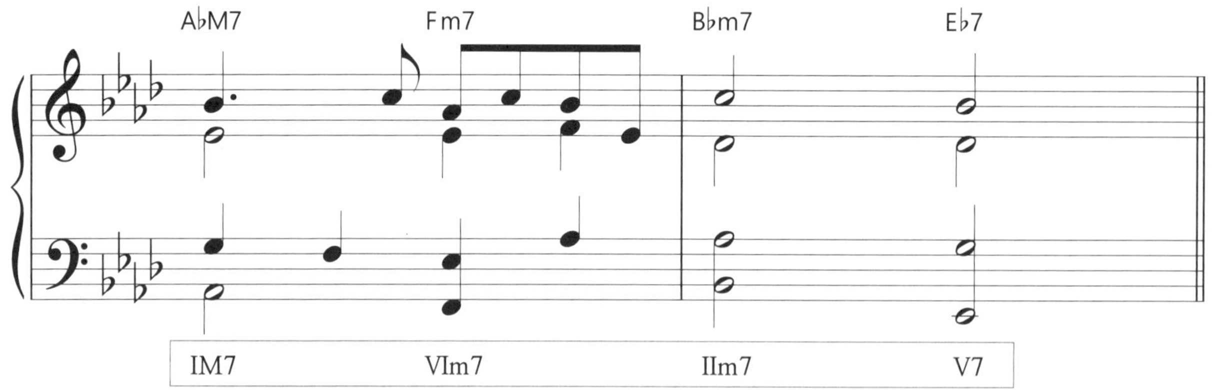

기말고사 **Week 16** 207쪽

1) 온음, 반음, 반음, 온음

2-1) A, B, F, G, E

2-2) G, A, D, B, D

3-1) 

3-2) 

3-3) 

3-4) 

4-1) 

4-2) 

4-3) 

4-4) 

5-1) 장6도, 장3도, 증4도, 겹감5도, 단7도

5-2) 증10도, 단6도, 증9도, 감12도, 감5도

6)

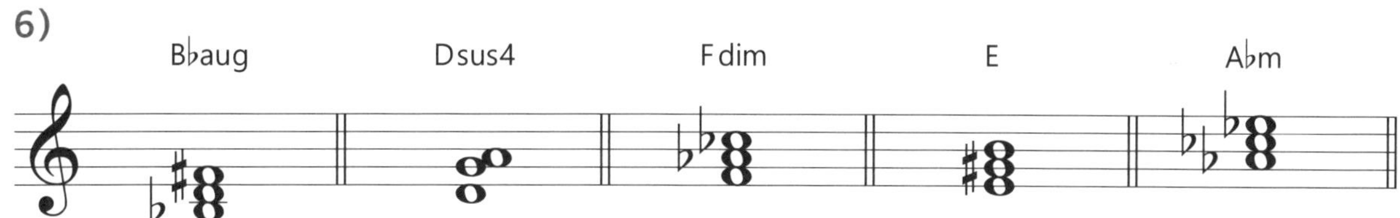

7) Dm, E♭sus4, Faug, E, Adim

8) G#-7(♭5), B-M7, Daug7, E♭7sus4, Adim7, Cdim7, E♭dim7, G♭dim7

(4개의 디미니쉬 코드가 다 정답이 되므로 이 중 한 개라도 쓰시면 정답 처리됩니다)

9) EM7 C♯-7 / F♯-7 B7 / EM7 E-M7 / AM7

10-1)

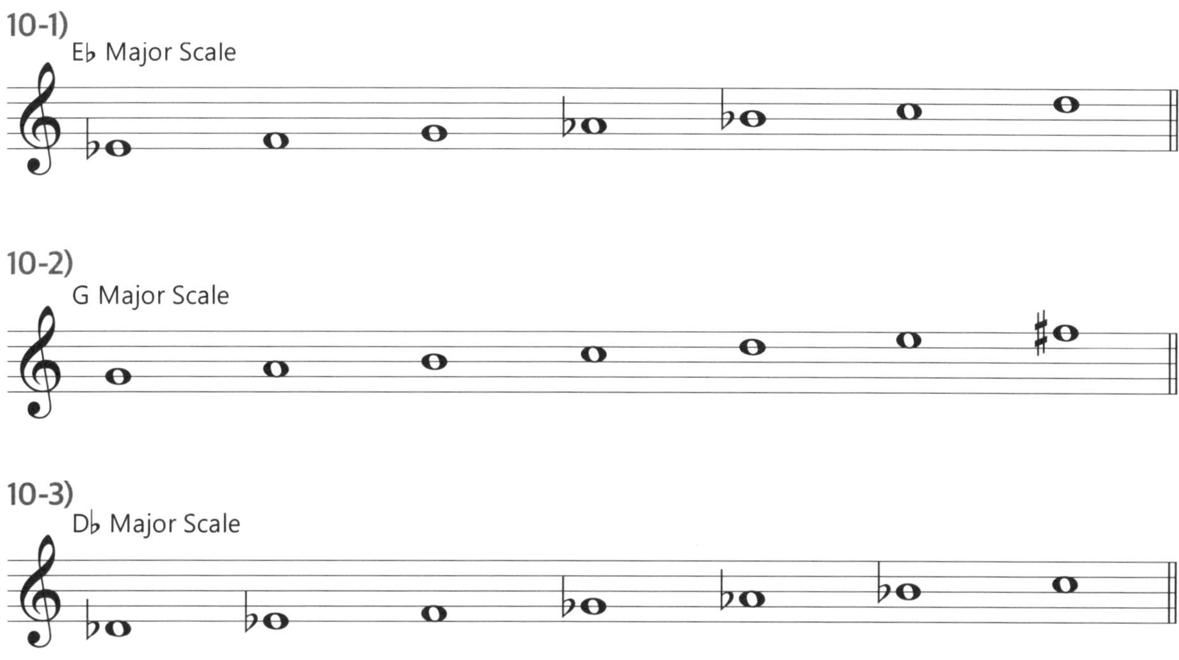

11-1)

11-2)

11-3)

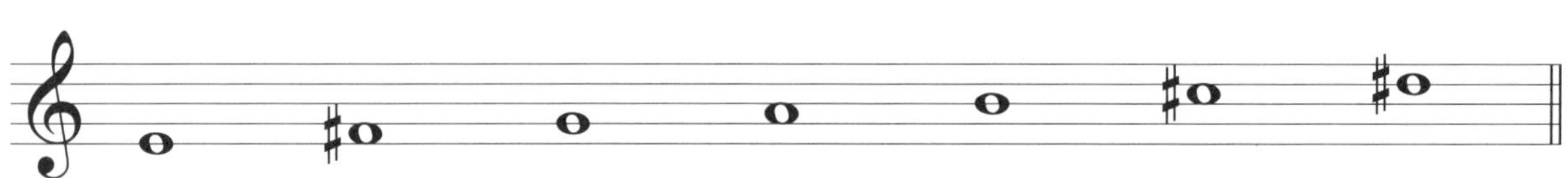

12)

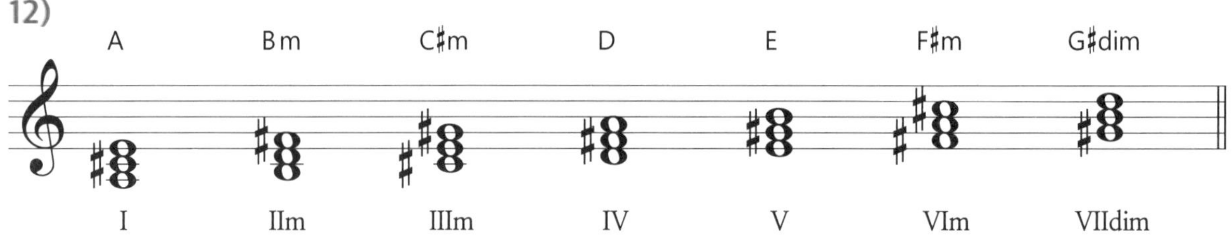

13)

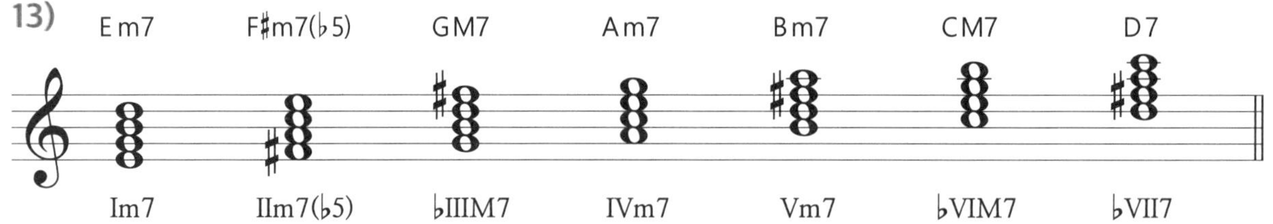

14) ②

15) ①

16) ③

17-1)

17-2)

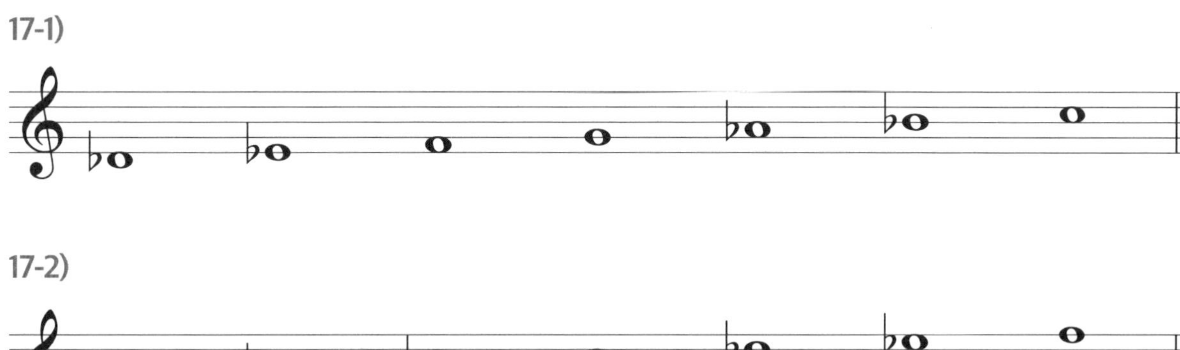

18-1)

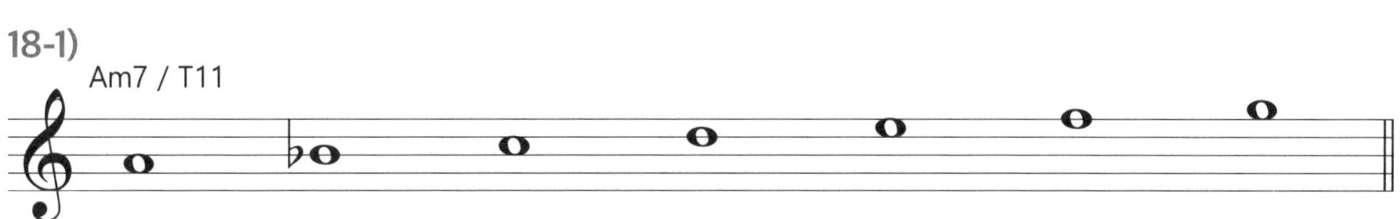

18-2)

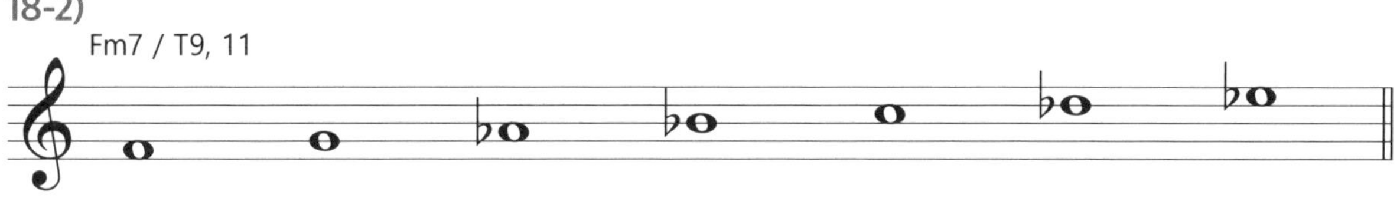

18-3)

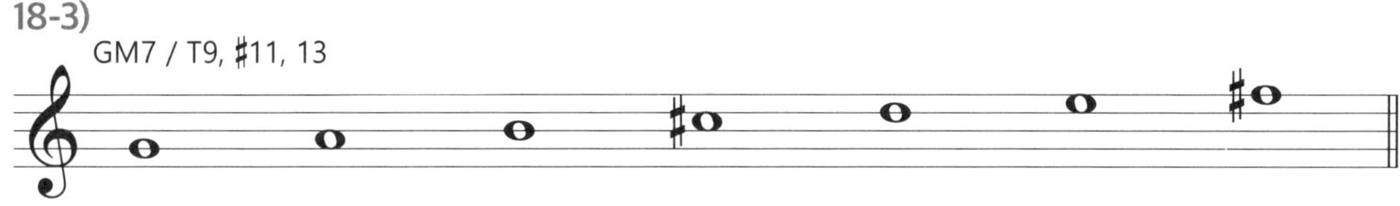

19-1)

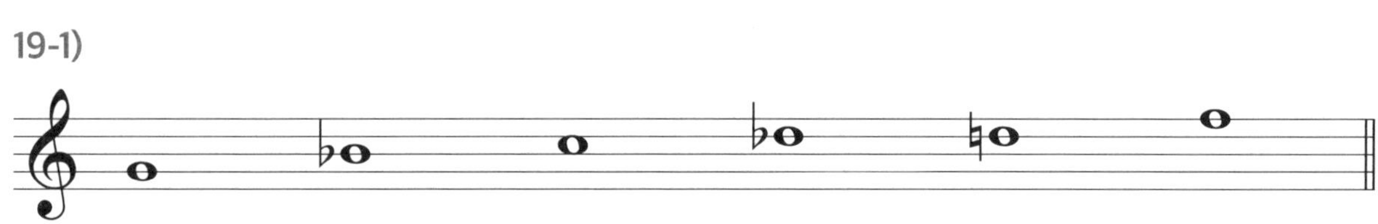

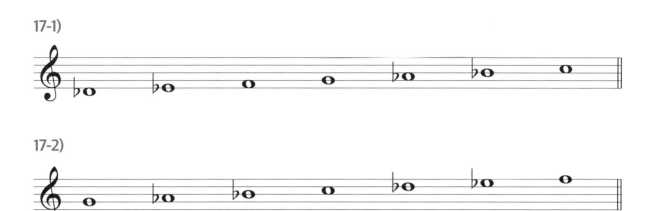

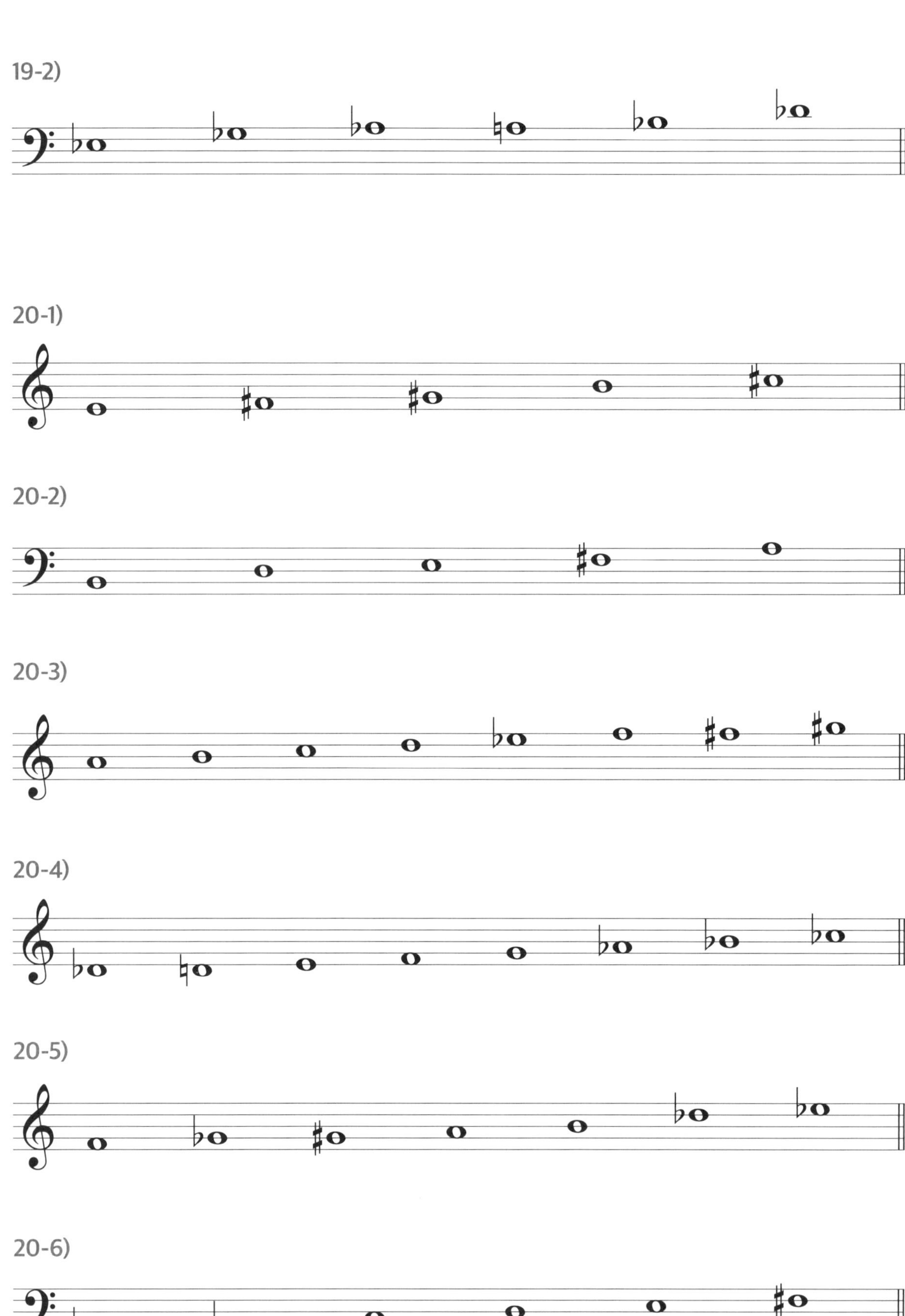
19-2)
20-1)
20-2)
20-3)
20-4)
20-5)
20-6)

21-1) Jazz Full Cadence(재즈완전종지)

21-2) Deceptive Cadence(위종지)

뉴욕언니와 모두의 재즈화성학

기초편

발행일 2025년 3월 20일

저자 양선희
발행인 최우진
편집 왕세은
디자인 김세린

발행처 그래서음악(somusic)
출판등록 2020년 6월 11일 제 2020-000060호
주소 경기도 성남시 분당구 정자일로 177
전화 031-623-5231 팩스 031-990-6970
이메일 book@somusic.co.kr

ISBN 979-11-93978-63-4(93670)